北京市属高校教师队伍建设支持计划高水平创新团队建设计划项目 IDHT20180520

武术"丝绸之路"
——"一带一路"武术跨文化传播研究

孟涛 著

人民体育出版社

图书在版编目（CIP）数据

武术"丝绸之路"："一带一路"武术跨文化传播研究/孟涛著. -- 北京：人民体育出版社，2023（2023.11重印）
ISBN 978-7-5009-6270-0

Ⅰ.①武… Ⅱ.①孟… Ⅲ.①武术—文化传播—研究—中国 Ⅳ.①G852

中国国家版本馆CIP数据核字(2023)第018831号

＊

人民体育出版社出版发行
北京建宏印刷有限公司印刷
新 华 书 店 经 销

＊

710×1000　16开本　15印张　249千字
2023年5月第1版　2023年11月第2次印刷

＊

ISBN 978-7-5009-6270-0
定价：79.00元

社址：北京市东城区体育馆路8号（天坛公园东门）
电话：67151482（发行部）　　邮编：100061
传真：67151483　　　　　　　邮购：67118491
网址：www.psphpress.com

（购买本社图书，如遇有缺损页可与邮购部联系）

丝路武风·文化远行

　　作者长期致力于武术跨文化传播的理论研究与实践活动的开展，迄今已在美国、德国、意大利、印度、瑞士、奥地利、英国、菲律宾、马来西亚、阿塞拜疆、西班牙、葡萄牙等多个国家开展过武术教学、讲座、巡演等传播推广工作，在实践活动中获取了大量有关武术在国际间进行跨文化传播的一手资料，为本研究的顺利进行奠定了良好基础，同时也积累了丰富的武术国际传播和推广经验。

　　2018年6月，受邀参加由中国社会科学院、中信改革发展研究基金会主办的"一带一路"高端人文对话；同年10月，受邀参加"一带一路与当代中国文化的国际传播"国际研讨会，并做专题发言。

　　2018年5月，参加由格鲁吉亚第比利斯开放大学和中国兰州大学共同主办的"一带一路"国际论坛，兰州大学潘保田副校长为作者颁发参会证书。

　　2019年8月，参加"文武医走进阿塞拜疆"活动，讲座后与阿塞拜疆语言大学部分领导和老师座谈。

2017年以来，长期受奥地利武术协会邀请执教暑期夏令营培训活动

2019年10月，受首都体育学院委派，带领学生赴西班牙、葡萄牙进行海外武术巡演并担任节目主持人，巡演活动受到当地孔子学院学生和民众的热烈欢迎。

2018年12月，受邀参加由联合国教科文组织联合土库曼斯坦政府组织的"丝绸之路传统体育与运动"专家研讨会，和与会的各国专家研究探讨"丝绸之路"传统体育的发展；参加"丝绸之路的重要性：当前和未来发展"国际会议。

2018年4月，受邀参加国务院侨办主办的"文化中国·名家讲坛"活动，在马来西亚做武术专题讲座。

受邀为中国社会科学院国际研修班（"一带一路"人文交流与文化产业合作）授课，以理论结合实践的方式向来自"一带一路"沿线国家的高层次人才阐述"一带一路"建设与体育文化的国际交流与合作。

行走中的思考：利用各种机会进行海外实地考察与调研

  2020年新冠肺炎疫情期间，受国际武术联合会邀请，为国际武术爱好者进行直播授课，课程在腾讯视频、优酷等平台转发。

  受国家文旅部对外合作与交流局邀请，录制"在线中华文化讲堂"，该课程已在11个国家的海外中国文化中心、驻外使领馆官方网站上线，对于以武术为代表的中华文化海外传播产生了较大影响。

序

  欣逢党的二十大胜利闭幕，全国上下认真学习、贯彻党的二十大精神之际，孟涛教授呈其新作于我，并诚请我为该书作序。鉴于此书对促进新时代中华武术跨文化传播具有重要意义，我欣然同意为此书作序。

  孟涛以优异的成绩、良好的表现和对教育事业的执着，于1993年本科毕业后留校任教，她长期耕耘在武术教学、训练、科研工作一线，并且凭借自身的努力与坚持，在学校领导和师生的支持下，在职攻读了硕士、博士学位，完成了从一名技术型教师向教学科研并举的教研型教师的转变。特别是近年来，作为首都体育学院民族传统体育学科带头人和北京市属高校创新团队项目带头人，她以身作则带领学科队伍和团队成员，从服务首都"四个中心"建设大局出发，紧密围绕学校"创建中华体育精神与奥林匹克精神融合发展的世界一流体育大学"的办学目标，持续发力产出了一系列较有影响力的学术成果与工作业绩，为首都体育学院在学科建设、人才培养、专业发展、社会服务等方面做出了贡献；2021年孟涛被推选为北京市海淀区第十七届人大代表和海淀区人大社会建设委员会委员，今年她又被评选为北京市优秀教师，我为她的不断进步感到高兴，对她新作的出版表示祝贺。作为首都体育学院校党委书记，我非常希望看到有更多的老师能够在工作岗位上发光发热、不断取得新成绩，我也非常愿意为教师的成长搭建更高的平台、提供更多的机会。下面谈一些我对武术跨文化传播的思考。

武术根植于华夏大地，滋养于中华五千年文明的摇篮，有着深厚的历史文化积淀。历经千年赓续绵延、生生不息的传承与发展，随着中国在政治、经济、军事、科技、文化等领域所取得的令世界瞩目的成就，以及国家文化软实力的不断增强，武术以其独特的技术特征、丰富的拳种内容、深刻的哲理与文化内涵，向世人展示着它历久弥新的文化魅力，也早已成为中华优秀传统文化走向世界的一张"金名片"。早在1936年的第11届柏林奥运会上，由11人组成的中国武术代表团的精彩表演震惊了世界，让来自五湖四海的各国运动员、随团官员和普通观众一睹来自古老东方的"功夫"风采，这一里程碑事件奠定了武术走向国际进行跨文化传播的良好基础。1949年以后，武术更是在社会主义文化建设、文化繁荣、文化创新发展等不同历史阶段，发挥了不言而喻的重要作用。1974年，中国武术代表团访美，李连杰等优秀运动员在白宫草坪上的表演，震撼了包括时任美国总统尼克松、国务卿基辛格等在内的美国高层，成功完成"武术外交"使命；精心打造的北京2008年奥运会武术比赛，再次为世界呈现了一台精彩纷呈的武术盛宴；2020年初，武术确定成为达喀尔青奥会的正式比赛项目，2020年底，太极拳被联合国教科文组织列入《人类非物质文化遗产代表作名录》，一系列高质量的文化传播实践活动和典型事件，使世界各国人民加深了对中国文化的认知，体现出较高的武术跨文化传播水平。

党的十八大以来，以习近平同志为核心的党中央十分重视中国话语体系建构问题，讲好中国故事、传播好中国声音，展示真实、立体、全面的中国成为时代强音，同时也是加强我国国际传播能力建设的重要任务。党的二十大报告中再次提出，要推动共建"一带一路"高质量发展，增强中华文明传播力与影响力。武术是全世界都能看懂的肢体语言，武术文化对外传播的高质量发展是构建中国特色、中国风格、中国气派话语体系的重要组成部分，也是推动文明交流互鉴、助力"一带一路"建设走深走实的重要抓手。孟涛的《武术"丝绸之路"——"一带一路"武术跨文化传播研究》一书，图文并茂地向读者展示了一幅武术丝路传播的生动画卷，该书立足落实国家文化发展战略的现实需求，以"一带一路"沿线国家的武术文化传播为着眼点，通过大量的文献资料梳理，结合专家访谈、问卷调查等研究方法，特别是深入实地的考察和亲身参与的传播实践，使其研究既有学术性，也有可读性。该书构思之巧妙不仅体现在理论与实践的有机融合，更加难能可贵的是作者既有武术传播的国际视野，又有认识自我的思想上的文化自觉；既有对精心选取的典型案例的深度考察与分析，也有在此基础上形成的理性思考与全面解读；既明确指出了武术"一带一路"跨文化传播的阻碍与问题，还从宏观、中观、微观三个层面提出了比较可行的解决方案与策略。这样的研究不仅能够为读者了解武术跨文化传播，特别是武术在"一带一路"沿线国家的传播提供丰富翔实的资料和富有见地的学术思考，更可以为相关部门不断优化和完善武术国际传播推广的顶层设计提供参考借鉴，以实现新发展阶段武术跨文化传播的高质量发展，助推国家文化强国战略的实施和人类命运共同体愿景的实现。

千年丝路连接古与今，大国情怀融通中与外。中华文明自古就以开放包容闻名于世，在同其他文明的交流互鉴中不断焕发新的生命力。中华文明五千多年发展史充分说明，无论是物种、技术，还是资源、人群，甚至思想、文化，都是在不断传播、交流、互动中得以发展、进步的。武术作为中华优秀传统文化的典型代表，其拳理拳势中所蕴含的"天人合一""内外兼修""物我两忘"的和谐思想，与"一带一路"倡议所秉持的"和衷共济""和合共生""和而不同"等理念有着异曲同工之妙。在新时代新征程上，特别是在当前，世界之变、时代之变、历史之变正以前所未有的方式展开，武术文化传播要承担起时代赋予的使命与责任，要始终坚持以人民为中心，在继承的基础上创新发展，不断思考和改进武术跨文化传播的方法与路径，以武为媒、铺路架桥，讲好武术故事、诠释中国智慧，让世界各国人民在体验博大精深的武术文化的同时，也能够领略中华文明的行为方式、思维模式和价值倾向，从而为维护世界文明多样性、推动共建人类命运共同体的伟大实践发挥应有的作用。

首都体育学院

2022年11月

前 言

"文明因交流而多彩,文明因互鉴而丰富"。在人类历史的长河中,不同文明交相辉映,跨文化传播与交流活动从未间断。斗转星移、时代变迁,随着交通和传播系统的发展,进入全球化时代的跨文化传播也更加活跃和频繁。习近平总书记指出:"讲好中国故事,传播好中国声音,向世界展现真实、立体、全面的中国""要更好推动中华文化走出去,以文载道、以文传声、以文化人,向世界阐释推介更多具有中国特色、体现中国精神、蕴藏中国智慧的优秀文化",这为新形势下更好推动中国文化走出去指明了方向、提供了遵循,对提升中华文化影响力、坚定文化自信有着重要指导意义。

武术,源于中国,属于世界。在悠久而厚重的中华传统文化浸润下孕育生发的武术,过去曾跟随着朝代更迭、社会变革和时代发展的脚步,在驼铃声声、帆影幢幢的古丝绸之路上,就已经以各种形式和途径得以和沿线国家的不同民族文化相遇;历经数千年传承与发展,武术早已经脱离了原始蒙昧的搏杀格斗之态,成为一种在国际上极具标识性和独特性的中国文化符号,"上武得道,平天下;中武入喆,安身心;下武精技,防侵害","以武入道"体现了中国人的家国情怀、价值取向和行为方式，是助力中华文明在与世界文明的交流、交融、交锋中，更好地展现独特文明基础、根本思想基质、特色文化基因的重要载体。

本书为"北京市属高校教师队伍建设支持计划高水平创新团队建设计划"资助项目，研究选题正是基于落实国家文化发展战略的现实需求，和对武术在中华文化宝库中的独特价值和地位的认知、体察与思考，以及面对当今世界百年未有之大变局的加速演进，在"一带一路"建设逐渐走向深入的时代背景下，探讨如何从"武"文化的角度，加强与世界各国、各民族之间的文化交流、文明互鉴，使之成为沟通民心、消除隔阂与误解、携手共建人类命运共同体的重要抓手，以应对前所未有的世界局势之变，发挥传统武术文化在修身立德、尚武贵和、健体强心、怡情悦人等诸多方面的价值与功能。这是一个让世界人民共享人类文明成果，体验中国、观察中国的视阈，是一个能够诠释中国智慧、展示中国形象、讲述中国故事的良好媒介。

基于此，本着理论与实践相结合的研究思路，本书采用文献资料法、专家访谈法、参与式观察法、数理统计法以及逻辑分析法等涉及社会学、人类学、文化学和传播学领域的研究方法，对武术在"一带一路"沿线国家的传播展开系统研究。本书共分为六个部分，前三个章节偏重于理论阐释与现状解析，以"一带一路"武术文化传播所涉及的基本问题为着眼点，旨在厘清武术文化传播与"一带一路"倡议之间的关系，重点分析了武术在"一带一路"沿线国家传播所面临的整体环境；对"一带一路"沿线国家武术文化传播的现状与实践进路进行了调研，特别委托专业数据公司（零点调查）对沿线6大区域内的7个国家进行了民意调查，以获取更加客观准确的数据资料，同时通过多方面文献资料的收集，对国际武术组织、驻外文化机构的武术传播推广工作和武术传播参与度做了分析论证。后面三章为本书重点，其中第四章以"区域""国别"为视角，精心选取了"一带一路"沿线重点区域、国家进行"落地"研究与实证分析，这是以往研究中较少涉及和较难操作的部分。沿陆上"丝路"起点探讨"一带一路"建设与"西北武术"的互动关系，后一路向西"走进中亚"领略古今"丝路"重镇的武术风采，继而通过中欧三国武术传播状况看中西方文化如何交融，再以"西葡"作为海上"丝路"武术传播的典型国家进行探讨，由此转入地缘相近、文化同源的东南亚武术传播，最终回眸海上"丝路"起点区域看闽南武术的传播与发展。第五章在前期实证研究基础之上，从"本土根基"的筑牢、"累积效应"的持续、"文化渗透"的加强、"孔院之道"的借力和"融媒体"路径拓展等五个维度，对"一带一路"武术文化传播进行话语体系建构，以回应武术如何更好、更快、更深层次"走出去"和"走进去"的时代之问。武术在国际间的跨文化传播推广工作是一项系统工程，第六章立足国家文化强国发展战略的高度，从宏观、中观和微观三个层面提出"一带一路"武术文化传播的战略构想，以期为国家政府部门和武术管理职能部门不断优化和完善武术国际传播推广的顶层设计提供参考。

同舟共济扬帆起，乘风破浪万里航。课题研究的完成离不开多方合作与共同努力，本书从项目立项到实施、结项各环节的工作都得到了首都体育学院各级领导的关心与支持；在本书撰写过程中，团队成员在资料收集与整理、数据统计与分析，以及考察调研过程中付出的辛苦都对本书的完成提供了很大的帮助，还有我的研究生也参与了部分研究过程和书稿的校对工作；此外，还要特别感谢研究期间接受访谈的国内外专家学者、武术海外传播者们，以及长期关心、帮助、支持我的老师和朋友们！离开你们的支持，我无法完成这样大规模的课题，也就没有本书的付梓出版。由于受研究时间、精力和本人水平的限定，本研究尚存许多不足之处，恳请读者批评指正。

孟 涛

2022年10月于北京

目 录

第一章 导论 …………………………………………………（1）

　一、研究背景 ……………………………………………（1）
　二、选题依据 ……………………………………………（2）
　三、研究综述 ……………………………………………（5）
　四、理论基础解读 ………………………………………（15）

第二章 "一带一路"沿线国家武术文化传播的基本问题
………………………………………………………………（23）

　一、"一带一路"倡议与武术文化传播之关联 …………（23）
　二、从"丝绸之路"到"一带一路"的武术传播历程 ……（28）
　三、"一带一路"武术文化传播的环境解析 ……………（31）

第三章 "一带一路"沿线国家武术文化传播的实践进路
………………………………………………………………（40）

　一、"一带一路"沿线国家的武术认知度调查 …………（40）
　二、国际武术组织武术推广的情况分析 ………………（54）
　三、海外文化推广机构武术传播的现实回顾 …………（61）

第四章　"一带一路"沿线国家武术文化传播的实证分析 ………………………………………………………（66）

一、"走出去"：西北武术与"一带一路"建设的互动 ……………………………………………………（67）

二、走进"中亚"：古今"丝绸之路"重镇的武术传播境况 ……………………………………………（80）

三、探骊"欧洲"：中欧三国武术传播的作用与影响……（99）

四、寻绎"西葡"：武术在海上丝绸之路的空间建构……（114）

五、武动"南洋"：武术文化在东南亚国家的包容共生 ……………………………………………………（127）

六、回眸"起点"：闽南武术丝绸之路传播的回顾与展望 …………………………………………………（147）

第五章　"一带一路"沿线国家武术文化传播的话语建构 ………………………………………………（162）

一、夯实国内武术发展的"本土根基" ……………（162）

二、发挥精英武术引领的"累积效应" ……………（170）

三、强化海外移民武术传播的"文化渗透" ………（175）

四、借助汉语言文化传播的"孔子学院之道" ……（178）

五、融合多元媒介形态的武术传播"路径拓展" …（183）

第六章　文化强国背景下"一带一路"武术传播的战略构想 ……………………………………………（188）

一、文化自信："一带一路"武术文化传播的宏观视域 ……………………………………………………（188）

二、文化认同:"一带一路"武术文化传播的中观方略
………………………………………………………（190）
三、文化自觉:"一带一路"武术文化传播的微观策略
………………………………………………………（194）

结　语 ………………………………………………（202）

附　录 ………………………………………………（207）

后　记 ………………………………………………（226）

第一章 导论

一、研究背景

人类从野蛮蒙昧到现代文明的漫长发展过程中，不断地经历着各种重大变革。近代以来，随着科技的日新月异，"全球化"浪潮已势不可当，人类历史从"蒸汽时代""电气时代"已经进入"信息时代"，这种变化带来了世界经济的飞速发展，国际间的权力格局也正在重塑，百年未有之大变局正在深刻影响着每一个参与其中的国家和个体。2013年，国家主席习近平向世界发出的"一带一路"倡议，旨在实现中国与沿线国家的"五通"，即政策沟通、设施联通、贸易畅通、资金融通和民心相通，对于全球治理提出了中国方案。2008年以前的世界秩序中，主要由西方国家主导话语权；2008年至2013年出现了一段过渡期，"金砖国家"成为新兴经济体的代表；2014年以后，尤其是随着"一带一路"倡议的提出和其影响力逐步扩大，"全球化"和全球治理进入一个新的历史时期。当下，"全球化"已进入"下半场"，随着"全球化"红利的退潮，各国之间的贸易摩擦、贸易战、货币战等风险加大，给世界经济发展带来很大的不确定性。在当前世界大发展、大变化和大调整的背景下，保护主义、民粹主义思潮明显抬头，逆"全球化"态势明显上升，大国之间的博弈与竞争明显回归。而这一时期，正是中国以具有远超其他国家的经济体量迅猛发展、在世界上的影响力日益彰显的重要发展期。

当今世界充满了不稳定性和不确定性因素，习近平总书记以一种全球维度的大历史视野提出推动构建"人类命运共同体"的宏大设想和美好愿景，旨在回答"建设一个什么样的世界，如何建设这个世界"这一关乎人类前途命运的重大课题。"一带一路"倡议未来将着重引领"全球化"更加平衡地发展，为构建更加包容的"全球化"作出中国贡献。国际局势的风云变幻和中华民族伟大复兴的"中国梦"历史性地交织在一起，使我们不可避免地站在了世界舞台的中央。庚子鼠年，一场突如其来的新冠肺炎疫情肆虐全球，中国以大无畏的牺牲精神为世界赢得了时间，为抗击疫情积累了宝贵经验，更在世界各国陷入恐慌的时刻，以一城救一国，第一时间派出了救援队伍到抗疫前线，赢得全世界大部分国家的尊重和感激。这是一场综合国力和制度优势的大比拼，也是对世界大团结的考验，随着中国综合国力和世界影响力的不断增强，中国正在以负责任的大国形象参与全球治理，中国主动塑造战略机遇期的能力显著提高。回首过往，我们比历史上任何时期都更有能力维护好自身的核心利益，比历史上任何时期都更有能力统筹好国内、国际两个大局，比历史上任何时期都更有能力为世界作出重大贡献。作为中华优秀传统文化的典型代表，武术这一国之瑰宝理应在这个特殊的历史时期发挥其应有的价值和作用，成为沟通民心、造福世界的媒介。风云变幻的国际局势和不可逆转的"全球化"趋势也是我们研究探讨武术将如何更好地在世界范围内广泛传播所处的时代大背景。

二、选题依据

（一）助力"一带一路"建设走深走实的需要

"一带一路"倡议的提出是中国进一步融入世界经济体系，加强与周边国家在经济、贸易和文化等方面合作的客观需要，是经济贸易与文化传播发展的双核战略，其中蕴含着以经济合作为基础、以人文交流为支撑、以开放包容为理念的重要内容，这一战略的实施扩大了我国对外开放的格局和水平，其倡议的目标之一就是中国主导、广泛借力以推动中华文化走向世界，并助力沿线国家文化的世界化。自"一带一路"倡议实施以来，世界对中国的态度经历了由广泛质疑到部分理解，再到大多数支持的过程，中国的朋友圈不断扩大，截止到2020年1月底，已有138个国家和30个国际组织同中国签署了涉及经贸、人文、体育等多领域的合作谅解备忘录[1]。成绩有目共睹，但挑战与风险依然存在，"一带一路"建设要走深走实，必须有民心相通作为基础，要得到沿线各国民众的理解和认同，否则很容易遭遇一些别有用心的国家以维护国家利益为名的恶意诽谤与攻击，诸如"一带一路"是中国地缘政治扩张、是向其他国家输出过剩产能、是变相的"马歇尔"计划等言论都曾对"一带一路"倡议的顺利实施产生负面影响。

"和"是中国文化的核心理念，"一带一路"倡议也是以沿线国家的合作共赢为根本出发点，然而并不是每一个国家都可以认同和接受这样的倡议，"一带一路"建设的走深走实还有许多工作要做。中国武术是一种蕴含东方智慧的身体文化，2018年中国国家形象全球调查分析报告显示，中餐、中医药、武术仍是海外受访者认为最能代表中国文化的元素[2]。这种以肢体表达为外在形式的文化载体在"一带一路"沿线国家的深度传播，将会助力"一带一路"建设向纵深发展，成为沟通民心的桥梁和纽带。

（二）打破文化壁垒、提升中华文化国际影响力的需要

2017年，中共中央办公厅、国务院办公厅印发的《关于实施中华优秀传统文化传承发展工程的意见》提出：支持中华医药、中华烹饪、中华武术等中华优秀传统文化代表性项目走出去。加强"一带一路"沿线国家文化交流与合作，鼓励发展对外文化贸易，让更多体现中华文化特色、具有较强竞争力的文化产品走向国际市场，这为中华文化在"一带一路"的传播发展指明了方向。中华武术作为我国特有的传统文化资源，在几千年的发展历程中不断地与其他传统文化思想碰撞并汲取养分，在运动中处处体现着东方文化的哲理，表现出中国人的一种处事方式，它易于打破文化壁垒，得到不同国家、不同种族和不同宗教信仰的人们的普遍认同，是一种易于被世界人民广泛接受的"热媒体"。无

---

[1] 中国新闻网. 中国已与138个国家和30个国际组织签署共建"一带一路"合作文件 [EB/OL]. [2020-09-20]. http://www.chinanews.com/cj/2020/09-14/9290734.shtml.
[2] 当代中国与世界研究院课题组. 2018年中国国家形象全球调查分析报告[J]. 对外传播, 2019（11）：29.

论是1974年中国武术代表团的访美演出，还是2011年中国武术代表团在联合国总部的惊艳亮相，抑或是孔子学院武术巡演团在世界各地掀起的武术热潮，都一次次地证明了武术文化国际传播的意义所在，这是一个让世界人民体验中国、观察中国的视阈，是一个能够诠释中国和平崛起、展示中国形象的标识。具有悠久历史和现实影响力的中华武术理应在"一带一路"倡议实施中承担独特的使命，在中华民族优秀传统文化复兴这一新的时代背景下，借助传播学、文化学的相关理念、方法，深入挖掘武术的文化内涵、技术特色，助推武术文化"走出去"和"走进去"。真正实现将中华武术继承好、利用好、发展好的时代命题，以"一带一路"倡议为契机，推动武术文化在沿线国家的传播与发展，提升中华文化的国际影响力。

（三）提高文化自信，发展民族传统体育的现实诉求

众所周知，任何一个事物的发生、发展和演变都与其所处的社会历史环境密不可分，民族传统体育的形成与发展也不例外。武术是在中华文化长期浸染之下形成的独具特色的民族传统体育项目，它所彰显出的"刚健有为""中庸和谐""尚武崇德""天人合一"等文化特征，形成了与当代西方竞技体育完全不同的思维方式和价值观念。习近平总书记曾多次强调，中华文化是我们最深沉的精神追求和最深厚的文化软实力，以武术为代表的民族传统体育文化根植于华夏大地，绵延发展了数千年，我们应该以文化大师费孝通先生倡导的"文化自觉"意识，审视本民族的文化来源，对其有一个清醒的认识，需要建立从本民族的文化实际思考民族未来的宏观意识。在"全球化"趋势愈演愈烈的今天，民族传统体育文化的发展也需要形成全球视野，2020年3月20日，国家体育总局武术运动管理中心发布了《体育总局武术中心贯彻落实〈体育强国建设纲要〉实施方案》（以下简称《方案》），该《方案》在指导思想部分开宗明义地提出要"大力推动中国武术走出去，推进武术进入奥运会"，并根据这一指导思想设立了近期、中期和长期发展目标；2021—2025年，要实现"武术国际化推广新模式基本建立，全面推动中华武术走出去，国际影响力大幅提高，武术申奥条件基本成熟"的近期

目标。可以看出，武术全面国际化的脚步明显加快，这是一种文化自信的体现，也是民族传统体育未来发展的现实诉求。因此，借力"一带一路"倡议助推武术与民族传统体育文化的世界传播势在必行。

三、研究综述

改革开放40年来，武术国际化传播的脚步逐渐加快，整体成就斐然，特别是在2020年开年之初，武术成为达喀尔青奥会正式比赛项目的喜讯着实令国人感到欣慰。然而，武术国际化传播之路绝非坦途，还需要我们脚踏实地地全方位推进。近年来，有关武术国际传播、武术跨文化传播等领域的研究成为学者们关注的热点，科研成果著述颇丰。为了更为深入地了解"一带一路"武术传播的相关情况，本研究通过CNKI中国知网数据库、国家图书馆、首都体育学院图书馆等文献检索平台，将检索主题设置为"武术并含国际传播"或"武术并含跨文化传播"或"武术并含'一带一路'"或"武术并含全球化"或"武术并含走出去"或"武术并含孔子学院"（精确匹配），检索年限设定为2000年1月1日—2021年8月17日，共检索到相关中文文献1558篇。经过手工筛选、剔除，得到有效文献1192篇，从中选取"武术并含'一带一路'"的文献进行分析，符合要求的文献190篇。借助CiteSpaceV软件，对相关文献做计量分析，探讨武术国际传播，特别是"一带一路"武术传播的相关问题，旨在把握"一带一路"背景下武术文化世界传播的脉搏，在借鉴前人研究的基础上，进一步厘清研究思路，探究武术文化的研究热点，为后续的研究提供一定的思路及方向。

（一）武术国际传播的研究热点及趋势

本研究采用关键词共现分析"一带一路"武术传播中的热点，即利用文献中多次出现的名词或名词短语在不同论文中同时出现的频次来确定所选取的关键词与研究主题之间的相关性[1]。将上述文献的题录

---

[1] 邱均平.信息计量学概论[M].武汉：武汉大学出版社，2019：33.

（Refworks格式）文本导出并生成检索报告，再利用Co-Occurrence9.94（COOC9.94）[1]软件对关键词进行去重、同义词合并、频次统计并生成关键词云图和社区聚类图。在关键词云图中（图1-1），关键词出现的频率越高，则字体越大，可以对本研究的热点及重点进行初步把握。

图1-1 关键词云图

在关键词社区聚类图中（图1-2），符号相同的关键词属于一类，连线越深则关系越紧密。例如："一带一路"、武术文化、国际传播、新时代和武术传播在研究中的关联性较大，属于一类；并且"一带一路"、武术文化和国际传播这三个词的联系最为紧密，频繁地共同出现在研究中；武术协会和传统武术经常成对出现，属于一类；太极拳、跨文化传播和国际化也是一组研究中经常一起出现的概念。通过关键词社

---

[1] 学术点滴，文献计量. COOC一款用于文献计量和知识图谱绘制的新软件［EB/OL］.［2020-01-06］. https：//blog.csdn.net/qq_39974284/article/details/112258411.

区聚类图可以更好地掌握关键词的共现关系，从而了解不同研究主题之间的相关性。

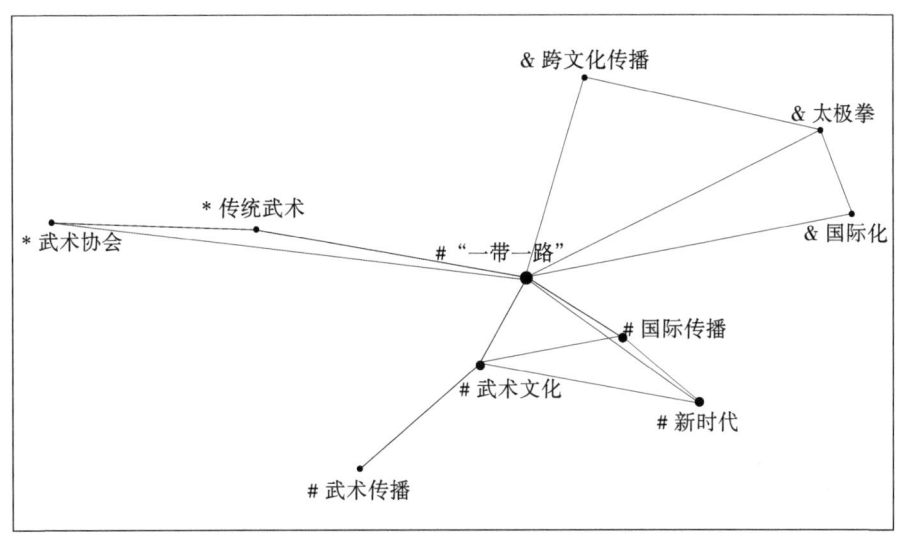

图1-2 关键词社区聚类图

对武术国际传播研究的前沿和热点进行探讨，能够准确地把握未来武术国际传播的研究方向。借助CiteSpaceV（Timezone）关键词的变化能够帮助我们辨识某领域研究的发展历程，清晰地展示研究热点的演变，并随着时间的迁移所产生的相互影响[1]。

为了更加准确地分析发展趋势，利用CiteSpaceV共检测到排名前14的突变词汇（图1-3）。突变词是指在特定时期内，学者们对某研究领域有较大的关注度，使用频次突然明显增多或在较短时间内突然出现的词语，利用突变词的词频时间分布和动态变化特性，能准确地揭示与反映当前研究的前沿领域[2]。

---

[1] 陈悦, 陈超美, 刘则渊, 等. CiteSpace知识图谱的方法论功能[J]. 科学学研, 2015（2）: 242-253.
[2] 王林, 晋小虎, 刘诗洁, 等. 基于知识图谱的武术传播前沿热点与演化分析[J]. 南京体育学院学报, 2019（7）: 69-80.

排名前14位的关键词突变演进

关键词	年	影响力	开始	结束	2000—2021
全球化	2000	19.82	2003	2010	
竞技武术	2000	3.85	2003	2007	
传统武术	2000	7.14	2007	2012	
文化认同	2000	3.49	2007	2010	
非物质文化遗产	2000	3.14	2009	2012	
武术国际传播	2000	3.17	2010	2013	
孔子学院	2000	9.79	2013	2017	
武术教育	2000	3.34	2015	2017	
武术教学	2000	3.35	2016	2017	
一带一路	2000	13.77	2016	2021	
武术文化	2000	3.61	2017	2018	
"一带一路"	2000	16.76	2016	2021	
新时代	2000	8.01	2019	2021	
走出去	2000	3.27	2019	2021	

图1-3　突变词演进

从图1-3可以看出，首先是突发强度最强的关键词为"全球化"，突发强度为19.82；其次是"一带一路"，突发强度为16.76，而当下的热点关键词是"新时代"和"走出去"，突发强度分别为8.01和3.27。也就是说，武术领域的相关研究热点已逐渐从武术的全球化过渡到"一带一路"传播上，并且与"新时代"和"走出去"等政策热点紧密结合。2003—2009年，研究者围绕"竞技武术""传统武术""文化认同""全球化"的武术传播做了大量的研究；2010年起，"武术国际传播"研究成为武术文化交往与互动的首要议题；而"新时代"和"走出去"的研究热点从2019年持续至今，预示着这两个研究方向将和"一带一路"武术文化传播一道成为未来武术文化传播研究的热点趋势。

（二）"一带一路"武术传播研究的主要内容

"一带一路"武术文化传播研究成为近年来武术国际传播、武术跨文化传播领域的一个新热点，说明学术研究与国家战略需求的结合越发紧密。对"一带一路"武术文化传播研究的内容进行解析有助于我们了解此类研究的深度与广度，寻找研究存在的问题与缺憾。从现有文献的研究内容来看，学者们主要围绕"一带一路"背景下武术文化传播的价值与意义、面临的机遇与挑战、传播状况与策略等方面进行探讨，而鲜少见到基于"一带一路"沿线国家复杂的政治、经济、宗教、文化环境等方面的有针对性的国别研究。

1. 使命与价值："一带一路"武术文化传播的责任

随着"一带一路"倡议的实施，武术文化的国际传播环境也发生了相应变化，学者们把研究逐步聚焦到"一带一路"武术文化的传播之中。立足于"一带一路"倡议发出的时代背景，通过强化武术发展的"文化意识"，从新时代武术发展的"文化自信"核心意蕴出发，构筑起中国武术发展的文化之路[1]。学界也将"一带一路"武术文化的传播与发展视为促进民心相通、构建国家形象的重要举措，从武术文化使命、文化认同、文化交流、文化发展、文化传播等方面对武术文化传播的意义与价值进行研究。

国之交在于民相亲，民相亲在于心相通，而民心相通是"一带一路"建设的基础和前提。在"一带一路"倡议实施过程中，最大的挑战来自民心工程的建设，而实现民心相通，最有效的手段是文化交流与合作[2]。通过武术文化的交流与合作让世界认识中国、了解中国、喜欢中国，为提升国家核心竞争力、增强国家文化软实力、构建国家形象发挥积极的作用[3]。武术既是中国文化的全息影像，也是中国文化的名片，作为一种身体语言，通过肢体动作的表达来诠释中国文化的内涵，在"一带一路"文化交流互融下，武术能够充分发挥文化名片的作用，扮演好沿线各国文化使者的角色，不仅能减少交流障碍，同时还能弱化异质文化间的意识隔阂，为"一带一路"沿线国家或地区之间的"民心相通"发挥作用[4,5]。抓住武术文化走出去的先行优势，在

---

[1] 王岗，陈保学，马文杰. 新时代"文化自信"与中国武术的"再出发"[J]. 北京体育大学学报，2018（8）：9-16.

[2] 隗斌贤. "一带一路"背景下文化传播与交流合作战略及其对策[J]. 浙江学刊，2016（2）：214-219.

[3] 郭玉成，范铜钢. 武术文化传播构建国家形象的战略对策[J]. 中国体育科技，2013（5）：80-85，98.

[4] 洪浩. "一带一路"：武术国际推广的文化使命[J]. 武术研究，2017，2（3）：2.

[5] 马文友. "一带一路"下中国武术对外交流的文化考量及其战略构想[J]. 体育成人教育学刊，2017，33（4）：58-61.

"一带一路"倡议下既有利于促进沿线周边国家互联互通的关系、社会发展和民众文化需求层次的改善,又有利于深化国际文化的交流与合作,促进区域文化协调与发展,更有利于维护沿线各国多领域合作的稳定发展[1]。中国武术是中国经济的精气神,谈到中国武术的"走出去",绝不是走走过场、亮亮相、暖暖场而已,其根本目标应该是通过传艺,树立起智慧、美好、向上的中国形象,这才是"一带一路"武术文化传播的立足点和价值所在[2]。武术文化中"和而不同,强而不霸"的和谐思想,彰显了"自强不息,厚德载物"的民族精神,强化了"一带一路"和平共赢的目标诉求,助推中国与"一带一路"沿线国家民心相通,为政治互信奠定了重要基础、为经贸合作提供了重要保障[3]。

2. 机遇与挑战:"一带一路"武术文化传播的国际环境

(1)动力与机遇

"一带一路"建设是我国在新的历史条件下施行全方位对外开放的重大举措,是推动互利共赢,打造全面开放的新平台、新格局的战略需求。吕韶钧[4]认为世界各国之间的文化交融与文化竞争成为当今文化全球化发展的主要动力和基本态势,随着"一带一路"倡议的总体推进,武术国际推广以适应新时代武术国际发展和服务国家战略的需要,能够促进武术文化在当前多元世界文化中产生更好的互动和共鸣。文化的多元化、合作化是推动文化传播的动力因素,对"他者"文化的需求和理解更是文化传播深层次的内在动力。"一带一路"倡议的提出和沿线国家的积极响应为世界文化的交融、文化"走出去"战略的推进提供了动力,中国武术"走出去"处于重要战略机遇期。

众多学者认为,"一带一路"贯穿了儒教、佛教、伊斯兰教和基

---

[1] 丁传伟,李臣."一带一路"战略下中国武术文化"走出去"的思考[J]. 北京体育大学学报,2017,40(3):127-133.

[2] 卢安,姜传银,周田芬."一带一路"上中国武术的价值取向和使命[J]. 体育文化导刊,2018(6):1-5.

[3] 陈丽印. 武术文化中和谐思想的国际传播在"一带一路"战略实施进程中的作用[D]. 苏州:苏州大学,2018.

[4] 吕韶钧."一带一路"倡议下中国"文化走出去"的战略转型——以武术国际推广3.0时代为例[J]. 北京体育大学学报,2018(6):1-6.

督教四大文化圈，集中华民族智慧所形成的风格各异的中国武术拳种体系，能够满足沿线国家不同文化圈层人们对异质文化的需求，借助"一带一路"倡议的不断推进，以地域武术文化的传播为切入点，为闽南武术、少林武术、荆楚武术、西北武术等特色鲜明的地域武术"走出去"创造了条件，从而使武术文化的整体传播得到快速发展。"一带一路"倡议实施给武术文化传播开创了全面开放的均衡格局，提供了互利平等的交流平台，通过中国武术能够与沿线各国开展更为广泛的文化交流、学术往来和人才合作等活动，为促进中华民族优秀传统文化传播的产业升级，提高民族文化的创新能力发挥重要作用。

（2）困境与挑战

尽管中国武术"走出去"正处于重要战略机遇期，但也不可忽视此间仍存在的巨大挑战。由于世界传播体系的不平衡，西方现代体育和文化占据着主导地位，在生存与发展的话语权上呈现出"西强东弱"的态势，发展中国家的文化传播和文化事业发展面临严峻的挑战[1]，"共性文化"缺失使武术文化"在地化"传播受阻。加之受当前复杂的国际局势和大国关系影响，包含武术文化在内的传统文化对外传播显现出文化输出力和影响力不足的窘态。此外，传播人员"质""量"缺失，特别是本土化人才培养乏力；传播内容"技""理"晦涩难懂、针对性和适应性不强；传播渠道发展滞后、科技融合较差，与沿线国家的信息不对称造成武术文化的"失语现象"等[2]，都是"一带一路"武术文化传播所面临的主要矛盾和内外部挑战。还有，传播模式单一，以"单向"灌输为主及缺少互动交流环节的传播模式会降低传播效果[3]，中华优秀传统文化的海外传播还没有引起足够的重视，还未形成相应的民间传播体系或机制，传播手段还相对老化和单一，与海外民众的生活方式不相匹配[4]，跨文化传播平台的有效利用不足导致武术文化对外传

---

[1] 刘晓."一带一路"对外传播研究[D].湘潭：湘潭大学，2016.
[2] 邵倩倩."一带一路"背景下中国武术文化的传播与发展[J].对外传播，2019（10）：17-19.
[3] 姬瑞敏，张建新.从文化视角看中国传统武术在跨文化传播中面临的机遇与挑战[J].搏击，2010，7（2）：9-11.
[4] 肖荣春.新媒体和民间传播助力海外"中国文化故事"讲述[J].东南传播，2019（4）：60-61.

播力量分散，缺少整体性规划。以上因素相互交织造成"一带一路"沿线国家武术文化传播的困境。

3. 现状与趋势："一带一路"武术文化传播的发展

（1）关于"一带一路"武术文化传播的现状分析

随着"一带一路"倡议持续推进，以及国家有关政策的陆续出台，学者们围绕沿线国家武术文化传播开展了不同形式的研究。由于"一带一路"武术文化传播深入实地调查的复杂性，学界缺乏更多实证研究。不过，仍有学者对沿线一些国家实地调查带来难得可贵的研究成果，为"一带一路"武术文化的进一步传播提供了有力支撑。首先，张庆珍等[1]利用实地考察、问卷调查等方法在菲律宾展开研究，从传播人员的组成来看，目前菲律宾的武术传播者主要来自中国公派和私人邀请人员，其次是华裔后人、武术学习者以及喜爱中国武术的华人留学生也成为推广中国武术文化的重要力量；从传播主体经验来分析，在菲律宾传播中华武术的人员中绝大部分属于新手且多为兼职，仅有少数经验丰富的教学者是来自中国的专业教练，可以看出武术教师团队数量及质量有待提升；传播内容以竞技武术项目为主，随着"一带一路"文化交流的加强，健身气功正逐渐走入菲律宾市场。针对传播途径和传播效果的研究中，王婷[2]对"一带一路"途经国家美国的太极拳传播现状进行了分析，发现通过举办多届武术锦标赛、选拔赛等武术比赛，以及电视、电影、报纸等媒介的传播推动了武术和太极拳在美国的传播；于善[3]从中亚五国（哈萨克斯坦，乌兹别克斯坦，吉尔吉斯斯坦，土库曼斯坦，塔吉克斯坦）的访问调查和专家访谈得知，武术的影响力在不断提升，习练人数也不断增多，但武术文化传播力度还不够，并且发现只有近三成的孔子学院（课堂）开设了武术课，最大的问题是对外武术

---

[1] 张庆珍，张敏."一带一路"倡议下中华武术文化在菲律宾的传播策略[J].吉林体育学院学报，2018（5）：103-108.

[2] 王婷."一带一路"背景下太极拳在美国的传播情况研究[J].武术研究，2019，4（5）：7-10.

[3] 于善."一带一路"背景下中华武术及文化在中亚五国的传播探究[C]//2016年第二届全国武术运动大会暨武术科学大会论文集（下）.2016：4.

教学专门人才稀缺；李臣等[1]对中国武术海外传播认知度及接受度的问卷调查显示，俄罗斯、印度、印尼和越南等国家受访者对中国文化符号（中国武术）认知度均高于其他国家受访者，究其原因可能与"一带一路"和金砖国家朋友圈有关，并且认知度和接受度存在一定的落差，普遍出现认知度高于接受度的现象，学者建议对于印度和俄罗斯的中国武术传播应当给予足够重视。站在文化的角度，进行不同地域、区域及不同国家的比较，分析文化差异，能够为武术国际化传播提供借鉴和价值[2]。孟涛等[3]通过个人武术传播的实践经验和文献资料调研对处于不同地域的东南亚及欧洲等国的武术传播进行了比较分析，发现东南亚国家的武术传播从传播广度到传播深度都明显优于欧洲国家。整体来看，学者们主要针对"一带一路"沿线国家武术文化传播主体、传播路径及传播效果展开研究，对于沿线国家国别与国情研究、传播受众的内容需求及接受习惯的调查研究还极少涉及。

（2）"一带一路"武术文化传播的路径与发展趋势研究

"一带一路"倡议的提出促使各国之间的文化交流、文化互融、文化发展成为学界研究的热点话题。"一带一路"沿线国家众多，武术文化传播过程任重而道远，只有克服各种不利因素，才能确保整个传播过程高效运作，达到良好的传播效果。鉴于此，对于"一带一路"倡议下武术文化传播的未来，学者们也各抒己见，从不同角度探讨武术文化传播的路径与未来发展。洪浩[4]认为，武术的国际传播可遵循由近到远的策略，先巩固亚洲国家，再走向欧洲国家，最终实现中西体育文化的深度融合与持续发展；丁传伟等[5]提出要健全武术文化区域协调发展支持机制，以共性文化构筑为切入点，探寻武术文化交流合作的共

---

[1] 李臣,郭桂村.中国武术海外传播认知度及接受度调查分析[J].长江大学学报，2019（5）：117-124.
[2] 郭玉成.中国武术文化研究述评[J].成都体育学院学报，2016，42（1）：40-45.
[3] 孟涛,李绍成,梁蕾."一带一路"视阈下武术文化不同地域传播的比较研究[J].武术研究，2019，4（6）：22-26.
[4] 洪浩."一带一路"：武术国际推广新机遇[J].武术研究，2017（2）：2.
[5] 丁传伟,李臣."一带一路"战略下中国武术文化"走出去"的思考[J].北京体育大学学报，2017（3）：127-133.

同点，在沿线各国构建起文化共同体；苏长来等选择以"和谐"为突出特色的中国文化作为推广战略定位，提出要积极地挖掘、提炼武术技术中所蕴含的和谐文化，打造武术"一带一路"文化传播的新形式[1]。"一带一路"建设，离不开相应专业人才的支撑，因为人才是"一带一路"建设的支点和关键[2]，张国胜提出，"一带一路"型传播人才应抓住对沿线国家留学生的培养，留学生武术课程教学对传播中国文化、发挥留学生"丝路行"作用意义深远[3]。面对沿线受众所具有的不同文化背景和文化需求，学者们认为"一带一路"武术文化传播应从受众出发，建立平等的对话关系，根据沿线国家的文化背景及群众基础，形成各具特色的武术推广模式，以供给带动需求，并形成技术与文化并重，以孔子学院、驻外机构和国外武术组织为核心的武术文化传播新途径。张开娟等认为要根据不同地域、国家、人民的文化心理，以满足不同人的心理需求，构建符合"一带一路"沿线国家和地区需求的双向文化交流模式，打造传统武术与竞技武术并举的传播途径，将我国现有拳种整理归类，使其简单化、标准化，并深度挖掘武术的文化内涵和内在价值，培育更多品牌拳种，打造贴近受众文化消费心理和文化诉求的武术文化产品，构建类型多样的国际化文化传播机制和效果评估机制，以改变官方为主的传播格局，从硬宣传向软传播转移，实现"一带一路"沿线国家的精准传播[4]；吕韶钧提出"一带一路"武术国际推广应主动完成"主体性推广"向"主体间性"共享的重要转型，做好武术国际推广的供给侧改革，体现出武术文化的"在地性"，不仅对外输出武术技术，还要为人们提供武术的健康养生服务，使其自觉感悟武术文化的真谛[5]。此外，围绕借助媒介途径的武术传播，刘薇认为通过自媒体

---

[1] 苏长来，杨建营."一带一路"背景下中华武术推广倡议及实施途径[J].天津体育学院学报，2020（1）：111-117.

[2] 周谷平，阚阅."一带一路"战略的人才支撑与教育路径[J].教育研究，2015，36（10）：4-9.

[3] 张国胜.河南省高校留学生武术课堂开展问题探究[J].太原城市职业技术学院学报，2019（9）：124-125.

[4] 张开娟，马晟，毛旺."一带一路"背景下武术对外传播途径研究[J].浙江体育科学，2017，39（1）：86-89.

[5] 吕韶钧."一带一路"倡议下中国"文化走出去"的战略转型——以武术国际推广3.0时代为例[J].北京体育大学学报，2018（6）：1-6.

和新媒体的交流平台，为武术文化传播创造更加便捷的途径，以利于扩大武术文化的传播力和影响力[1]。

总体来看，有关专家和学者们对"一带一路"沿线国家的武术文化传播研究逐渐转向深入，为当前"一带一路"武术文化传播提供了有益的借鉴与参考，但此类研究在很多方面还有待更进一步挖掘。如现有研究多见于对现状的梳理以及传播策略的探讨上，而武术在"一带一路"沿线国家传播的国别研究、区域研究，武术文化传播平台的搭建与应用，武术传播绩效评估体系构建，以及武术传播如何真正"走进去"、新时代武术传播的现代化转型、后疫情时代"一带一路"武术文化传播路径拓展等都是亟待研究与落实的重要问题。

四、理论基础解读

跨文化传播以不同国家、不同族群、不同文化间社会成员的信息传播、文化交流为研究对象，伴随着人类活动范围的日趋扩大、沟通手段的不断丰富、沟通工具的大量涌现，不同文明群体间的交流日趋频繁、互动逐渐增多，由此形成了形态多样、日益丰富的跨文化传播现象。意欲将中国武术推广至其他文化族群、文化地域，希望它被其他与中华文化截然不同的文化人群接受、喜爱、发展。从传播学的角度来讲，这种文化传播现象与传播行为乃是跨文化传播的典型。随着"一带一路"建设的深入开展，沿线国家间的政治交往、经济融合和文化交流渐趋紧密，这种历史趋势和社会背景彰显出当前跨文化传播的时代召唤和重要价值，也揭示了中华武术进行跨文化传播的历史意义和重要使命，并提醒我们：若要更好地推动中华武术的对外传播工作，务必重视不同文化对传播方式、传播行为和传播效果的影响，我们要用目标国家的受众听得懂的语言来讲述中国武术故事，传播学、社会学、文化学领域的经典理论无疑可以作为武术跨文化传播的有益理论视角。

---

[1]刘薇."一带一路"战略下武术国际推广模式研究[J].淮南职业技术学院学报，2018，18（6）：125-126.

（一）斯图亚特·霍尔的"编码与解码"

"编码与解码"理论是由英国知名社会学教授斯图亚特·霍尔基于结构主义、霸权理论、符号理论等提出的，该理论的提出对于重新认识传播过程、传受者关系以及文化对传播行为的影响等方面都有着极为重要的意义。"编码与解码"理论的核心观点认为：信息中的主导意义并非经由线性的、直接的符号传递，而是借助于自然化的、隐含的编码，也就是说信息的被传送不等于被接受。霍尔所言的"编码"（Encoding）是传播者基于特定世界观、价值观和文化框架对传播内容、传播信息进行符号化加工的环节，是赋予信息"意义"的"生产"过程；所谓"解码"（Decoding），则是指受众在接受符码环节，遵循特定规则、依照特定的方式对符码承载的意义加以阐释与解读。霍尔假定存在以下三种不同的解码方式：主导—霸权立场（dominant-hegemonic position），编码者的符号意义能够被受众完全接受；协商立场（negotiated position），编码者的符号意义被受众以自己的经验和立场加以分析扬弃而部分接受；对立立场（oppositional position），编码者的符号意义被受众以完全相反的立场角度进行解读，并得出了与原意完全相悖的意义解读。

霍尔的"编码与解码"理论为我们从跨文化的角度探讨如何有效开展武术文化的国际传播提供了有益的理论工具和实用的分析视角。从霍尔的"编码与解码"理论的基本思路来看，我们会发现他充分意识到受众的主动性和选择性。在"编码与解码"理论框架中，意义的生产并不是传者在编码工作中就可以完成的，它更多地依靠解码环节。在解码环节，受众可诉诸不同解码方式，不同解码方式又意味着内容和意义在受众那里是多样化和个性化的。而造成解读方式多样化的很重要的一个原因就是受众来自不同的文化圈层与意义空间。"编码与解码"理论的基本内涵以及其与文化的紧密依存关系使我们认识到：编码和解码是存在于信息传播过程中相对独立、相互依存的连续环节，而编码和解码只有在共享一套共有的代码规制和相同或相近文化背景的前提条件下，编者意欲传播的主导意义才能有效传达，被接收者完整接受，而众多传播过程中产生的障碍、噪声、误差很多是编码和解码的参照体系差异造成的，其中包含文化差异、价值分歧、意识形态等诸多因素，要实现传播内容的有效传递，对于编码和解码来说，共同的意义空间至关重要。对处于截然不同的文化背景下的受众群体而言，中国武术想要呈现和表达的"天人合一""物我两忘"等内涵与文化意义往往是令人费解的，他们很难体会"青龙探爪""燕子抄水""狸猫上树"等富含中华文化典型寓意的形象化语言背后蕴含的特定文化意义、审美意蕴、价值追求等，而这些武术技巧能不能"克敌制胜""一招毙敌"可能才是他们关注的核心。因此，在武术跨文化传播实践中应充分考虑受众的解码立场，通过适度"降噪""文化移情"等方式来避免"对立性解码"的产生。

（二）"使用与满足"理论

"使用与满足"理论的研究源于20世纪40年代，传播学者卡茨等人发现人们在社会因素与心理因素的共同作用下产生需求，继而引发对大众传播或其他信源的期待，这种期待又导致了不同类型的媒介接触，最终获得需求的满足或者其他后果[1]。该理论与前人研究最大的不同就是它不是以传播者的角度，而是从受众的角度出发，关注受众的媒介接触动机与使用动机，从而深入探讨受众对媒介的使用，以及大众传播对人在心理和行为上的效用。"使用与满足"理论的提出不仅是对"魔弹论"的否定，也引起了人们对"有限效果论"的重新审视。在这一模式中，人们不再是媒介刺激的被动接受者，而是为满足自身需求有意识、有目的的信息选择者。"使用与满足"理论提醒人们，受众对于媒介的选择与使用在很大程度上掌握着主动权，而且他们的行为是在一定的动机驱动下完成的。因此，媒体或者传播者只有依照受众的不同需求有的放矢地进行传播活动，才有可能正中靶心。

基于"使用与满足"理论，武术的跨文化传播也同样需要关注受众的媒介使用情况，并将是否满足受众的需求作为传播效果的衡量标准。在媒介的使用上，传播学者鲁宾将媒体的使用分为两类：仪式性的和工具性的。前者将媒体视为一种长时间、习惯性、被动式的消遣活动；

---

[1]刘海龙.大众传播理论：范式与流派[M].北京：中国人民大学出版社，2008：271.

后者则是通过主动的媒体搜索行为以获取特定的信息。研究表明，对于媒体工具性的使用越多，说明人们的选择性接触的参与度越高。由此可知，传播者应关注对于武术工具性信息的挖掘与整合，满足多层次的受众需求，强化受众的媒介使用行为。

如今，人们面对着海量化、多元化的信息资源，大多数情况下凭借自己的意愿完成媒介的选择，所以了解受众的心理需求和行为动机，对于大众传播有着重要的意义。"一带一路"武术跨文化传播的受众来自不同地域，他们有着不同的文化背景、宗教信仰以及思维方式，因此受众的心理需求和媒介期待也存在着巨大差异，这种差异性最终导致人们对传播内容产生不同反应。人们了解武术文化、学习武术技术是出于多种诉求：强身健体、防身自卫、磨炼意志、缓解压力或者社交娱乐。在差异化目标导向下，不同媒介分别发挥着各自的作用。例如，武术书籍更加偏重史学资料的呈现，较多关注历史事件和历史人物，满足读者的信息需求；电视节目对于武术文化的传播更为全面，观众常常将观看武术电视节目作为日常的娱乐消遣活动，以轻松、休闲的方式获取武术相关知识，集知识性、趣味性、娱乐性于一体；影视作品则通过特效技术给人以强烈的视听冲击与独特的审美体验，在武侠文化的输出上也更具影响力。

新媒体的发展与应用改变了社会信息的存取方式，也给人们提供了即时交互的社交平台，可以满足受众的多样化需求。基于大数据与互联网运作的新型媒介，凭借其丰富的信息储备和快速的资源更新模式，让所有人都能够准确、高效地搜索到自己所需的武术信息，以更为便利的方式了解新闻热点事件、学习专业知识技能等。在图文、音频、视频、长图文以及H5（超文本标记语言）五种形态的多元呈现下，内容的输出也更加直观、生动，受众在获取信息的同时也能达到娱乐消遣、缓解压力的目的。社交媒体的广泛普及使受众在线上的交流互动更为频繁，从低门槛的武术内容发布到广泛、及时的信息反馈，满足了社会大众对于表达与沟通的渴望，人们也试图在社交分享中找到自身的社会认同感。因此，在新媒体时代对武术受众进行精准细分，充分调查、了解受众多层次、多样化的心理诉求，因地制宜地制订相应的传播方案，有针对性地满足受众需求，才能实现武术推广与传播的效果最大化。

（三）媒介情境理论

美国传播学家梅罗维茨提出媒介情境论的概念，他认为媒介的变化导致了社会环境的变化，从而又导致了人类行为的改变。在《消失的地域》一书中，梅罗维茨综合了麦克卢汉的媒介技术决定论与戈夫曼的情境理论，认为由于电子媒介的出现，某种地域或场景对于社会行为的意义正在减弱甚至消失，并逐渐演变为新的场景[1]。大量的信息流动与广泛的人际交流使地域之间的差异在空间上变得模糊，私人情境与公共场所的界限也不再清晰。由此衍生出的新情境，也就是新的信息系统，使人们在社会行为与社会角色上发生改变。从印刷传播向电子信息传播转换的时代进程中，电视媒介将声音、图像集于一体，带给观众视与听的双重享受，突破了纸质媒体时代的时间、空间和物理限制，在一定程度上减小了数据鸿沟，增加了信息获取的公平性。

梅罗维茨针对电视展开了社会行为的研究，迁移到当下的新媒体时代，互联网技术的推进与自媒体的迅速发展也深深地影响着社会大众的行为方式和价值观。微信、微博等新媒体的出现不仅对媒介情景进行了重构，也导致了新的受众行为的出现。相对于传统媒体而言，新的媒介拥有大容量、即时性、交互性的显著特征，这导致了人际之间和地域之间新联系的产生。在镜头无处不在的新媒体环境中，人们借助新媒体平台上传并发布个人生活，通过分享、转发、评论等完成线上的交流与互动，取代了传统意义上的面对面沟通。在此情境下，曾经一对多的传播模式变成了如今多对多的网状结构，受众的身份随之发生了改变。媒介赋予了社会大众传播者与接受者的双重角色，人们会有意或无意地借助移动终端和各类社交媒体获取信息、分享信息，并且即时做出互动反馈，随时随地实现信息的满足与情感的双向沟通。这一改变也使武术的社交属性得到放大，丰富了其内涵。无论是专业教练员、运动员，还是普通的武术爱好者，每个人都可以通过新媒体渠道发布、传播自己专属的个性化内容，传递技术经验与个人见解。武术不再仅仅应用于教学实

---

[1] 约书亚·梅罗维茨. 消失的地域：电子媒介对社会行为的影响[M]. 北京：清华大学出版社，2002.

践与文化传承，在自媒体的传播中它已经成为日常生活的一种娱乐交流手段。除此之外，新媒体的应用一方面进一步扩展了传统媒体的传播局限，在传播形式和传播效率上有着突破性的进展；另一方面为受众提供了更加公平、多元的展示平台，保证了信息的多元发展。

武术的跨文化传播正处于新媒体广泛应用的情境之下，对此进行系统化阐释，将有助于武术科学与文化在新情境下的国际化发展。在传统的媒介模式下，武术的传承与传播会受到地域、语言等限制，而新媒体的应用与普及，以其快速、灵活、便捷的特点，拓展了武术传播的新模式，使传播范围得到进一步扩大。在网络传媒的影响下，中国武术与国际大众之间的距离缩短了，更多人有机会接触到武术文化，并愿意习练武术。在此环境下，武术的流传不再局限于师徒之间面对面的口传身授，通过互联网和移动通信设备，每个人都可以随时随地获取信息、共享资源，这种信息的即时交互大大提高了受众的参与度与积极性，也为武术的理论传授与技术教学提供了更为便捷的传播途径，使线上教学与直播互动应运而生。从受众的角度看，人们在新的情境之中更凸显其主动性与个性化的特质，这种改变有利于多元文化的集中呈现，为民间武术与传统技艺提供了更多的展示平台与传播机遇。值得注意的是，新媒介带来传播优势与便利条件的同时，也带来了网络传播的风险。由于每个人都可以作为信息的传播者，没有中介对其内容进行严格把关，容易造成信息的娱乐化、肤浅化倾向。这种趋势会加深大众对武术的误解，碎片化的信息输出也在很大程度上使武术注重内修与体悟的特征被忽视。对此，建立官方专业制作团队，优化武术传播内容，加强网络监管并培养网民的社会责任感，应是当下武术传播的重中之重。对于新情境的产生，传播者和媒介应当发挥情境变化的积极作用，全面考虑不同时期受众的情境适应行为，以优质的内容和创新的传播形式，吸引更多的武术爱好者投身于武术事业之中，助力武术的跨文化传播。

（四）文化消费与文化产业理论

文化消费是指对文化产品或服务的消费。它不同于意指消费社会的文化的"消费文化"，但文化消费在后工业社会的发达，又与这一时代的消费文化密切相关。后工业社会尤其在经济较为发达的国家，物质产品消费已经不能满足解决温饱后步入中高收入阶层群体的消费需求，这一阶层的家庭支出的相当比例转而投入教育、文化娱乐、体育健身、旅游观光等文化产品与服务，这其中可能也会包含诸如武术健身、武术竞赛表演等在内的文化消费活动，需求刺激供给，形成了越来越繁荣的文化消费市场。正如有学者指出的：文化如果不成为消费品，就不可能形成产业规模；文化要成为消费品，必须由产能巨大的文化产业来供给[1]。率先进入后工业社会的欧洲和美国社会，在20世纪60年代后出现了一批研究现代大众文化、消费文化和文化消费的理论家，包括雷蒙·威廉姆斯、鲍德里亚、布尔迪厄等，就文化消费现象进行了种种理论阐释，但这些具有"左"翼思想倾向和社会学背景的学者，与法兰克福学派的立场相近，对于消费社会和消费文化总体上持批判态度，或者认为其中蕴含了不对等的权力关系，又或者认为消费尤其是打发时光的休闲（对自由时间的消费）是一种"异化"。

与武术文化关联更为紧密的是文化产业理论。各国政府都将文化产业作为新兴产业和朝阳产业来鼓励，对它进行了不同于法兰克福学派的定义，最早这个概念是由法兰克福学派的阿多诺（Theodor Adono）和霍克海默（Max Horkheimer）提出的。例如法国政府提出，传统文化事业中具有可大量复制的产业；澳大利亚将其文化产业（包括娱乐业）划分为四大类：遗产类、艺术类、体育和健身娱乐类、其他文化娱乐类[2]。我国文化产业发展起步较晚，进入21世纪以后，文化产业概念才逐渐成熟，并在理论和实践上取得一定突破。2000年，中国共产党第十五届五中全会第一次在中央正式文件中提出"文化产业"概念；2002年，党的十六大报告第一次把"文化事业"和"文化产业"作为两个相互关联的重要概念提出来[3]。武术是中国传统文化的重要组成部分，武术产业既是体育产业的重要组成部分，也与文化产业发展密不可分。2019年7月，国家体育总局联合教育部等14部委共同发布了《武术产业发展规划（2019—2025年）》，规划的发布使武术事业全面、协调与

---

[1] 单世联. 文化消费的四种解释模式［EB/OL］.［2021-04-12］. http://www.aisixiang.com/data/125990.html.

[2] 苑捷. 当代西方文化产业理论研究概述［J］. 马克思主义与现实，2004（1）：98-105.

[3] 姚林青. 向文化强国挺进 市场经济下的文化产业理论创新［J］. 人民论坛，2020（5）：132-133.

可持续发展的脚步越发坚实。武术的产业化发展不仅是武术文化传播途径的拓宽,也是传统武术在适应现代经济社会发展过程中的必然选择。传统文化的传承和弘扬,离不开文化领域的投入、文化产业的发展、文化产品的生产、文化品牌的打造和文化服务水平的提高,在武术走向世界的进程中,多措并举是实现武术文化走出去的重要方式。

第二章 "一带一路"沿线国家武术文化传播的基本问题

"一带一路"倡议在推动中国经济、文化走向沿线国家、走向世界的过程中，文化传播与经济发展不同步的问题日益明显，经济发展明显领先于文化传播，这也是造成部分国家对"一带一路"倡议产生误解、误读的原因之一。"一带一路"倡议的主旨是实现沿线国家的互联互通，通过一条条文化做轨、有温度的"心灵高铁"形成中国与沿线国家，以及沿线国家之间自觉的经济、文化双向运输与交流。然而，由于世界格局风云变幻，"一带一路"倡议的实施也充满着挑战，各国在政治、经济、军事等领域的博弈异常激烈，文化软实力的渗透无处不在。武术源于中国、属于世界，作为一种以身体技艺来表达其深邃内涵的优质文化，武术是中国文化符号中最具代表性和穿透力的文化载体，应该成为中国文化"走出去"的典型。武术文化在"一带一路"沿线国家的传播需要厘清一些基本问题。

一、"一带一路"倡议与武术文化传播之关联

文化是一个国家和民族的血脉，古代中国的茶文化、丝绸文化、中医文化等随着古丝绸之路的开通而延播海外，与西方文明得以碰撞和交融。今天，在促进文化"走出去"、提升国家文化软实力的时代背景下，"一带一路"倡议成为建设文化强国、提升国家综合国力与世界影响力、实现中华民族伟大复兴的一项重要创举。"一带一路"以开放包容的态度、互惠合作的原则和共同发展的理念为宗旨，以构建"人类命运共同体"为目标，这一倡议对于中华文化的世界传播和再度辉煌作出了新的贡献。

（一）"一带一路"倡议的内涵与外延

"一带一路"倡议是实现"人类命运共同体"这一"人类大同"思想的方法和手段，是融商业贸易、文明互鉴和文化交流为一体的"三核"发展战略，其中蕴含着以商业贸易为物质基础、以文明互鉴为根本理念、以文化交流为基点支撑的重要内容。而文明互鉴和文化交流是民心相通的基础，又为商业贸易持续发展和政策层面的相互沟通提供根本保障，显得尤为重要。2017年1月18日，习近平主席在联合国日内瓦总部的演讲中提出了"人类命运共同体"这一概念，并指出人类正处在大发展、大变革和大调整的历史时期。世界多极化、经济全球化深入发展，社会信息化、文化多样化持续推进，新一轮科技革命和产业革命正在孕育成长，各国相互联系、相互依存，全球命运与共、休戚相关，和平力量的上升远远超过战争因素的增长，和平、发展、合作、共赢的时代潮流更加强劲。构建"人类命运共同体"，实现共赢共享是中国为世界和平发展所贡献的中国方案[1]，也是"一带一路"倡议所秉持的世界观。从根本来说，这也是"一带一路"倡议的内涵和本质特征。

从其外延上来看，"一带一路"沿线国家，就是人们通常所说的沿"丝绸之路经济带"和"21世纪海上丝绸之路"（简称"一带一路"）分布的65个国家，"一带一路"沿线国家基本上体现的是一个地理概念[2]，但又不限于这65个国家，它具有包容性和开放性。历史上的"丝绸之路"是连接亚洲、欧洲和非洲的商业贸易、文明互鉴和文化交流的路线通道，"一带一路"是中国向世界发出的"共商、共建、共享"的合作倡议，沿线国家一经与中国签署共建"一带一路"合作意向，则成为双方共同的发展战略。这就是"一带一路"在国内称为战略，在国外称为倡议的原因[3]。2015年3月28日，国家发展改革委、外交部、商务部联合发布了《推动共建丝绸之路经济带和21世纪海上丝绸

---

[1] 习近平. 论坚持推动构建人类命运共同体 [M]. 北京：中央文献出版社，2018：415-416.

[2] 胡必亮，潘庆中，吴舒钰. "一带一路"沿线国家：综合发展水平测算、排序与评估 [M]. 北京：中国大百科全书出版社，2018.

[3] 王义桅. "一带一路"：中国崛起的天下担当 [M]. 北京：人民出版社，2018：5.

之路的愿景与行动》的重要文件，至此，"一带一路"成为中国最为重要的中长期发展战略。

（二）武术文化本质与"一带一路"倡议的耦合

1. 和谐互鉴：武术文化的本质诉求

西周末年，史伯是第一位对"和谐"理论进行探讨的思想家。认为不同元素相配合，才能使矛盾均衡统一，收到和谐的效果，这就是所谓的"五味相和""六律相和""和乐如一"。《易经》提出"天下同归而殊途，一致而百虑"的主张，便是趋同思想的体现；春秋战国时期，孔子言："君子和而不同，小人同而不和"，"同"是不讲原则的随声附和，"和"是在容纳不同意见时，和合正确的部分；春秋末年齐国人晏婴进而用"相济""相成"的思想丰富了"和"的内涵[1]。相对于西方文化，中国文化是一种防卫型的内守文化，中国文化轴心时代老子的"兵者不祥之器"、孔子的"慎战"、墨子的"非攻"、孙子的"不战而屈人之兵"等主流思想，都规定了中国文化是一种注重和谐、爱好和平的防卫型文化，这完全不同于西方主竞争、喜侵略、好争斗的攻击性文化[2]。武术是中国文化的载体之一，特别是中国文化的哲学思想融入武术技术、创编原理等众多要素之中，而后才真正形成武术文化。人们将武术文化概括为三个层面：外显层为技术器物层，中间层为制度习俗层，内核层为思想价值层[3]。武术文化是中国文化的一种表现形式，也是对中国文化的客观反映，与中国文化一脉相承。

武术文化的本质是一种方法论和世界观，是以"人"为中心，通过这种身体行为来展现对世界的认识和主张。和谐性是武术文化的本质属性，武术文化的和谐性体现着和而不同、多元并存和包容互鉴的和谐思想。对于武术文化而言，其和谐性包括内涵和外延两方面，是内涵与外延的统一体。和谐性的外延呈现出两种关系：其一是人体自身的和谐，其二是人与外界的和谐，二者相互联系、相互促进。从宏观上看，

---

[1] 田广林.中国传统文化概论[M].北京：高等教育出版社，1999：78.
[2] 杨建营.武术文化内涵的提炼与解析[J].沈阳体育学院学报，2015（5）：138.
[3] 邱丕相，蔡仲林，郑旭旭.中国武术导论[M].北京：高等教育出版社，2010：1.

武术文化的和谐性表现为形成了促进人体自身和谐统一的特殊技术体系，出现了关注人际和谐的技击文化，展现了人与大自然和谐的生态文化[1]。从微观上看，武术文化的和谐性，首先表现为形神兼备、内外三合等整体和谐思想，突出了武术对促进人体自身和谐的文化内涵。其次，一方面表现在人际和谐的内在精神因素，如武术文化自强不息、厚德载物的精神内核和门规、戒律、戒约等武德规范[2]；另一方面还表现为武术技术构成体系的各拳种和各流派之间的和而不同、多元并存和包容互鉴。如20世纪80年代，经国家体育部门系统整理而流传下来的武术拳种有129种之多，它们各自有独有的拳种特点和传承体系，甚至一个拳种又有多个流派。如此众多的拳种和流派，共存于武术技术构成体系之中，显现出各拳种始终保持自身最基本的特征不变的同时，又互相借鉴和吸收其他拳种优点，使自身体系日臻完善，维持着武术大系统内百家争鸣的状态发展至今[3]。最后表现为人与大自然的和谐，如模拟自然界动物形态和搏斗技巧而创编的鹰爪拳、螳螂拳、猴拳等诸多象形拳种。

2. 命运共生："一带一路"倡议所秉持的世界观

2000多年前，中国汉代的张骞肩负和平友好使命，两次出使中亚，开启了中国同中亚各国友好交往的大门，开辟出一条横贯东西、连接欧亚的丝绸之路。2000多年的交往历史证明，只要坚持团结互信、平等互利、包容互鉴、合作共赢，不同种族、不同信仰、不同文化背景的国家完全可以共享和平、共同发展。这是古丝绸之路留给我们的宝贵启示，可以用创新的合作模式，共同建设"丝绸之路经济带"[4]。600多年前，中国明代著名航海家郑和率领当时世界上最强大的船队七下西洋，远涉亚、非30多个国家和地区，并没有占领一寸土地，而是播撒了和平友谊的种子，留下的是沿途人民友好交往和文明传播的佳话[5]。海上

---

[1] 杨建营.武术文化内涵的提炼与解析[J].沈阳体育学院学报，2015（5）：135.

[2] 柯伟.马克思主义文化观下武术文化解读[J].韶关学院学报·自然科学，2017（12）：64.

[3] 邱丕相，蔡仲林，郑旭旭.中国武术导论[M].北京：高等教育出版社，2010：70-72.

[4] 习近平.论坚持推动构建人类命运共同体[M].北京：中央文献出版社，2018：42-45.

[5] 中共中央宣传部.习近平新时代中国特色社会主义思想三十讲[M].北京：学习出版社，2018：287.

丝绸之路自秦汉开通以来，一直是东西方经济文化交流的重要桥梁，而东南亚地区自古就是"海上丝绸之路"的重要枢纽和组成部分，国家发展改革委、外交部、商务部联合发布的《推动共建丝绸之路经济带和21世纪海上丝绸之路的愿景与行动》中提出：利用长三角、珠三角、海峡西岸、环渤海等经济区开放程度高、经济实力强、辐射带动作用大的优势，加快推进中国（上海）自由贸易试验区建设，支持福建建设21世纪海上丝绸之路核心区。中国愿同东盟国家加强海上合作，使用好中国政府设立的中国—东盟海上合作基金，发展好海洋合作伙伴关系，共同建设"21世纪海上丝绸之路"[1]。"一带一路"倡议延续着2000多年前的古丝路精神，始终秉持着人类命运共生的世界观。

3. 包容共赢：武术文化本质与"一带一路"倡议的契合点

武术从一种关乎生死存亡之道的技击之术，历经千年传承逐渐发展成为以"止戈"为宗旨，以"崇德"为理念，以"刚健自强、和谐圆融、持中守恒"等为精神依托，具有修身养性、强健体魄、调和阴阳、身心一统之功用的融摄中国传统文化精髓的运动形态，其所蕴含和倡导的武术文化内涵与"一带一路"倡议所秉持的丝路精神和"人类命运共同体"理念有着异曲同工之妙，具有高度的契合性和共同的世界观。自"一带一路"倡议实施以来，商业贸易的往来已初步构建和实施，文明互鉴和文化交流的构建和实施则相对滞后于商业贸易，武术作为中华文化的代表性符号之一，在文化"走出去"进程中扮演了重要角色。武术的跨文化交流是传播中国传统文化的重要形式，弘扬与传播中国传统文化是全社会的文化责任[2]，在"一带一路"沿线国家进行武术文化传播，使之成为能够承担文明互鉴和文化交流使命的友好使者。沿线国家和民众对武术文化的认识越深入，就越有助于人们对中国文化内涵及"人类命运共同体"理念的认知和认同，武术文化理应助力"一带一路"精神的传播和推进文明互鉴与文化交流的进程。秉持"命运共生，包容共赢"的文化传播理念，在新的时代开启在沿线国家中传播武术文化的新征程，提升与沿线国家文明互鉴和文化交流水平，助推新的"凿

---

[1] 李伟.穿越丝路[M].北京：中信出版社，2017：510.
[2] 孟涛，蔡仲林.传播境况与因素解析：中国武术在美国传播的动力与阻碍[J].天津体育学院学报，2013（4）：297.

空"之旅得以落地和实现。

二、从"丝绸之路"到"一带一路"的武术传播历程

历史记录着人类文明的发展进程,能够帮助我们寻找人类社会发展的客观规律。从"丝绸之路"到"一带一路",联通的不仅是中国与世界之间的经贸往来,更为重要的是人文交流渠道的贯通。"一带一路"背景下武术文化的国际传播要取得成功,需要研究武术文化在"一带一路"沿线国家传播的历程、方法,探寻在此过程中存在的问题与规律,构建相关理论,并通过实践加以验证。唯有如此,武术文化传播才能助推"一带一路"倡议走深走实,才能借力"一带一路"倡议更广泛地走向世界。

(一)丝绸之路古道上的各国武技之交融

丝绸之路绵延万里、横亘东西,中国甘肃是丝绸之路沿线重要的区域节点,古丝路曾贯穿甘肃全境。甘肃天水的麦积山石窟作为中国、哈萨克斯坦和吉尔吉斯斯坦三国联合申遗的一处遗址点,在2014年6月被收入《世界遗产名录》,在这个石窟当中保留了很多与体育文化相关的壁画、石雕等文物,如金刚大力士彩塑、骑战出行壁画、骑射壁画和一些与武艺器械相关的浮雕石刻。西安作为古代丝绸之路的起点城市,出土了很多与体育相关的珍贵文物,大部分文物被保存在西安历史博物馆和体育博物馆中,其中在一个唐代出土的陶罐的瓶盖部分,发现了一个手持武器、类似习武的雕刻人物造型,由此可见,古代丝绸之路的体育文化交流内容十分丰富,他们的发展背景也呈现出多元化的特征。比如各国使臣之间的往来、皇室公主外嫁、佛教的东传以及战争和各种商业活动等。通过前期的文献资料分析和实地考察调研,我们认为在古丝绸之路上至少出现过不同类型的武术、不同类型的摔跤以及打马球、蹴鞠、围棋、投壶等丰富多彩的传统体育项目。在这条横贯东西的大通道上,人们不仅进行商品的交换,同时也对异域文化进行审视、了解、接受、融合、转换。"丝绸之路为我们提供了复杂的文化交流象征。在唐

朝，以丝绸之路为基础的文化交流达到了顶峰。诸如武术、书法、瓦艺和绘画之类的神圣艺术也在这些道路上穿行。[1]"战争和各种商业活动使各国传统武术得以交流切磋，并呈现出双向互鉴的特征。敦煌壁画闻名于世，其中就有手持刀、盾、矛的步兵舞乐图、步兵战斗图、回身步射图等[2]。在丝绸之路上还曾出现过许多著名的武将，比如西汉的骠骑大将军霍去病，他的故事广为流传；班超，扶风平陵（今陕西咸阳东北）人，是东汉时期著名的军事家和外交家，他不仅是成语"投笔从戎"的语源，也是历代投笔从戎者的榜样和祖师；此外，高仙芝、李广利等也都是唐朝的名将。因此，在战争中和在护卫运输商品的过程中，武术文化也得以传播和交流。

众所周知，古丝绸之路分为海上丝绸之路和陆上丝绸之路，海上丝绸之路起点在中国福建泉州，始建于唐朝的泉州少林寺（俗称南少林）就坐落于此，以南少林武术为代表的武术文化是泉州文化积淀的重要组成部分；陆上丝绸之路的起点在中国的陕西西安。中国武术素有"南拳北腿、东枪西棍"之说，福建的南拳、西北的棍术都享誉海内外。福建南拳拳势刚猛，讲究稳马硬桥，少跳跃擅标手；西北棍术内容丰富，棍分长短，风格刚劲勇猛、灵活多变，表现出鲜明的实战对抗的民族特色。借助丝绸之路，这些传统武术也应该是较早得以和异域武技碰撞、交融的典型代表。中国文化是典型的农耕文化，身处"丝路"的农耕文明在战争中不断学习游牧民族的弓马之利，并将这些技法融于其武技之中，使其成为西棍体系的有机组成部分，如西棍链枷的演进就闪耀着文化交融的色彩[3]。此外，各民族传统武技在交流过程中也不断发展，从而形成各自独特的风格。东南亚一带的武术就深受中国武术的影响，马来西亚是东南亚除印尼之外华人最多的地方，是华族文化保留最完整的国度，"功夫"在这里最为盛行。相传早在唐朝，华人飘洋过海来到马来西亚时就将武术带到了这里。早期在这里流行的传统拳术主要是长拳、洪拳、南拳、精武拳、咏春拳等"外家拳"，这与早期华人移

---

[1] R. Kurin. The silk road: The making of a global cultural economy [J]. AnthroNotes, 2002, 23（1）: 1-20.
[2] 郭志禹. 古道丝路武术文化特征及其核心理念（上）[J]. 少林与太极, 2015（9）: 16-19.
[3] 刘鹏. 丝绸之路语境下之西棍研究 [J]. 西安体育学院学报, 2014（5）: 579.

民多来自广东、福建一带有关[1]。伊朗,古称波斯帝国,福建的历史名城泉州见证了波斯人曾经是海上丝绸之路的重要参与者,丝绸之路公认的起点是西安,终点是罗马,位于中间的就是波斯,因此波斯扮演了桥梁的角色[2]。目前在伊朗流传十分广泛的一种武术被称为"KungFu Toa",这是一种非常独特的融合印度瑜伽、少林功夫以及跆拳道、空手道等域外武技的功夫门类。可见吸收、融合与创新是一个事物得以发展的必然选择。

(二)"一带一路"上的各国武技之交流互鉴

从"丝绸之路"到"一带一路",整个世界在漫长的历史进程中发生了深刻的变化,"一带一路"沿线所覆盖的六大区域、65个国家有着迥异的自然地理环境、历史人文环境,且宗教信仰不同,经济发展水平也不同,在文化、教育、科学、艺术、体育、民俗等诸多领域都存在较大差异。然而,从各国武技的发展来看,无一不承载着本民族的文化特色,同时也在不断地吸收着外来文化的养分,并将其融入自己的武技之中形成独特的技法和理念。于2010年8月在北京成功举办的首届世界武搏运动会就很好地展示了各国武技的特色,在"以武会友、以搏励志、以武求道"的武搏精神指引下,来自106个国家和地区的1013名运动员在这个平台上竞相展示、平等交流。大会设武术、合气道、拳击、柔道、柔术、空手道、剑道、搏击、泰拳、桑搏、相扑、跆拳道、摔跤等13个项目。从体育文化角度看,武搏会设立的13个项目中很多源于中华武术,但又都有新的发展[3]。文化无国界,日本柔道的起源可以追溯到明末清初,由侨居日本的中国学者、武术家陈元赟将少林拳法带到日本,后得到了长足的发展,逐渐形成日本柔道;跆拳道最早以少林武术三十二式为原型,朝鲜人民把它与自己的民间武术相融合,经过不断演

---

[1] 百度知道. 马来西亚流行什么中国武术[EB/OL].[2020-03-16]. https://zhidao.baidu.com/question/424311964672458692.html.

[2] 人民网. 中国前驻伊朗大使:伊朗在丝绸之路上具有独特地位[EB/OL].[2019-05-22]. http://world.people.com.cn/n/2014/0605/c1002-25107873.html.

[3] 赛场内外全面比拼 武搏会让中华武术学到什么[EB/OL].[2019-08-18]. https://www.chinanews.com/ty/2010/09-07/2517060.shtml.

变、完善和创新发展，堪称经典的推广模式，已经成为一项世界性的武技运动而跻身奥林匹克大家庭；此外，世界各地都有不同形式的具有其民族特色的摔跤运动，摔跤在远古时期并不是作为一项运动，而是作为与同物种进行争斗、夺取生存权利的一种技能出现的，随着时代的变迁逐渐形成了不同特色的摔跤术，比如西方的摔跤（国际跤、自由跤）、中国式摔跤、日本的柔道、俄罗斯的桑搏、蒙古式摔跤等。因此，摔跤具有原始的野性，同时也是世界范围内共通的格斗语言。自由搏击、综合格斗等项目是在西方文化环境影响下，在全球文化、经济等大范围交流碰撞和开放融合的历史背景中成熟起来的，因此它的文化更多地代表了西方文化，这与东方文化特点鲜明的武术、剑道等项目有着明显的区别。西方武道文化与东方武道文化对比，前者讲求功利性、商业化，提倡开放竞争和充分利用武技外显实力以展现自我；而后者则更加注重技术深度和求道精神的体现。

  在北京武搏会成功举办后，2013年俄罗斯承接了第二届世界武搏会，哈萨克斯坦成为2021年世界武搏运动会的主办国。"一带一路"沿线重要支点国家的积极参与，将会对各国武技的彼此交融、相互促进产生深远的影响。2018年12月，由联合国教科文组织发起的"丝绸之路传统体育与运动"专家研讨会在土库曼斯坦首都阿什哈巴德举办，来自伊朗、印度、俄罗斯、波兰、西班牙、韩国、秘鲁以及丹麦的众多专家齐聚这个神秘的国度，笔者作为中国唯一代表荣幸受邀参加了此次会议。会议上各国专家都充分发表了各自对丝绸之路上曾经有过的传统武技的看法，并通过视频的形式展示了各国武技的特色。在众多被展示的内容中，既有已经成为运动项目的武技内容，也有许多还不为人知却独具民族特色的内容等待着被发掘，与会专家一致认为各国传统体育之间应加强交流，联合国教科文组织"一带一路"网络平台为各国传统体育的交流互鉴提供了有力的支撑。

三、"一带一路"武术文化传播的环境解析

  "一带一路"武术传播需要面对沿线国家的国别差距大、地缘政治和安全问题复杂多变、教育程度和文化水平不一、宗教信仰和所处文明圈不同等诸多问题。尽管中国武术在国际化过程中已取得了长足的进

步,但不得不承认,武术文化的国际传播仍然存在许多问题[1]。外国友人对中国文化的认知大多还停留在"功夫""李小龙""瓷器""京剧"等具有符号象征意义的文化标签上,对中国文化本质的理解和认同还有一定的差距。"一带一路"是和平的、开放的、无限的,但其核心发展区域是"陆上丝绸之路"的中亚五国、"海上丝绸之路"的东南亚,以及南亚诸国。除此之外,还涵盖众多与中国签署了合作备忘录的来自不同区域的国家和地区。了解和掌握这些国家的国情和国际局势对于更好地把握武术传播所处的战略环境至关重要,所谓"知己知彼,百战不殆"。

(一)政治环境:国际合作平台和合作伙伴增多,国内政策环境持续优化

从全球视角看,搭建国际合作平台是国家内政外交的重要任务之一。"一带一路"沿线朋友圈的不断扩展、各类合作文件签署的不断增加、与各国人文交流领域的不断深入,为"一带一路"沿线国家武术文化传播提供了良好的国际政治环境。从"一带一路"倡议提出至2018年4月底,国家主席习近平对"一带一路"国家出访37次,有52个"一带一路"国家的元首访问中国总计达107次,"一带一路"国际合作高峰论坛、G20杭州峰会、博鳌亚洲论坛等成为我国与"一带一路"国家高层交往的重要平台[2]。作为"一带一路"框架下的最高规格的国际合作平台,第二届"一带一路"国际合作高峰论坛于2019年4月在北京召开,来自37个国家的元首、政府首脑等领导人出席,比第一届增加了8个;中国的"一带一路"朋友圈也从130多个国家和70多个国际组织,扩展到150多个国家和90多个国际组织[3]。在第一届高峰论坛提出的"三共"(即共商、共建、共享)理念基础上,又在第二届高峰论坛上进一步推出高质量、高标准和高水平的"三高"要求,"一带一路"沿

---

[1] 孟涛,唐芒果.文化符号与责任担当:中华武术国际传播的话语分析[J].上海体育学院学报,2014(3):52.
[2] 国家信息中心,"一带一路"大数据中心."一带一路"数据报告2018[M].北京:商务印书馆,2018:9-10.
[3] 霍思伊:"一带一路":从大写意到工笔画[J].中国新闻周刊,2019,897(15):14-15.

线国家各领域合作进入新的发展阶段。

　　从地区角度来看，北亚地区，中国同俄罗斯、蒙古两国关系友好，中蒙两国高层交往频繁并达成了全面战略伙伴关系。中亚地区，自2013年中国与所有中亚国家都建立了战略合作伙伴关系，并在上海合作组织框架内建立了密切的政治与安全协作关系[1]。南亚地区，巴基斯坦是我国唯一的"全天候战略合作伙伴"；2016年中国与孟加拉国关系提升为战略合作伙伴关系；近年来，斯里兰卡积极响应习近平主席提出的"一带一路"倡议，明确表示愿意积极参与"21世纪海上丝绸之路"建设；阿富汗是丝绸之路经济带上的重要国家，2012年中阿两国建立战略合作伙伴关系；中国与尼泊尔、不丹、印度等国家的传统友谊和友好合作不断发展。东南亚地区，从整体来看，中国与东南亚地区国家关系保持良好的发展势头，拥有共同的战略利益诉求。中国与越南、泰国、老挝、缅甸等4国建立了全面战略伙伴关系；中印尼高层访问和接触频繁，副总理级对话机制、海上技术合作委员会等磋商合作机制运行顺畅；2015年11月7日，习近平主席对新加坡进行国事访问，双方发表联合声明，宣布建立与时俱进的全方位合作伙伴关系；中国与文莱两国关系稳步发展，双方高层接触频繁，各领域友好交流合作不断扩大；当前，中马关系拥有稳固的政治互信、深厚的利益融合以及广阔的合作空间；中国与柬埔寨是传统友好邻邦，中国提出的"一带一路"倡议与柬埔寨"四角战略"以及《2015—2025工业发展计划》高度契合；自2016年10月杜特尔特总统访华以来，中菲关系风雨过后又见彩虹，目前呈现全面向好的积极态势，人文交流蓬勃发展[2]。西亚北非地区，截至2018年底，在西亚地区中国与沙特、伊朗和阿联酋建立了全面战略伙伴关系，与卡塔尔、约旦、伊拉克、阿曼、科威特是战略合作伙伴关系，与以色列是创新全面伙伴关系，与土耳其是建立和发展战略合作关系等[3]。中东欧地区，中东欧国家大部分是中国的传统友好国家，

---

[1] 张蕴岭，袁正清."一带一路"与中国发展战略[M].北京：社会科学文献出版社，2017：196.

[2] 商务部.2019年对外投资合作国别（地区）指南[EB/OL].[2019-01-11].http://fec.mofcom.gov.cn/article/gbdqzn/.

[3] 李永全，王晓泉."一带一路"建设发展报告（2019）[M].北京：社会科学文献出版社，2019：137.

双方没有突出的历史矛盾，也没有历史遗留问题，中国在此区域经营"一带一路"不会遇到明显的阻力[1]。

国内方面，新华社2017年1月25日公布了中共中央办公厅、国务院办公厅印发的《关于实施中华优秀传统文化传承发展工程的意见》，其中明确提出：支持中华医药、中华烹饪、中华武术等代表性项目走出去；2017年5月7日，中共中央办公厅、国务院办公厅印发的《国家"十三五"时期文化发展改革规划纲要》指出：世界多极化、经济全球化、文化多样化、社会信息化深入发展，综合国力竞争日趋激烈，迫切需要提高文化开放水平，广泛参与世界文明对话，增强国际话语权，展示中华文化独特魅力，增强国家文化软实力[2]。武术是中华民族传统体育和文化的重要组成部分，在促进全民健康、推动全面建成小康社会、推进体育强国建设中起着越来越重要的作用。为落实国家文化产业与体育产业相关指导性文件的要求，2019年7月，由14部委联合印发的《武术产业发展规划（2019—2025年）》发布，为武术产业发展步入正轨和加快产业化进程提供了政策保障。综上可以看出，中国与"一带一路"沿线国家拥有较好的社会政治基础和存在较大的发展空间和潜力，这为"一带一路"沿线国家武术文化传播提供了较好的国内外政治环境。

（二）经济环境：对外开放推动国际经贸合作，夯实国际人文交流物质基础

从"一带一路"沿线国家整体情况看，北京师范大学新兴市场研究院对世界银行WDI数据库统计测算数据表明，"一带一路"沿线65个国家2015年底总人口为45.67亿，占世界总人口的62.2%；土地面积为4990.12万平方公里，占全球土地面积的38.5%；GDP总量为22.86万亿美元，占世界的30.9%。最新发布的《"一带一路"建设发展报告（2019）》蓝皮书显示，从中国与"一带一路"沿线国家

---

[1] 张蕴岭，袁正清."一带一路"与中国发展战略[M].北京：社会科学文献出版社，2017：219.

[2] 新华社.中共中央办公厅 国务院办公厅印发《国家"十三五"时期文化发展改革规划纲要》[EB/OL].[2017-05-18].http://www.gov.cn/zhengce/2017-05/07/content_5191604.htm.

整体贸易情况来看，2013—2017年，中国与"一带一路"沿线国家的货物贸易总额在10000亿美元上下波动，占中国与全球贸易总额的25.2%～26.6%。从进出口结构来看，中国始终保持出超地位，2017年中国自"一带一路"沿线国家的进口额大幅度增长23.9%，超过出口额增长16.5个百分点，中国与"一带一路"沿线国家的贸易顺差开始出现明显缩小的趋势。

从中国与"一带一路"沿线国家六大区域货物贸易额及占比情况来看，东南亚是与中国贸易规模最大的区域，且贸易增长速度较快。同时，中国与东南亚的贸易额占中国与全部"一带一路"沿线国家贸易额的比重也由2013年的42.6%增长到2017年的47.4%。此外，中国与西亚北非和中东欧的货物贸易额及占比分列第2位和第3位。从国别情况来看，2015年7月9日，习近平主席在俄罗斯联邦巴什基尔自治共和国首府乌法同时任蒙古国总统额勒贝格道尔吉、俄罗斯总统普京举行中俄蒙三国元首第二次会晤。三国元首就中方提出的丝绸之路经济带倡议、蒙方"草原之路"倡议、俄方跨欧亚运输大通道倡议进行对接达成重要共识，并批准了《中俄蒙发展三方合作中期路线图》，三国有关部门签署了《关于编制建设中俄蒙经济走廊规划纲要的谅解备忘录》等重要文件。2017年中国与"一带一路"沿线国家的贸易额排名前十的国家依次是越南、马来西亚、印度、俄罗斯、泰国、新加坡、印度尼西亚、菲律宾、沙特阿拉伯与阿联酋，中国与这十大贸易国的贸易额占中国与沿线所有国家贸易总额的比例为69.0%[1]。

因此，伴随"一带一路"沿线国家"六大战略性经济走廊"的建成和深入、沿线国家产业园区不断拓展、"亚投行"和"丝路基金"的投资不断推进，以及"互联网+"进一步升级加速，"一带一路"倡议的实施为沿线国家经济发展提供了新的契机和动能，为扩大对外开放和文化交流与文明互鉴创造了条件。对外开放推动国际经贸合作，夯实国际人文交流物质基础，客观上也为武术文化传播提供有益的外部经济环境。

---

[1] 李永全，王晓泉．"一带一路"建设发展报告（2019）[M]．北京：社会科学文献出版社，2019：10-15．

(三)沟通环境：多领域铺路搭桥促进务实合作，人文交流进一步拓展

2017年7月，中共中央办公厅、国务院办公厅印发的《关于加强和改进中外人文交流工作的若干意见》中指出，以促进中外民心相通和文明互鉴为宗旨，创新高级别人文交流机制，改革各领域人文交流内容、形式和工作机制，将人文交流与合作理念融入对外交往的各个领域。在"一带一路"倡议下，中外人文交流机制纵向上可分为国家、机构和民间三大层面，在相互作用中共同支持着中外人文交流事业的进步[1]。目前，我国人文交流机制所涉及的领域非常广泛，主要集中于政治、经济、文化、媒体、科技、教育等领域，在中俄、中美、中英、中欧、中法、中印尼、中德、中南八大高级别中外人文交流机制中，体育都是重要的组成部分[2]。中国武术在高级别人文交流领域的积极融入不仅可以向世界彰显我国优秀传统体育文化的魅力，也为武术的国际传播开辟了更为广阔的发展空间。例如，中印两国在2020年建交70周年活动中共同举办了武术交流活动、中印体育友谊赛等，印方在华举办印度传统体育相关活动，中方在华举办中印国际太极瑜伽大会和太极瑜伽交流互鉴研讨会[3]；"上合组织"国际武术散打争霸赛也吸引了来自8个成员国的数十名武术爱好者的参与，实现了"以武会友"的良性互动，对于促进国际间人文交流起着重要的作用；"上合组织武术训练营网络课堂"于2020年9月在北京体育大学开营，由北体传媒拍摄制作的系列武术课程可供"上合组织成员国"武术联合会及世界各国的武术习练者参照学习；秉承着"一带一路"的理念，金砖国家运动会的开展进一步加强了金砖伙伴关系，武术运动员交流活动也在不断深化各国的民间友谊。

---

[1] 刘宝存，傅淳华. "一带一路"倡议下的中外人文交流机制——现状、问题与出路[J]. 大学教育科学，2018（5）：61-66，87.

[2] 钟秉枢，刘兰，张建会. 新时代中国体育外交新使命[J]. 体育学研究，2018，1（2）：37-44.

[3] 外交部官网. 中华人民共和国同印度共和国建交70周年庆祝活动方案公布[EB/OL]. [2019-11-22]. https://www.fmprc.gov.cn/web/wjbxw_673019/t1718088.shtml.

我国自1988年在毛里求斯和贝宁设立首批文化中心以来，已在非洲、欧洲、亚洲和美洲等国家和城市建成37个中国文化中心，有17个国家文化中心分布在"一带一路"沿线国家。根据国家汉办/孔子学院官网所发布的数据，截至2020年8月，全球孔子学院的总数为550所，孔子课堂的数量为1172个。其中，"一带一路"沿线国家设立孔子学院的数量达164所，占全球孔子学院总数的30%以上。近五年来，我国还举办了大量专门针对"一带一路"的不同主题的文化交流活动，如丝路电影节、丝路文物联合申遗展览、双边中国文化年等[1]。加强和改进中外人文交流等文件相继出台，孔子学院和海外中国文化中心不断建立，从多领域铺设互动桥梁促进"一带一路"沿线国家务实合作，为武术文化的对外传播创造了良好的国内外沟通环境，也为各领域的文明互鉴奠定了基础。

（四）文化环境：教育程度和文化水平、宗教信仰、文明圈

"一带一路"沿线国家涵盖了世界三大宗教（佛教、基督教、伊斯兰教），五大文明圈（汉字文化圈、印度文化圈、伊斯兰文化圈、拉丁文化圈、斯拉夫文化圈）以及上百种语言[2]，这是武术在"一带一路"沿线国家传播所处的极具挑战性的文化环境。此外，从居民受教育程度和文化水平来看，一项研究[3]指出，"一带一路"沿线国家的平均受教育水平较低，阿拉伯国家、南亚地区是"一带一路"沿线的主要地区，教育指数均低于世界平均水平。另外，"一带一路"沿线各国的受教育水平差距较大，中东欧、中亚、蒙俄等地区受教育年限均高于65国的平均值，其中中东欧国家的平均受教育水平最高，为11.4年，与发达的经合组织国家（11.5年）相差无几；西亚北非、东南亚、南亚的受教育年限低于65国平均值，分别为8.3年、7.1年和5.6年；而南亚地区最

---

[1] 国家信息中心．"一带一路"大数据中心．"一带一路"数据报告2018 [M]．北京：商务印书馆，2018：14-15．

[2] 周亭，王润珏．融合与创新："一带一路"软力量建设研究 [M]．北京：中国媒大学传出版社，2017．16．

[3] 胡必亮，潘庆中．"一带一路"沿线国家：综合发展水平测算、排序与评估（总报告）[J]．经济研究参考，2017（15）：4-15．

低，平均受教育年限不及中东欧地区的一半。可以看出，"一带一路"沿线国家民众的教育程度和文化水平、宗教信仰、文明圈、语言、民族和国情差异较大，导致其在认知、认同和价值观等方面都存在较大的差距；还有深藏在各国民众内心的风俗习惯。这些社会文化因素等方面的障碍都会使人文交流和武术文化传播面临一定程度的挑战。

（五）社会环境：国家治理水平较低、地缘政治风险和非传统安全风险

"一带一路"沿线国家治理水平总体较低。在"一带一路"沿线65个国家中，按治理水平划分，有39个国家和地区属于较差状态（治理指数低于50），其中有13个国家低于25，此类国家常年遭受政治动荡；另外，新加坡、爱沙尼亚、捷克、立陶宛、斯洛文尼亚和波兰6个国家超过75，达到发达国家治理水平[1]。世界银行全球治理指标（Worldwide Governance Indicator，WGI）数据库和北京师范大学新兴市场研究院测算数据显示，中东欧19国治理水平较高，中亚5国较差，东南亚、西亚北非和南亚等区域表现一般。另外，在北京师范大学新兴市场研究院根据2015—2016年所涉国家相关政治事件的总结报告中，"一带一路"分区域政治事件一览表显示，六大区域政治稳定指数由高至低依次为中东欧（56.32）、东南亚（45.63）、蒙俄（40.00）、中亚（30.95）、南亚（30.83）、西亚北非（25.15），其中西亚北非区域的政治稳定指数最低，而中东欧、东南亚和蒙俄三个区域总体表现为国家政治较稳定，中东欧区域政治稳定指数表现高于世界均值水平。

"一带一路"沿线国家区域经济发展差异较大，一般来说，能源丰富且政治环境稳定的国家均比较富裕，而资源贫乏或政治动荡的国家则相对落后和贫穷。中东欧国家普遍跻身于高收入或中高收入国家行列，西亚、北非国家，特别是能源丰富的西亚国家人均GDP都远超过高收入国家的基准线。而东南亚、南亚和中亚等地区大部分国家的经济水平则比较落后，处于中低收入或低收入行列，特别是南亚一些能源贫乏或政

---

[1] 胡必亮，潘庆中，吴舒钰. "一带一路"沿线国家：综合发展水平测算、排序与评估[M]. 北京：中国大百科全书出版社，2018：88.

治动荡的国家[1]。在"一带一路"沿线国家治理水平总体较低的情况下，同时还面临地缘政治风险和非传统安全风险。其中地缘政治风险主要有西方大国围堵带来的全局性挑战、来自周边区域性大国的多重阻力、周边国家政局动荡等。非传统安全风险主要有周边国家安全和地区冲突常态化风险、中国边疆安全和境外反华势力危害等[2]。总之，人文交流和武术文化传播面临国家治理水平较低、国家经济水平贫富差距较大、地缘政治风险和非传统安全风险等方面的挑战。

总结与思考：本章主要以"一带一路"武术文化传播所涉及的基本问题为着眼点，旨在厘清武术文化传播与"一带一路"倡议之间的关系，武术中所蕴含的"和合"思想和其所倡导的"刚健自强、和谐圆融、持中守恒"等精神内核与"一带一路"倡议所秉持的"丝路精神"和"人类命运共同体"理念有着异曲同工之妙，具有高度一致的契合度和共同的世界观，这也是我们进行武术跨文化传播的信心和底气。对古代"丝绸之路"和当今"一带一路"上各国武技的交融碰撞，在本章也进行了简要的回顾与梳理，目的在于以史鉴今，对武术在古今"丝路"传播的历程有所了解和认识。而武术在"一带一路"沿线国家传播所面临的整体环境则是本章关注的重点，在研读大量文献的基础上，从政策环境、经济环境、文化环境、沟通环境和社会环境五个维度展开分析论述，这样可以使我们更加清晰地看到，虽然"一带一路"倡议提出至今已经走过了近10年的历程，也获得了沿线众多国家的认可与欢迎，取得了令世界瞩目的成绩，但在复杂多变的国际形势下，武术文化传播将面临诸多不确定因素，作为一种"他者"文化的武术，想要被其他文化体和文化圈层的人群接受，对这些影响因素的考量和应对是做好"一带一路"武术传播的基础。

---

[1] 胡必亮，潘庆中，吴舒钰. "一带一路"沿线国家：综合发展水平测算、排序与评估[M]. 北京：中国大百科全书出版社，2018：29-65.
[2] 刘卫东. "一带一路"引领包容性全球化[M]. 北京：商务印书馆，2017：93.

第三章 "一带一路"沿线国家武术文化传播的实践进路

世界文化是由不同民族、不同国家的文化共同构成的，文化传播的过程就是不同民族文化相互交流与碰撞的过程。文化需要一个传承和创新的传播过程，而传播也是文化形态的表现，文化的传播往往需要依靠一定的传播渠道（路径）才能实现，且文化传播的渠道都不会是单一路径的传播，而是多种渠道交互作用、共同传播。做好武术在"一带一路"沿线国家的传播，不仅需要把握不同国家的国情、舆情、民情、政体、经济和文化环境，还应该对其传播现状与实践进路加以总结和梳理，以便有的放矢地制定武术传播推广策略。

一、"一带一路"沿线国家的武术认知度调查

"一带一路"倡议自发出以来，得到了沿线众多国家的认同与支持，已在政策沟通、设施联通、贸易畅通等方面取得了突出的成就。民心相通是"一带一路"建设的根基，但民心通在哪里、如何通，则不像其他"四通"那样有明确的载体和路径。在百年变局与新冠肺炎疫情叠加的历史阶段，在国际交往中我们仍然面临诸多困难，因此加强沿线各国政府和人民之间的信任与理解是现阶段必须落实的重点工作。武术运动与生俱来的健身、防身、修身的特性是人们共同的价值追求，其广泛传播可以为提升我国"一带一路"话语权注入深厚的价值表达。武术在沿线各国民众心目中的认知"存量"，关乎武术对外传播的扩布，有助于真实地反馈武术国际影响力的强弱。为了更科学地进行寰球民调，本次调查委托知名专业数据公司（零点调查）进行操作。从问卷设计、国家选取到问卷的发放与回收，以及对回收数据

的清洗和整理，都做了缜密的考虑并由专业人员操作执行。

（一）调查基本情况

1. 调研国家选取原则

本次调研采取了狭义的"一带一路"界定，即传统65国，共覆盖六大区域：东南亚、南亚、中亚俄、中东欧、西亚北非和撒哈拉以南，在上述每个区域中选取至少一个国家开展调查。重点选取每个大区内在经济、人口等方面具有代表性的国家，或在当地"一带一路"有影响力的重点、支点国家，即"一带一路"重点工程所在国、中资贸易规模较大的国家等。依据研究需要和零点公司以往相关研究的调查经验，选取俄罗斯、哈萨克斯坦、印度尼西亚、印度、克罗地亚、土耳其和南非7个国家作为重点调研对象。

2. 受访条件与执行方法

本次调查兼具代表性调查与影响力调查的特征。按照社会学和统计学的一般理论，通过随机抽样取得的代表性样本能够全面反映总体样本的情况。但代表性调查也具有一定特殊性，此次调查旨在探索国外民众对于武术与"一带一路"倡议的认知情况，因而要求受访者具有一定知识储备，尤其对于国际关系有一定认知。综上所述，本次调研的执行方法为网络调研，仅面向学历为高中或同等学历及以上的活跃网民群体。

3. 样本设计原则

根据网络调研的特点和优势，本次调查在随机代表性调查的基础上增设了配额。首先，会员库依照各国的人口学和经济社会学分布特征进行会员招募；然后，在该会员库里进行随机抽选；同时，抽选比例需符合预设配额，即国家比例平均分配，性别比例为1∶1；年龄阶段划分为少年群体（20周岁以下）、青年群体（20～30周岁）、中青年群体（31～50周岁）、中老年群体（50周岁以上），其选取比例为1∶4∶4∶1，计划配额在执行中允许±3%浮动。在95%置信度下，且允许±3%抽样误差，总样本1067份为合理样本量，符合一般社会科学类研究对抽样调查的精度要求。本项目计划回收样本不少于1067份,实际回收有效样本为1080份。

(二)调查结果与分析

1. 民调参与者的人口统计学特征

(1)年龄与学历

本次调查对受访者年龄和学历做了相关限定,因此从采集的样本来看(图3-1,图3-2),主要集中在20~50岁的青年和中青年群体,具有大学本科及以上学历者占比近60%,这一群体正是年富力强、知识储备丰富、乐于参与网络调查的活跃网民。

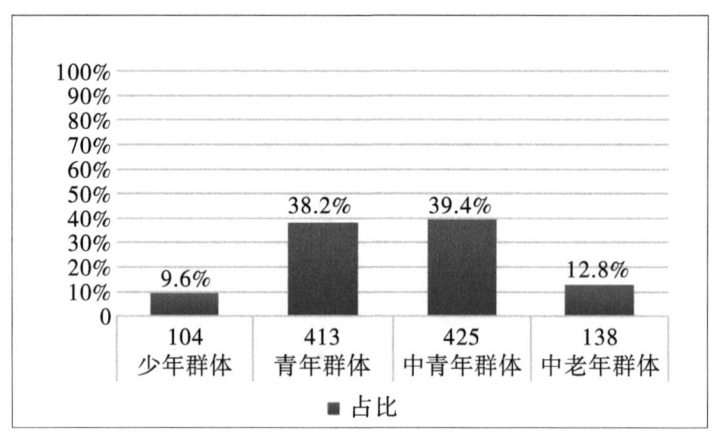

图3-1 受访者年龄分布

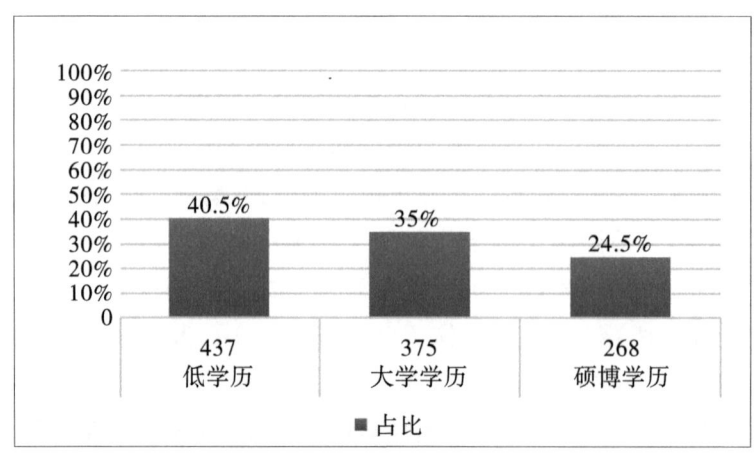

图3-2 受访者学历结构

（2）职业与收入水平

参与调查的网民职业分布广泛（图3-3），以企业员工、管理者、专业技术人员和自由职业者为主；根据受访国家居民收入的整体水平，设计了1~10的年收入档次，1为最低收入水平档，10为最高收入水平档（图3-4）。从结果来看，受访者收入水平集中在中等偏上的水平。从参与民调人员的人口统计学特征来看，基本可以代表受访国家民众的平均水平。

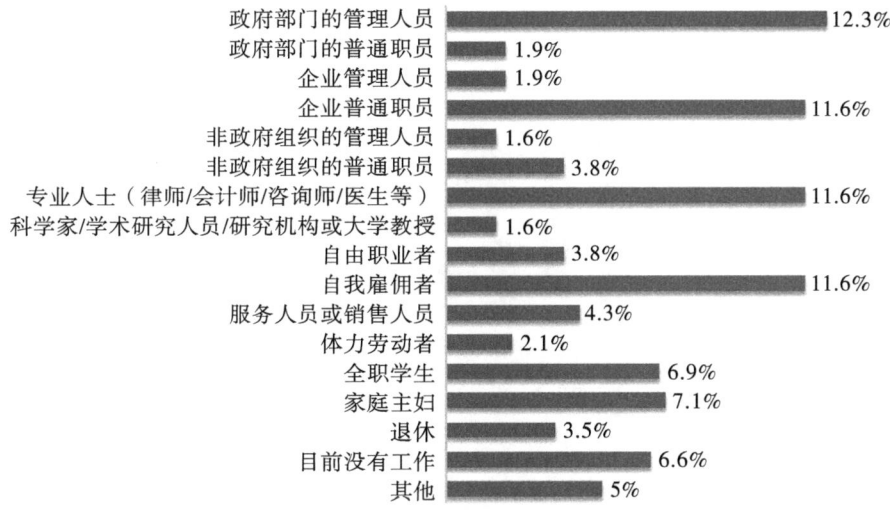

图3-3　受访者职业分布

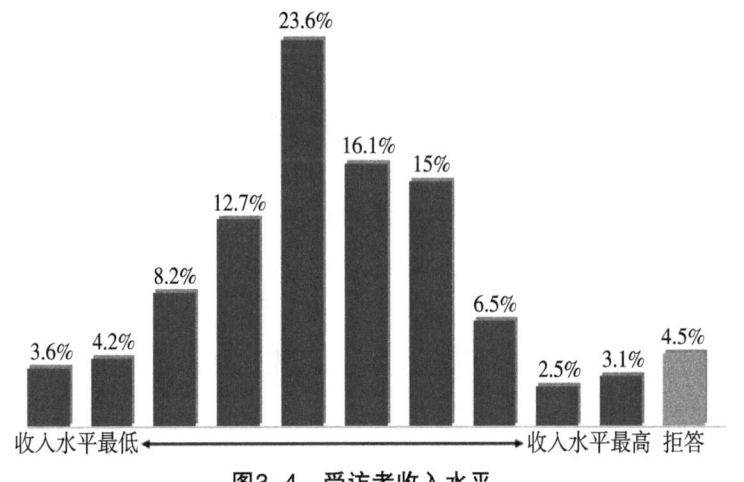

图3-4　受访者收入水平

2. 民众获取武术相关信息的途径与基本认知

对一种文化了解的途径关乎个体对这种文化的认知程度与价值判断[1]，"一带一路"沿线国家民众对武术的认知程度也影响着武术传播的广度与深度。随着时代的不断向前推进，人们获取相关信息的途径日趋多元，本研究基于我们身处的"互联网+"时代可能出现的武术认知途径设计了如图3-5所示的10个选项。调查结果显示，新闻媒体、影视作品、移动客户端成为人们了解武术相关信息的主要途径，选取比例分别为54.7%、48.3%和35.2%。

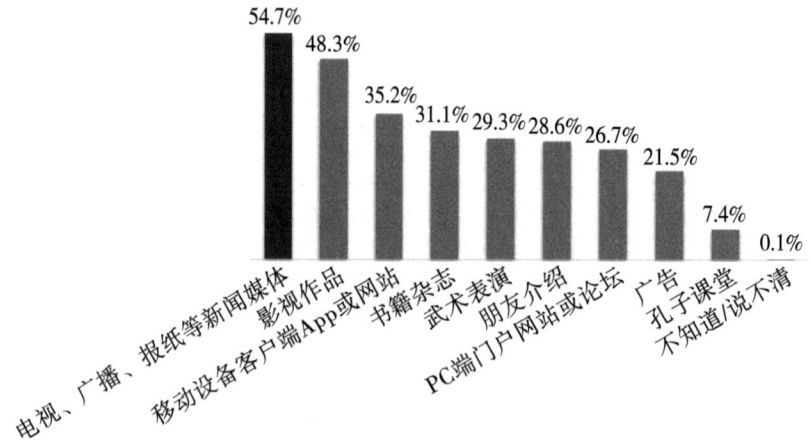

图3-5　民众认知武术的途径

从调查结果来看，电视、广播、报纸等新闻媒体的影响已经超过过去人们主观认识中的影视作品而跃居首位，而移动设备客户端App或网站也成为沿线各国民众了解武术的主要途径之一，说明"互联网+"时代背景下，媒介的多元与融合为人们提供了更多选择。但是，我们也应该注意到，仅有近三成的受访者选择了需要走出家门到现场观看的竞赛表演作为了解武术的途径，这一结果反映出两个问题，一是我们以此作为推广路径所做的宣传还不够，人们没有机会亲临现场；二是人们去现场观看的意识和意愿都不够强烈，不愿走出家门。此外，以孔子学院

---

[1] 周正宏，王智慧. 中国武术文化主观影响力水平的实证研究—基于不同区域群体的个案调查[J]. 北京体育大学学报，2017（9）：133.

（课堂）为认知途径的民众仅占7.4%，可能与孔子学院（课堂）的分布及数量有关，也说明武术教学推广的力度严重不足。

对武术的基本认知中，人们依然以"功夫"作为武术最好的代名词。而图3-6、图3-7同时呈现出一个令人疑惑的结果，近70%的海外受访者认为武术是一种"搏击自卫的技击术"，但也有超过70%的被访者认为习练武术的价值主要体现在"强身健体，减少疾病发生"和"可以增强自信"两个方面，仅有不到1%的受访者认为习武可以"保护自己"。这是一个很有意思的现象，一方面人们对武术的认知还停留在影视作品和虚拟世界中的"飞檐走壁""凌波微步"，甚至"隔空打牛"的想象空间，而另一方面却不得不接受现实社会中武术在"健体强心"方面的突出价值。

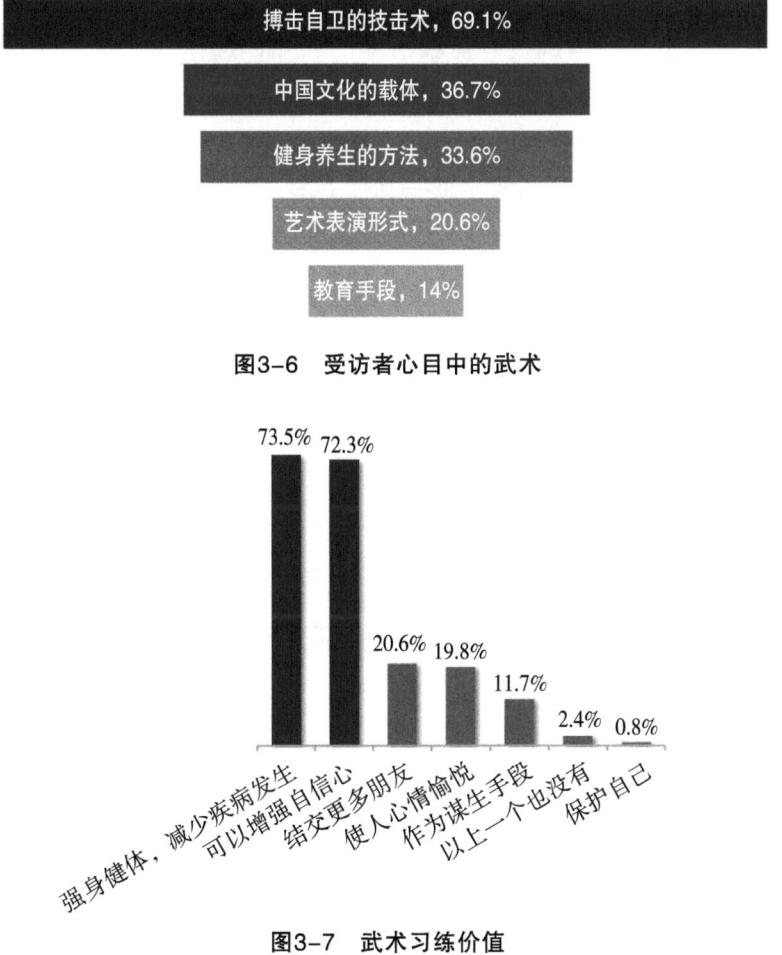

图3-6 受访者心目中的武术

图3-7 武术习练价值

3. 沿线国家民众对各国武技的区分度和喜爱度比较分析

武术的源起可以追溯到远古时期，是人们为了生存不得不与人斗、与兽斗而习得的各种进攻和防卫技能，因此武术（Martial arts）作为一种技击术，并不是中国所独有的。人类的防卫意识和认知水平决定了技击术在萌芽之初都近乎相同，只是在以后的社会发展中，不同地域、不同文化和不同的民族性格造就了不同的技击术，也使武术以不同的样态在世界各国传承和发展。随着全球化趋势的不断加剧，地球村民们可以更为便捷地领略异域文化的风采，此时这种文化样态的传播力也就决定了它的影响力。本研究将流传比较广泛、认知度较高的世界各国武技作为备选项，了解人们对这些武技的区分度和喜爱度。

从图3-8我们可以看出，总体上人们对跆拳道、空手道、桑搏、泰拳、武术等世界各国武技有比较清晰的认知，选择有"本质区别"和"明显区别"的民众占比近60%；但从不同国家民众的选择来看，国与国之间还存在一定差异性，如哈萨克斯坦和南非两个国家，他们对于各国武技差异区分度的认知水平低于其他五国；而令我们欣慰的是，土耳其、印度尼西亚和克罗地亚三国的认知水平略高于总体平均水平。从图3-9人们最想习练的武技项目来看，空手道、武术、跆拳道的选择占比分别为40.2%、35.7%、33.7%，居于所列选项的前三甲。一直以来，

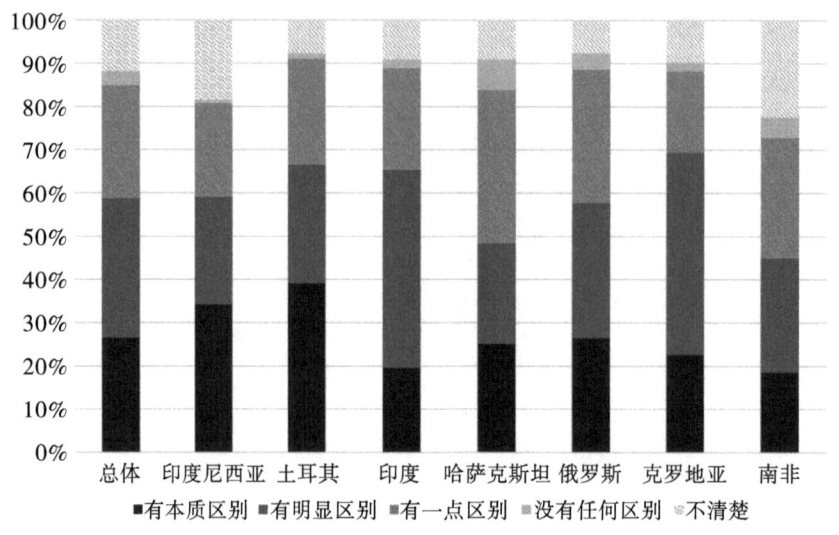

图3-8 民众对各国武技的区分度

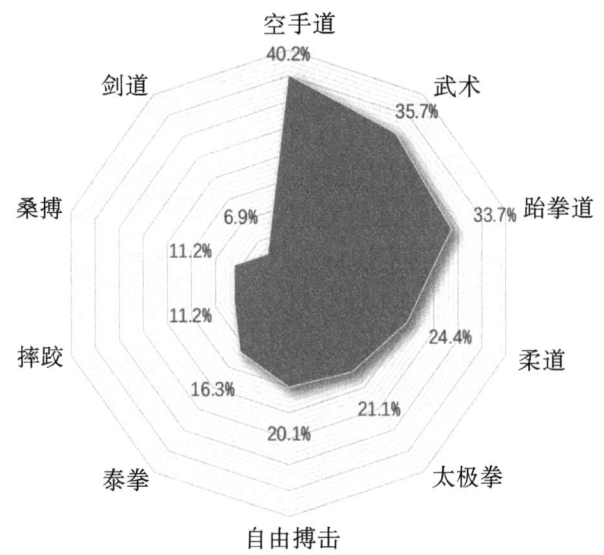

图3-9 民众最想习练的项目

跆拳道、空手道的世界推广作为典范得到了普遍认同，对中国武术的世界传播也极具借鉴意义，调查结果让我们直观地看到，随着国家"硬实力"的增强和"软实力"的不断渗透，作为文化符号和传播载体的武术其影响力已逐步上升，超过半数的受访者表达了对武术的喜爱。

4. 沿线国家民众对武术的深层理解

武术是蕴含东方智慧的文化载体，通过一招一式的身体技艺向世人传递着"文以化人，武以修身，重义轻利，和合共生"的思想，从文化传播的角度来讲是一种极具传播力的"热媒体"，2018年中国国家形象调查显示，中餐、中医药、武术仍是海外受访者认为最能代表中国文化的元素[1]。但在复杂多变的国际环境中，一种文化想要产生长久的影响力，不能只停留在表浅的符号认知层面，要主动地进行话语表达。目前，我国在"一带一路"国际话语表达的主体方面，官方话语占据了国际话语表达的很大部分，而公众话语的传播平台较为单一，影响了"一带一路"国际话语在各国民间的有效传播[2]。武术是以身体实践为主

---

[1] 当代中国与世界研究院课题组.2018年中国国家形象全球调查分析报告[J].对外传播，2019（11）：29.

[2] 丁一.提升"一带一路"国际话语权的路径研究[J].对外传播，2019（8）：28.

要特征的传播媒介,是通过话语表达讲好中国故事的"活态"介质,"体悟"可以使习练者深刻感受武术中蕴含的东方智慧,但前提是受众要有习练的意愿才有可能去用心"体悟",而意愿的生成离不开其对武术文化的深层次理解。我们希望通过对人们"知道或熟悉的武术大师和武术拳种""武术国际传播最重要的价值功能""了解和学习中国武术的意愿"以及"想要学习的内容和方式"等方面来了解沿线国家民众对于武术的认知层次。

研究结果清晰的显示(图3-10),李小龙、成龙、李连杰还是人们心中当仁不让的"意见领袖",叶问、张三丰、洪金宝、黄飞鸿等也为较多民众所熟悉,甚至国际影星周润发也被认为是"武术名人",这不得不说是影视媒介强大的传播力所致;孙禄堂、王子平、王芗斋、于承惠等老一辈武术家,以及新生代武术人丁浩、徐晓东也受到人们关注,说明现代武术传播已在沿线国家受到一定程度的关注。从人们熟悉或知晓的武术拳种来看,少林拳、太极拳仍然位居前列,而以猴拳作为象形拳代表的选项以及咏春拳也有一定的关注度,说明以"拳种"概念实现武术在世界各国的传播是有效的,当然我们也要考虑进一步开发和培育新的品牌拳种,不能将大武术的概念归于一隅,仅靠现有的为民众所熟知的拳种来支撑,毕竟在浩瀚的武林中被国家认定的源流有序、拳理明晰、自成体系的拳种就有129种之多。

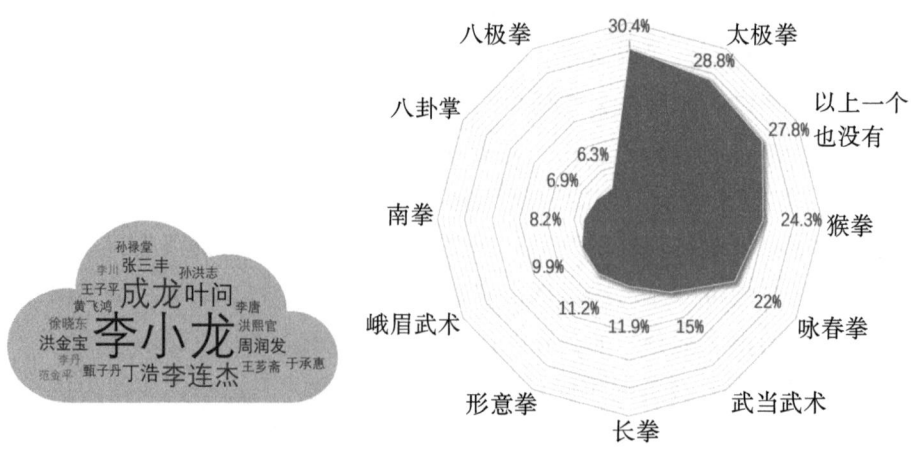

图3-10 民众知道或熟悉的武术名人及拳种

调查中有75.5%的受访民众表达了想要了解和学习武术的意愿，侧面反映出"一带一路"倡议实施取得的效果，越来越多的民众对于来自中国的事物有了一探究竟的兴趣。而从人们乐于了解和学习的内容也可以看出武术在民众心目中的形象（图3-11），选择武术攻防技法的占比56.9%、武术历史文化的占比47.1%、武术的精神内涵和养生功法分别占比46.5%和44.5%；当被问及"武术国际传播最重要的价值功能"时，选择"强身健体的手段"和"防身自卫的技击功能"的民众基本持平，占比分别为53.4%和53.3%。由此可知，武术攻防技法对于民众仍然具有较大吸引力，也是武术传播最重要的价值功能之一，这提示我们在武术教学过程中不能只教动作不教方法，也对当下和未来更多武术传播者提出了较高的要求，具备武术技能、又有文化底蕴的传播者更符合人们的期待。

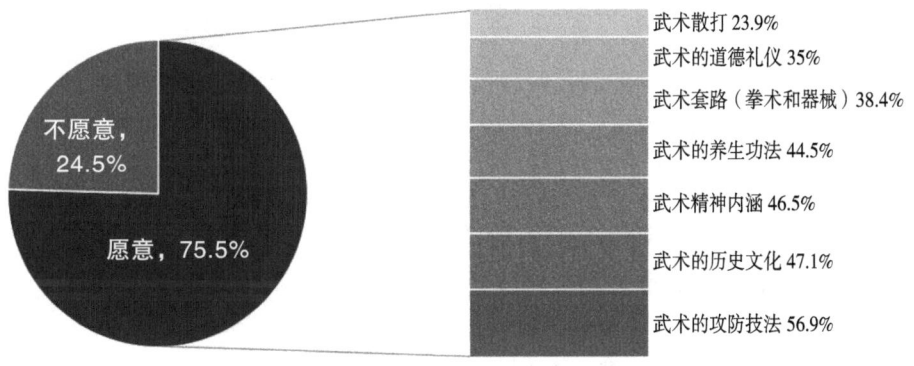

图3-11 民众习武意愿与感兴趣的学习内容

5. "一带一路"与武术传播之间的关联度认知状况

"一带一路"倡议发起于2013年，是习近平主席统筹国内、国际两个大局所做的重大历史决策。随着该倡议的实施与推进，越来越多的国家加入了中国的"朋友圈"，我们在基础设施建设、经贸领域合作、人文交流机制等方面都取得了令人瞩目的成就。但不可否认的是，国际社会对中国"一带一路"倡议的回应还存在不同的声音，受现实利益冲突、历史文化差异、地缘政治等因素和意识形态偏见影响，误解与疑虑仍存，杂音不断[1]。作为筑牢根基的"民心相通"工程，需要有武术这样的文化载体来传递中国声音、贡献中国智慧，那么武术传播与"一带一路"倡议之间的关联度是否能够得到沿线各国民众的认可，我们要做到心中有数。研究设计了三个相关问题，总体来看超过30%的受访民众对"体育文化交流是'一带一路'倡议的重要组成部分"表示非常认同，还有44.4%的民众表示比较认同；对"中国武术是体育文化交流中的重要一环"和"支持在本国举办更多与中国武术相关的文化活动"的选项，持比较认同态度的民众较多，分别为53.2%、52.3%；此外，也有近20%的民众对武术与"一带一路"倡议的关联度表示不太清楚，甚至还有少数民众对此完全不认同（图3-12）。

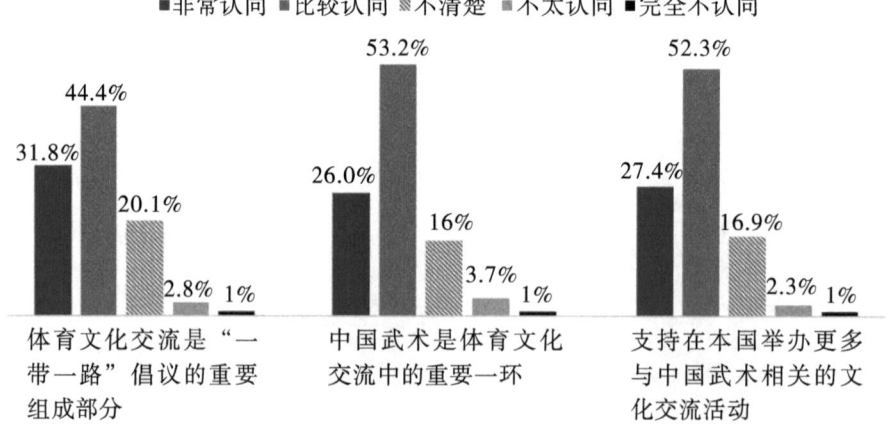

图3-12　民众对武术与"一带一路"倡议关联度的认知

对不同国家的调研数据显示，各国对武术与"一带一路"关系的认知无显著性差异，但个别国家还是引起了我们的注意，比如土耳其民众对本次调研的相关问题呈现出高认知度和高支持率，特别是"支持在本国举办更多与中国武术相关的文化活动"的认同率高达91%；而俄罗斯民众虽然对"一带一路"有较高认知度，却不像土耳其那样支持在本国举办相关武术活动；克罗地亚则相反，对"一带一路"认知度相对较低，却对支持本国举办武术活动表现出极大的热情，以89%的支持率

---

[1] 袁鲁霞，王丹. 国际社会对"一带一路"倡议的认知与评价—以海外出版的相关图书为例[J]. 国际传播，2018（5）：51.

仅次于土耳其；对比上述3国，印度尼西亚对相关问题的认知度和支持率都不高，是一个值得思考的问题（表3-1）。

表3-1 不同国家对武术与"一带一路"关联度认知与支持率一览表（%）

	印度尼西亚	土耳其	印度	哈萨克斯坦	俄罗斯	克罗地亚	南非
体育是"一带一路"组成部分	60.5	86.5	81.0	76.1	83.6	68.2	76.2
武术是体育交流重要环节	68.4	87.8	82.4	77.4	84.9	79.9	73.5
支持本国举办武术活动	70.4	91.0	83.7	70.3	73.0	89.0	80.8

注：上表对"非常重要/支持"和"比较重要/支持"进行合并统计

综合分析，近年来土耳其国家武术协会一直致力于推广中国武术，会长阿蒲杜拉曼先生要求自己的孩子都要习练中国武术，并通过与首都体育学院、武汉体育学院等专业体育院校建立的良好关系，每年都带队到中国集中训练，还经常邀请国内武术团体赴土耳其参加相关文化交流与武术竞赛表演等活动，这样的推广显然为本次调研取得的高认知度和高支持率奠定了良好基础。俄罗斯是世界体育强国，与中国一直保持战略合作伙伴关系，两国领导人高层互访频繁，民间往来也十分活跃，这为民众了解"一带一路"倡议提供了更多渠道，之所以对在本国举办武术活动支持率相对较低，与其竞技武术水平本身较高、在世界大赛中成绩突出不无关系。仅有400万人口、位于欧洲东南部的克罗地亚共和国，足球和网球是深受克罗地亚人喜爱的运动。2018年，克罗地亚前副总理司马安·希莫尼奇（Ante Simonic）先生携夫人赵丽塔（Rita Zhao）女士曾到访首都体育学院，参加由首都体育学院和外交学院共同主办的"'一带一路'大使论坛"活动，交谈中总理先生和夫人也对中国武术表现出极大的兴趣，并说在克罗地亚也有不少中国武术老师，中国武术协会也曾派遣专家组赴克罗地亚进行短期培训与教学。

（三）启示

在世界多极化的当下，任何一个国家想要屹立于世界民族之林，不仅需要具备军事、科技、经济等方面的硬实力，文化软实力同样不可或缺。文化无优劣，有的只是特色和包容，一国文化软实力的突出特色，往往在很大程度上将被构建成为本国国家形象的特征，在国家实现"和平崛起"的强国机遇中，在身体文化的领域里选择和确立国家文化形象构成的主要元素，武术应该成为首选。对武术文化形象在"一带一路"沿线国家的认知度调查，让我们直观地认识到在普通民众眼中武术是怎样一种文化形象，由此而产生如下思考。

1. 武术文化形象传播与国家形象塑造要有机结合

作为一个大国，中国在参与全球治理中具有举足轻重的作用，作为一个发展中国家，中国为世界经济的腾飞贡献了自己的力量。要认识当今中国，不能仅停留在一些具象和物化的文化符号层面，诸如长城、故宫、兵马俑、三峡大坝、鸟巢、水立方等，这些"中国骄傲"无疑向世人展示了中国深厚的历史文化底蕴和强大的经济实力，但并不能生动地理解和体验中国人的思想与智慧。自"一带一路"倡议提出以来，中国在技术、资金、人才等各方面都投入了大量资源，沿线国家也越来越多地加入到合作中。目前，中国已与40多个"一带一路"沿线国家实现空中直航，中欧班列开行突破9000列，海运服务覆盖沿线所有沿海国家，中国海运互联互通指数保持全球第一[1]，成为颇受欢迎的公共产品。但也总有一些势力从地缘政治视角看待这一经济合作倡议，"中国威胁论""投资阴谋论""项目不透明论"等杂音不绝于耳[2]，导致一些国家的民众对中国国家形象产生误读。武术是中国文化软实力的重要组成方面，是弘扬中华文化精神、展示中国形象的必选元素[3]，承载着"源远流长、博大精深"文化盛誉的中国武术便面临着塑造良好自身形象，进而助力国家文化形象建设的时代重任[4]。作为典型中国文化符

---

[1] 中国海运服务已覆盖"一带一路"沿线所有沿海国家 海运互联互通指数全球第一[EB/OL].（2018-07-27）[2020-05-14]. https://www.yidaiyilu.gov.cn/xwzx/gnxw/61186.htm.

[2] 李自国."一带一路"建设与中亚地区合作，"一带一路"建设发展报告（2019）[R]. 北京：社会科学文献出版社，2019.

[3] 黄文冠. 国家形象塑造与一国"软实力"的提升[J]. 江西行政学院学报，2012（1）：29.

[4] 袁金宝. 概念、内涵、困境：当代中国武术文化形象的多为解构[J]. 武汉体育学院学报，2020（3）：54.

号的武术，在世界各国民众中的广泛传播可以实现公共外交的良好效果，充分地传达中国文化的深厚内涵，从"武"的维度深刻展现中国人求"和"的价值观，从而发挥重要的软实力价值，构建"和谐"的国家形象[1]。因此，有必要将武术国际推广同国家文化软实力发展战略相结合，形成高点站位、重点推进的从国家到地方的武术传播推广立体化模式。

2. 精准定位武术文化形象是有效提升武术传播国际影响力的应然之举

农耕文化背景下孕育而生的中国武术，以其厚重的文化底蕴、独特的运动形式和技术要求，在长期发展演变的过程中，逐渐形成了博大精深的武学体系，成为独一无二的"武文化"。中华人民共和国成立后，武术为适应时代需求完成了其"体育化"改造，"以中华文化为理论基础，以技击方法为基本内容，以套路、格斗、功法为主要运动形式，注重内外兼修的民族传统体育"是武术在当代社会背景下的全新定义。从这个定义可以看出，武术主要包括套路、格斗与功法三部分，三者相辅相成、互为补充，共同构成了武术运动形神兼备、内外相合的技术体系。然而，现实告诉我们，武术的发展呈现出三者分离、自成一体的割裂现象，这不利于武术文化形象的整体塑造与展现。对武术文化形象的精准定位与整体塑造，是有效提升武术传播国际影响力的关键环节。

我们需要确认"武术身份"到底是什么？脱胎于中国文化土壤的武术，显然已经超出简单格斗搏杀的身体运动范畴，是摄养生之精华、集技击之大成、展套路之美感的体现中国文化精神、彰显中国文化身份的重要载体。武术应该是功法、套路与格斗的有机融合与统一，而不是分门别类地机械杂糅[2]。确定了这一"身份"，武术国际传播应遵从"大武术观"的思想，从整体上进行改进，要对武术文化形象进行全方位的包装，充分发挥国家武术管理部门及各专业武术团体在"一带一路"沿线国家进行武术传播的热度，选取武术开展基础较好、具有文

---

[1][2]郭玉成. 中国武术与国家形象[M]. 北京：高等教育出版社，2015（3）：14，182.

多样性背景的国家进行试点，开设"中国武术体验馆"，将中国文化元素融入馆内的装潢装饰，通过情境式教学体验活动，使各国民众对武术的礼仪规范、服装服饰、技术体系、价值功能与文化内涵等有切身的感受。通过对武术文化形象的精准定位和整体塑造，使受众形成乐见、乐知、乐享的具体而深刻的认知，是切实提升武术传播国际影响力的重要举措。

综合本次调查结果可以发现，"互联网+"时代人们获取武术信息的途径更加便捷和多元，影视媒介对作为大众文化消费对象的"功夫"武术影响巨大，人们对武术技击功能仍然抱有无限的遐想与期待；尽管在传播实践层面人们普遍认可武术健体强心的价值功能，但却缺少可以走出家门进行实践体悟的场所。武术文化交流作为"一带一路"倡议重要组成部分获得较高认知度，从侧面反映了"一带一路"倡议实施以来所取得的成效。武术承载着中华文化的深厚底蕴，其良好文化形象的展示是讲好中国故事的无声语言，是构建国家形象的重要组成部分。此项调查为推动武术深度国际化策略的制定提供了实践参考与启示。

二、国际武术组织武术推广的情况分析

所谓组织（Organization），从管理学的角度上说，是指具有明确的目标导向和精心设计的结构与有意识协调的活动系统，同时又能够同外部环境保持密切联系的社会实体。体育组织是肩负着推动运动项目发展的组织者和管理者，武术走向世界离不开国际武术组织的推动。1982年的全国武术工作会议提出了"要积极稳步地把武术推向世界"的发展方针，1985年8月，第一届国际武术邀请赛在西安举行，国际武术联合会筹备委员会在此期间宣布正式成立，拉开了武术真正走向国际的序幕。此后，国际武术培训班陆续举办，编写出版了第一部英文版的武术教材和一本武术动作名称的英文版资料。在国际武联筹委会的倡议下，世界各大洲的武术组织纷纷成立，亚洲武术联合会于1987年9月率先成立并推动武术成为1990年第11届亚洲运动会的正式比赛项目。亚运会后，国际武术联合会正式成立。这些武术组织的成立标志着武术运动在

世界范围内的普及与开展，武术运动开始走向国际联合发展的道路，跨入了新的发展阶段[1]。本研究着重对国际武联在武术世界推广过程中的作用机制进行论述。

（一）国际武联会员国分布状况

成立于1990年的国际武术联合会（IWUF），是被国际奥委会（IOC）认可的国际单项体育协会。经过30年的不懈努力，目前已经发展成为拥有覆盖世界五大洲155个会员协会的国际体育组织。国际武联作为以推动各个国家和地区武术团体的联合与统一、促进国际武术运动发展为宗旨的"领路人"，其在武术国际传播与推广的道路上发挥着"风向标"的作用。国际武术联合会的会员国已遍布世界，其中有57个国家属于"一带一路"沿线国家（表3-2，表3-3），特别是亚洲和欧洲的众多沿线国家都已成为国际武联的会员协会。这对于武术在"一带一路"沿线国家的推广是很有利的布局。

表3-2　国际武联成员国分布一览表（亚洲）

国际武联"一带一路"沿线成员国（31）					国际武联其他成员国（3）
泰国	孟加拉	马来西亚	印度尼西亚	巴勒斯坦	韩国
越南	尼泊尔	巴基斯坦	土库曼斯坦	乌兹别克斯坦	朝鲜
缅甸	新加坡	马尔代夫	哈萨克斯坦	吉尔吉斯斯坦	日本
也门	伊拉克	斯里兰卡	塔吉克斯坦	柬埔寨	
老挝	伊朗	阿富汗	科威特	叙利亚	
约旦	蒙古	黎巴嫩	菲律宾	印度	
文莱					

---

[1] 孟涛,崔亚辉.新中国武术70年发展历程解读及当代思考[J].首都体育学院学报，2019（5）：393-394.

表3-3 国际武联成员国分布一览表（欧洲）

国际武联"一带一路"沿线成员国（26）				国际武联其他成员国（20）		
波黑	亚美尼亚	保加利亚	阿塞拜疆	安道尔	圣马力诺	荷兰
捷克	白俄罗斯	爱沙尼亚	克罗地亚	奥地利	马耳他	瑞典
立陶宛	匈牙利	以色列	土耳其	爱尔兰	比利时	英国
黑山	拉脱维亚	摩尔多瓦	斯洛伐克	葡萄牙	摩纳哥	冰岛
塞尔维亚	罗马尼亚	斯洛文尼亚	俄罗斯	西班牙	德国	芬兰
乌克兰	波兰	塞浦路斯		意大利	挪威	瑞士
格鲁吉亚	马其顿	希腊		卢森堡	法国	

（数据来源：国际武术联合会官网）

国际武联成员国有超过三分之一的国家属于"一带一路"沿线国家，且大多分布在欧亚大陆。成为国际武联会员协会需要具备一定的资质，首先应为本国的武术管理组织，并且应得到本国或地区奥委会或体育当局的承认；其次所有国际武联的会员协会应不断为联合本国或地区内的其他武术组织而作出努力。

（二）国际武联推动武术世界传播的作用机制

机制（Mechanism）是指各要素之间的结构关系和运行方式。引申到不同的领域会有不同的释义。机制在社会学中的内涵可以表述为"在正视事物各个部分存在的前提下，协调各个部分之间的关系以更好地发挥作用的具体运行方式。[1]"国际武联是推动武术世界传播与推广的权威机构，肩负着"使武术成为一项真正具有全球吸引力的体育运动"的使命与责任，因此良好的运行机制是国际武联发挥武术发展"风向标"作用的保障。

1. 竞赛机制

体育有其自身的规律和特点，而最鲜明的特点就是运动竞赛。竞

---

[1] 百度百科. 机制［EB/OL］.［2020-09-20］. https://baike.so.com/doc/3255049-3429622.html.

赛是体育运动最重要的组成部分，以竞赛为轴心推动体育事业的迅速发展。通过竞赛优胜劣汰，可以检验运动技术水平、选拔人才，吸引更多的人参加体育活动[1]。武术赛事对项目的推广和发展起着至关重要的作用，高规格、高水平的武术赛事是武术国际化推广的重要路径之一，可以很大程度提高人们对武术项目的了解，扩大武术的知名度和国际影响力，从而使更多人愿意加入到这项运动中来。国际武联的赛事主要由"官方赛事""武术与综合性运动会"和"武术与奥运会"三部分组成，官方赛事即是由国际武联按照既定时间表定期举办的常规赛事（表3-4），这类赛事涵盖套路和散打两个项目。随着武术运动的不断发展，国际武联的赛事体系也日趋丰富和完善，官方赛事包含了世界武术锦标赛（WWC）、世界青少年武术锦标赛（WJWC）、世界传统武术锦标赛（WTWC）、世界太极拳锦标赛（WTJQC）、散打世界杯（SWC）、套路世界杯（TWC）等大型国际赛事。

表3-4　国际武术联合会官方赛事组织情况统计

赛事名称	开始年份	已举办届数
世界武术锦标赛	1991	15
世界杯武术散打比赛	2002	9
世界传统武术锦标赛	2005	8
世界青少年武术锦标赛	2006	7
世界太极拳锦标赛	2014	3
世界杯武术套路比赛	2016	2

（数据来源：国际武术联合会官网）

除常规官方赛事以外，国际武联以将武术推向奥运会为目标，致力于通过参与国际综合性赛事扩大武术的国际影响力（表3-5）。继武术成为亚运会正式比赛项目以来，武术运动已经成功进入多个国际及地区的综合性运动会。

---

[1] 百度百科. 体育赛事［EB/OL］.［2020-09-20］. https://baike.baidu.com/item/%E8%BF%90%E5%8A%A8%E7%AB%9E%E8%B5%9B/2255502?fr=aladdin.

表3-5 武术进入世界综合性运动会赛事情况统计

赛事名称	举办单位	武术进入届数（年份）
亚洲运动会	亚洲武术联合会	1990至今
世界运动会	国际世界运动会协会	2009 2013
世界武搏运动会	世界体育总会	2010 2013
伊斯兰团结运动会	伊斯兰团结运动联合会	2013 2017
世界大学生夏季运动会	国际大学体育联合会	2017 2021
世界大学生单项锦标赛	国际大学体育联合会	2018 2020
亚太地区老将运动会	国际世界老将运动会协会	2018

（数据来源：国际武术联合会官网）

对于武术运动而言，能够进入世界高级别综合性运动会无疑是一次向世界展示东方体育文化魅力的绝佳平台。2020年1月8日，国际奥委会执委会会议通过了武术列入第四届青年奥林匹克运动会正式比赛项目的决议（图3-13），这使武术的入奥梦想与现实又近了一步，成为武术发展的里程碑事件。

图3-13 武术进入"青奥会"宣传图（图片来源：国际武术联合会官网）

世界综合性运动会接纳武术成为正式比赛项目同样也是一个双赢的举措，不仅丰富了综合性运动会的竞赛项目和内容，也使不同国家和民族的体育文化得以碰撞和交流，从而以体育为媒介加深各国间的了解与信任。国际武联秘书长张秋平表示："武术是中华传统体育的代表、是中华民族传统文化的瑰宝、是中华五千年文明的精髓。武术进入奥林匹克系列运动会是中华传统文化'走出去'的标志性事件，将增进不同国家、不同民族、不同信仰青年间的了解和友谊，促进民心相通，有力推动东西方文明交流交融，拓宽中华文化传播渠道，提升中国文化软实力"[1]。国际武联通过长期的坚持不懈，不断加强组织建设和竞赛体系建设，提升赛事规模和赛事影响力，加快武术入奥的脚步。

2. 培训机制

武术源自中国，在走向世界的过程中离不开各国武术组织和武术爱好者的推广传播。为了使武术传播推广更加规范和广泛，国际武术联合会自其筹委会建立之初就举办了相关培训活动，如1986年6月委托中国武术协会在山东济南举办国际教练员培训班，迎来了来自世界五大洲18个国家46名武术界朋友[2]。1990年国际武联正式成立以来，又陆续举办了多届国际教练员培训班、国际裁判员考核认证培训班、援外教练员培训班以及国际段位培训班等卓有成效的培训活动。

从培训机制的建立来看，根据国家武管中心有关部门领导的访谈和所获取的相关资料的情况显示，1991年12月第一批国际级武术裁判获批资格证书，国内包括蔡龙云、张山、温力、邱丕相、李德印、朱瑞琪等在内的40名武术界专家获此殊荣；国际上有来自22个国家和地区的136名培训参与者获得了资格证书，拉开了武术裁判员队伍建设的序幕。此后，基本形成了每两年一次的国际裁判员培训班体系，每一次培训各国武术协会可选派5名符合条件的人员参加培训，考核合格后会颁发证书，到2018年此项培训仍在进行，形成了比较完善的培训、考核体系。

国际教练员培训是伴随着武术国际竞赛套路的推广而展开的，既有针对世界各国武术教练员的培训，也有以外派教练为目的的援外教练员培训。从1986年第1次国际教练员培训班举办以来，国际武联协同中国武术协会共同举办了不同形式和内容的国际教练员培训。如1988年、

---

[1] 武术成为青奥会比赛项目[EB/OL].[2020-02-12].http://www.iwuf.org.
[2] 原中国武术协会主席徐才先生在培训班开班仪式上的讲话稿.

1991年、1995年是将国际裁判员和教练员的培训放在一起进行的,而在后期的培训中,国际裁判员培训的延续性要好于国际教练员培训。据了解,2000年以前的培训基本上是裁判员和教练员培训同时进行,还是比较有规律、很系统的;据不完全统计,2000年以后在北京举办过2次国际教练员培训班,2002年上海举办过1次教练员培训,后来的教练员培训就无规律可循了。2015年国际武联在广州举办了国际传统武术教练员培训班;2016年和2018年在北京体育大学举办了两次援外教练员培训班(图3-14);首届援外教练员培训班是2000年于安徽合肥举办的;2019年9月,由国际武联主办、意大利武术协会承办的国际武术教练员培训再次开班。

图3-14　部分国际教练员培训图片

国际教练员培训系统性、延续性相对较差的原因可能与各国武术协会报名参加培训的人数不足有关。国际武联旨在通过教练员培训提升世界各国武术运动水平,参加培训的教练员需要带动本国武术的发展。然而实际情况却并不尽如人意,培训报名人数不足背后的原因值得思考。此外,有关"一带一路"沿线国家的武术教练员培训尚未启动,目前只有"上合组织武术训练营"在线上举办,这一方面的培训力度还有待加强。

3. 宣传机制

国际武术联合会作为被国际奥委会官方认可的管辖世界武术运动的唯一国际组织,肩负着"使武术成为一项真正具有全球吸引力的体育运动"的职责,依托各种途径和媒介做好武术文化宣传是其中的重要工作,也是提升武术国际影响力的重要手段。近年来，国际武联积极探索武术文化宣传的新机制和新路径，充分利用现代科技与互联网不断发展带来的新媒体平台，和Facebook、Twitter、YouTube、Instagram、微博、微信、今日头条、抖音等社交媒体合作，通过赛事转播、课程直播（录播）和活动宣传等形式为世界各国武术爱好者提供高质量的武术传播内容。

一个事物的影响力与宣传力度密切关联，宣传的途径、方法和手段也对宣传效果起着重要作用。除了积极搭建网络平台，国际武联还通过设立"世界武术日（World Wushu-Kongfu Day）"、推出"武术形象大使"，以及在新冠肺炎疫情期间适时推出"武术云课堂"等一系列活动来推动武术的世界传播。如"世界武术日（World Wushu-Kongfu Day）"设在每年8月8日所在周的周六，旨在号召世界各地的人们走近武术、了解武术、爱上武术，把武术的精神融入人们的日常生活中。每年都会以不同的主题来举行欢庆活动，组织会员通过发送视频等形式祝福、祝贺全球武术人的节日。令人惊喜的是，2021年"世界武术日"活动期间，国际武联还收到了来自155个会员国以外国家的祝福，如海地、阿联酋以及中美洲一些国家的武术爱好者主动拍摄他们练习武术的视频发送给国际武联，也从侧面反映了武术国际传播的宣传效果和影响力。2020年5月起，为应对突如其来的新冠肺炎疫情，国际武联创办启动了"武术云课堂"活动，截至目前共进行了50期的直播和录播课程，邀请了国内外高水平武术师资，从官方渠道为广大武术爱好者提供优质武术课程资源。此外，国际武联太极拳项目等活动对缓解由于新冠肺炎疫情造成的对武术传播推广的影响也发挥了较好作用。

三、海外文化推广机构武术传播的现实回顾

海外文化机构是指由中国政府派驻在中国领土以外的以传播中华文化为主要工作职责的机关或团体。如孔子学院（Confucius Institute）是中国国家汉语国际推广领导小组办公室（现已更名为"语合中心"）在世界各地设立的推广汉语和传播中国文化的机构，截至2019年12月已在世界162个国家设立了550所孔子学院和1172个中小学孔子课堂。海外中国文化中心是国家文化与旅游部深化中外文化交流合作机制、增进中国与世界人民的感情、推动中华文化"走出去"的重要平台，截至2019年

4月，中国政府已在全世界范围内设立并启用了37个中国文化中心，其中17个位于"一带一路"沿线国家，形成覆盖全球主要国家和地区的中国文化对外传播推广网络[1]。此外，中国驻外使领馆一般都设有文化处，由文化参赞负责同驻在国文化部门进行联系和交涉，推动两国之间的文化交往。武术作为中国文化的全息缩影，不仅为海外文化机构提供了丰富的展示和交流内容，同时也借助海外文化机构的力量使武术得到更为广泛的传播。

（一）海外孔子学院的武术传播

2004年，全球首家孔子学院在韩国首尔正式设立，随后这一代表中国的"文化坐标"在世界地图上陆续涌现。各地孔子学院在汉语言教学的基础上，承担着向世界传播中国文化的重要使命。随着孔子学院在海外的进一步发展，中国优秀的传统文化有机会在世界范围内大放异彩，不断彰显国家特色与民族魅力。武术作为中国传统文化的典型代表，以其独特的运动形式和丰富的文化内涵赢得众多孔子学院的青睐，成为孔子学院最为重视的中国文化项目之一。2016年，孔子学院总部与国家体育总局签订了关于开展太极拳和武术对外交流的战略合作备忘录，在全球78个国家的240多所孔子学院内开设了中医、太极拳等中华文化课程。2017年，全球孔子学院首个"中国武术中心"在美国亚利桑那大学孔子学院正式成立，满足了武术界人士对于"武术走进孔子学院"的强烈期待。根据调查，武术在各国孔子学院的传播主要通过以下几种形式：武术课程、武术讲座、武术表演以及在夏令营中开展武术学习活动[2]。

近年来，孔子学院的"三巡"活动（文艺巡演、文化巡展、专家巡讲）受到了海内外各界人士的广泛关注。其中，孔子学院艺术团巡演已经成为推广中国文化的又一形式，通过国内高校和国外高校间的交流合作，增进国家间的沟通了解与文化互鉴。目前，原国家汉办以武术为主的巡演单位主要有北京体育大学、首都体育学院及嵩山少林武术职业学院，嵩山少林武术职业学院的"武林汉韵"包含《十八般兵器》《少林

---

[1]陈博谦.海外中国文化中心发展历程综述[J].对外传播，2019（10）：36-38.
[2]郭玉成，李守培.武术在孔子学院的传播与中国国家形象的构建[J].体育学刊，2013，20（5）：122-126.

硬气功》《功夫动物》《百花争妍》等节目；北京体育大学巡演的武术节目主要由《狮王争霸》《太极神韵》《象形拳表演》《集体双刀》等组成；首都体育学院的巡演节目以"武舞融合"的创新形式讲述着中国武术故事。除此之外，在其他高校艺术团的演出中也有个别武术项目，不断丰富武术通过孔子学院"走出去"的传播体系。孔子学院也日益成为弘扬、传播和推广武术的文化之窗。

（二）海外中国文化中心的武术传播

与孔子学院一样，海外中国文化中心也是在海外特定地点完成中国文化传播的重要机构。自1988年起，中国开始在海外设立文化中心，以统筹宣传文化系统与地方资源，形成布局合理、功能多样、内容丰富的中华文化海外展示、体验并举的综合平台作为中心的建设定位[1]。近年来，本着"优质、普及、友好、合作"的宗旨，海外中国文化中心不仅在规模与布局上不断完善，同时也在活动形式、资金支撑、品牌建设等方面尝试突破，着力打造全方位、跨领域、可持续的国际文化交流平台。目前，海外中国文化中心以讲述中国故事，传播中国声音，阐释中国特色和价值理念为己任，已成为海外各阶层民众了解、感受、理解中国文化最直接的文化窗口。

中国文化中心隶属于国家文化和旅游部，其工作重心是关注文化传播。在中国优秀传统文化"走出去"的实践中，海外中国文化中心向世界提供了展示中国形象、宣传本国文化的有效途径，同时也为"一带一路"建设贡献了力量。海外中国文化中心积极响应"一带一路"倡议，一方面在"一带一路"沿线地区加快布局；另一方面，各中心举办了一系列"一带一路"主题讲座、展览等，并努力打造一批具有深厚文化历史底蕴的相关活动项目[2]。其中，中国武术作为中国传统文化的典型代表，受到了海外中国文化中心的高度重视。2011年，贝宁中国文化中心在贝宁共和国独立51周年之际举办了中国武术表演晚会，充分体现

---

[1] 陈博谦.海外中国文化中心发展历程综述[J].对外传播，2019（10）：36-38.
[2] 搜狐网.海外中国文化中心：布局全球，传播中华文化[EB/OL].[2019-02-15].
https://www.sohu.com/a/220538920_100000275.

了中国和贝宁两国的友好情谊。2014年，尼日利亚中国文化中心的老师和武术教练携武术和太极班50余名学员一起参加了结业汇报演出，助力武术走进非洲。2018年，埃及武术协会首次邀请开罗中国文化中心共同主办埃及全国武术套路大赛，该赛事是埃及规模最大、规格最高的武术比赛，在一定程度上加速了中国武术在埃及的全面发展。新冠肺炎疫情暴发后，海外多家中国文化中心开始组织和开展线上武术课程和赛事。由马来西亚—中国文化艺术协会主办、吉隆坡武术总会及吉隆坡中国文化中心联办的第一届国际武术文化视频大赛，吸引了中国、马来西亚等21个国家和地区，超过200个团体报名参加。2021年是中国与拉脱维亚建交30周年，第二届拉脱维亚线上国际武术锦标赛的成功举办，不仅加深了两国之间的合作交流，同时也激励着世界各国的武术爱好者在新冠肺炎疫情下坚持习武、共同抗疫的决心。巴黎中国文化中心邀请中医专家、全欧洲中医药专家联合会主席朱勉生，结合法国民众的身心状态、融汇中国传统养生理念，独创"培元八式"养生操。其在中心网站发布后受到了广泛的关注和好评。此外，国家文旅部对外合作与交流局邀请国内文化学者共同推出了"在线中华文化讲堂"，日前已在海外中国文化中心和驻外使领馆官方网站发布，其中"剑胆琴心——中国武术的势与神"专题课程，获得了较高的浏览量和分享转发量。在海外中国文化中心的推动之下，中国武术与中国传统文化更广泛、更深入地走进了世界各国，被越来越多的人所接受和认可。

（三）驻外使领馆的武术传播

以武术为载体传播推广中华传统文化已成为中国"文化外交"的重要内容之一，驻外使领馆在此过程中发挥了重要作用。文化参赞是使馆中负责同驻在国文化部门进行联系和交涉的外交人员，是驻外使领馆中发展两国文化关系、加强国际文化交流的关键角色。在文化参赞的引领下，中国驻外使领馆每年组织并参与多项武术相关活动，如在"世界武术日""世界太极日"期间，通过举办武术表演活动和太极体验活动助力武术文化在海外的广泛传播；在中国新春佳节之际开展海外"新春招待会"，通过舞龙舞狮、功夫展示等中国的特色表演形式促进两国的人文交流和往来；在中外"建交纪念日"以武术作为文化互动的内容，在汇集世界各地习武爱好者"兴武论道"的同时，也加深了国家间的友谊与合作。

总结与思考：本章主要对"一带一路"沿线国家武术文化传播的现状与实践进路进行了调查分析，武术在"一带一路"沿线各国民众心目中的认知"存量"，有助于真实反馈武术国际影响力的强弱，因此本研究特别委托专业数据公司对沿线6大区域内的7个国家进行了民意调查，以往此类研究因调研难度和经费限制等因素多以个别国家的某一受众群体为调查对象，有一定局限性。尽管此次调查同样由于经费的问题而样本量略显不足，但总样本1067的样本量也能够符合一般社会科学类研究对抽样调查的精度要求。从调查反馈情况来看，沿线国家民众对于中国武术有着比较清晰的认知，对武术的价值功能认可度较高，对"一带一路"倡议也有一定的了解，这对于武术在沿线国家的深度传播是有利的。此外，通过收集多方面文献资料，特别是从国家武管中心多位老师提供的一手资料中获取了许多因年度久远而较难获悉的信息，加之对相关专家的访谈，对国际武联的武术传播活动从竞赛机制、培训机制和宣传机制三个方面所做的工作进行了总结，并对包括孔子学院、海外中国文化中心以及驻外使领馆在内的其他驻外文化机构的武术传播参与度做了简要介绍。未来武术在"一带一路"沿线国家的传播有赖于沿线各国民众的支持，还需充分发挥国际武联的引领作用和多方资源的深度开发与利用。

第四章 "一带一路"沿线国家武术文化传播的实证分析

中国文化走向世界是提升国家文化软实力的必由之路,"一带一路"倡议为中国文化的国际传播提供了聚焦点和发力点。武术作为一种具身文化在以往的国际传播中扮演了十分重要的角色,也取得了令人瞩目的成绩。武术"走出去"不仅要实现地域上的拓展、空间上的覆盖,更要让中国武术的影响力充分到达[1]。从以往研究来看,针对武术在"一带一路"沿线国家的国别研究、区域研究较少,而武术国际传播要实现真正的"落地",则必须重视不同国家和地域的武术传播。鉴于多方面条件所限,针对"一带一路"沿线国家的武术传播研究很难面面俱到,因此本研究仅选取沿线部分区域和国家为代表,沿陆上"丝路"起点探讨"一带一路"建设与"西北武术"的互动关系,后一路向西"走进中亚",领略古今"丝路"重镇的武术风采,继而通过中欧三国武术传播状况看中西方文化如何交融,再以"西葡"作为海上"丝路"武术传播的典型国家进行探讨,由此转向地缘相近、文化同源的东南亚武术传播,最终回眸海上"丝路"起点区域看闽南武术的传播与发展。通过鲜活的个案研究使人们更加直观地了解武术在"一带一路"沿线国家和地区传播的现实状况,探究相关因素对于武术传播的影响和作用,弥补武术国际化传播实证研究的不足。

---

[1] 董刚,金玉柱.从"走出去"到"走进去"——中国武术国际传播的理念迭代与路径选择[J].天津体育学院学报,2019(4):364.

一、"走出去"：西北武术与"一带一路"建设的互动

西北地区是中国七大地理分区之一，行政区域划分上的西北地区包括陕西省、甘肃省、青海省、宁夏回族自治区和新疆维吾尔自治区，约占中国国土总面积的30%。西北文化整体上是一种在中原传统文化主导下的多元开放文化，它在历史的长河中融入了不少来自中亚、西亚和中国西域、青藏、内蒙古等地的民族文化成分。中国武术素有"南拳北腿，东枪西棍"之说，武术文化是西北文化的重要组成部分，亦是中国地域武术文化中不可或缺的一个分支。西北地区作为"一带一路"建设的重要发展区域，无疑为西北地域武术文化"走出去"提供重要的平台，其在"一带一路"沿线国家的传播与交流也可以起到促进各国民众民心相通的作用。

（一）西北武术的历史成因与发展概况

1. 战略要冲地位和军旅武术造就西北尚武民风

我国西北地区的地形以高原和盆地为主，河流湖泊较少，常年干旱少雨，土地十分贫瘠。但由于其重要的战略要冲地位，自古便是兵家必争之地。严酷的自然条件、举足轻重的地理位置，砥砺了陇右人不畏艰辛困苦、粗犷劲悍的品格，加之连年战火、兵戈相向的残酷生活现实，锻造了陇右人独有的品质和尚武崇勇的精神[1]。武山县隶属于甘肃省天水市，古称獂道，作为西北地区的古战场之一，曾经是西域和宁夏一带的北方戎族东进南下的必经之地，为了防止敌人进犯，这一带的人们自幼便开始习武，由此武山便成为驰名陇上的武术之乡。明清两代科举制度中武备应试的兴起，武山县曾在清代出了一位名叫康岐的武进士，大大推动了武术运动的发展。军队驻防对于西北地区尚武民风的形成也起到不可忽视的作用，明清时期，为了防止外部势力入侵，在甘肃、宁

---

[1] 蔡智忠，聂晶，张纳新，等.陇右文化影响下的甘肃民间武术[J].西安体育学院学报，2009（3）：317-321.

夏等地都有重兵长期驻守。在兵营里练就了一身高超武艺的士兵们退伍回乡后，也将武艺传于各地。尤其清代以后，武术发展较为迅猛，习武之风遍及各地，退役后的军人在此期间，大力推广武术，在各地大兴习武之风[1]。近代著名将领冯玉祥将军率领的西北军就以擅长大刀术著称，陈宝强等对西北军"破锋八刀"的考证向我们讲述了西北军大刀术的由来，在西北军中很多身居要职的官兵都是武术大家，如后期定居西北的马英图、马凤图兄弟。还有许多战士在退役后也于西北地区城乡传授武艺，这对传承、延续西北地区尚武民风的作用不容小觑[2]。

2. 自然地理和人文环境是成就西北武术独具特色的土壤

自汉至唐、宋时期，随着"丝绸之路"的开通，出现了"丝绸西去，天马东来"的盛况。西北地区也逐渐成为丝绸之路的交通要道并出现很多商埠重镇。走南闯北、东去西行的商队在西北大地相互交汇、相互影响，给这里留下了极为丰富的民间文化遗存，很多在那一时期出土的文物向我们生动地展现了曾经绚烂多彩的文化。藏于陕西体育博物馆中的练功人物带盖陶壶（西汉时期）（图4-1），其壶盖上雕刻有手持刀剑之人和西域特色的骆驼，说明早在汉代就有武艺交流活动活跃在丝绸之路上。甘肃天水麦积山石窟是中国四大石窟之一，被誉为"东方雕塑艺术陈列馆"，其中也有不少习练武艺的泥塑和壁画（图4-2）。

图4-1 练功人物带盖陶壶

图4-2 麦积山石窟和"金刚"力士雕塑

[1] 刘宝禄. 西北地区传统武术主要拳种的发掘、整理——兼论发展武术的策略[J]. 西北成人教育学报，2000（1）：33-38.
[2] 陈宝强，郭乃辉. 西北军"破锋八刀"考[J]. 军事体育进修学院学报，2006（2）：35-38.

约嘉庆、道光年间，河北省回族武术家常燕山，人称常巴巴，他将原本在中原地区流行的许多拳、棍武艺带到大西北，不分回汉，择徒而传。自他以后，经过一百多年，逐步形成了以八门拳、天启棍为核心的西北武术体系，传播遍及今天的甘、宁、青、新四省区。直到今天，常巴巴仍然是西北各族传统武术爱好者们共同尊奉的武术先贤[1]。自古以来，西北地广人稀，这里居民的生活模式大多为半农半牧。"十个羊把式九个会拳"在河西一带广为流传，其中"羊把式"指放羊的人，而"拳"指的是武术。为使自己和羊群免受狼虫虎豹的伤害，当地牧民手中始终持有一根木棒（也叫鞭杆），在放牧过程中拿起手中的鞭杆练打狼的本领，久而久之便练成了一套棍法，这恐怕也是后来西棍能在西北地区渐成体系并广泛流传的原因。建国后，支援西部大开发成为国家发展战略，一大批支边人口移民甘肃、青海和西藏，仅西宁移民人口就达100多万[2]。支边人员中也有很多是武术爱好者，在原居住地习得的武术技艺与移居地固有的武术拳种流派不断地碰撞、交融，进一步演变成为独具西北特色的武术门派。受西北地区自然地理环境的影响，这里有着与中原地区不同的生活方式和人文环境，其也为西北武术形成独特风格提供了适宜的土壤。

3. 多民族聚居形成西北武术浑厚融通、技法独到的整体特征

西北武术整体上呈现出一种浑厚融通、套路丰富、技法独到的特征，这与其发祥地多民族聚居不无关系。贯穿甘肃全境的河西走廊曾是连接东西方文明的重要通道，时至今日河西走廊仍生活着汉族、蒙古族、藏族、土族、裕固族、哈萨克族、回族、满族等数十个民族。他们和合共生，既保持着各自的文化传统，形成语言和多宗教信仰共存的多元文化特色，又相互交融呈现出中华文化一体化的特征[3]。西北武术具有浓郁的地方文化色彩，其主要拳派不仅具备比较完整的体系，且融摄健身、技击、观赏等功能于一身，继承了中国数千年传统文化的精

---

[1] 马明达.试论"回族武术"[J].回族研究，2001（3）：62-66.
[2] 西宁—典型的移民城市[EB/OL].[2019-09-12].http://www.tianzhilou.com/dgl/zlk/sdms/2010-03/21/content_1231036.htm.
[3] 王建新，关楠楠.河西走廊多民族交融发展的历史作用与现实意义[J].西北民族研究，2019（2）：55-65.

髓，深刻体现着以"和、合"为核心境界和目标追求的中庸思想，提倡相互尊重，推崇公平正义，注重德治，强调慎战、止战、义战。

西北地区的武术拳种众多、特色鲜明，其中传播较广且有详细记载的要数八门拳、马氏通备拳、红拳等代表性拳种。八门拳主要流传于甘肃、青海、宁夏、新疆等地，发展历史悠久，内容丰富，具有明显的西北地域特色，它以八卦学说为原理，以"八阵图"为依据，因拳打八门，故名八门拳；八门拳刚劲有力，飘逸大方，朴实无华，以健身技击著称于西北各地，在众多武术门派中占有相当重要的地位。马氏通备拳是马英图、马凤图先生在继承前人技艺的基础上，结合西北人粗犷、彪悍、勇猛的个性特征推陈出新而创编的拳种套路，马氏通备拳内含劈挂拳、翻子拳、八极拳、戳脚等数个拳种，并以通备劲一以贯之，自成体系[1]。红拳是发源于陕西关中平原的地方拳种，又称"关中红拳"，其发展受到十三朝古都深厚文化底蕴的浸染，形成了"撑补为母、勾挂为能、化身为奇、刁打为法"的拳法特点[2]。西棍是西北武术的典型代表，中国武术谚语中有"东枪西棍"之说，其中西棍就是指起源和流传在陕西省、甘肃省、宁夏回族自治区、青海省等西北地区"传承有序，体用兼备，理、法、势齐全"的传统棍术的统称，包含有大杆子、长棍、条子、鞭杆、链枷等各种棍术体系[3]。

4. 西北武术文化传承与发展的现状解析

地理环境和经济水平决定武术的发展水平、普及程度以及在国内外的影响力[4]。虽然西北武术有着悠久的历史、繁多的内容、丰富的技理技法，但由于区域经济发展的不平衡，西北地区的生产力发展水平较之中原和沿海地区要低，加之地理位置偏远和交通不便，以及口传身授的民间武术传承方式还存在主观宗族主义思想的影响，城镇化进程的加快导致外出打工的年轻人越来越多，这些都极大地阻碍了西北武术向外推广和交流的渠道，导致西北武术只能偏安一隅。西北地区第一个"武

---

[1] 刘宝禄. 西北地区传统武术主要拳种的发掘、整理——兼论发展武术的策略[J]. 西北成人教育学报, 2000（1）：34-36.
[2] 刘鹏. 红拳的技法特点与劲力特征[J]. 中华武术研究, 2011, 1（5）：29-32.
[3] 刘鹏. 西棍之研究[D]. 上海：上海体育学院, 2014.
[4] 曹龙飞. 西北武术文化与中原武术文化的洞悉比较[J]. 武术研究, 2018（12）：25-26.

术之乡"武山县至今还是国家级贫困县，这里的老拳师文化水平大都不高，随着他们的年事已高或是相继辞世，有许多的武术套路或是技法已渐渐失传，影响了当地武术文化的传承与发展。为了让这些濒临失传的传统武术焕发新的生机，每到逢年过节或是一些大型活动时（如社火、庙会等），当地政府组织者和民间拳师都会精心安排一些精彩的武术表演，希望让更多的年轻人了解并爱上家乡武术。

西北各省市武术运动管理中心和武术协会主要通过举办不同级别的武术赛事来推动武术文化的传承与传播。近年来，陕西省举办了非常多不同级别的武术赛事，群众参与热情也越来越高。除常规赛事外，以促进全民健身和传统武术文化交流与发展为主题的"丝绸之路，健康陕西"武术精英系列赛，至今已成功举办四届；2019年"西凤杯"陕西省传统武术精英赛，吸引了来自全省11个地市的77支代表队、800多名武术精英的参与。此外，国家体育总局武术运动管理中心举办的一些国家级武术赛事，也经常落户陕西，如2019年全国太极拳公开赛总决赛就在陕西省宝鸡市成功举办；陕西省还获得了2021年第14届全运会武术比赛的主办权，这无疑对推动陕西体育事业和武术运动的发展发挥了巨大作用。甘肃省内的武术赛事也十分活跃，2018年至2019年两年内，甘肃省共举办了10次全省武术比赛，2020年新冠肺炎疫情期间一些赛事仍在坚持举办。这些赛事既包括了省运会武术比赛，省大、中学生武术比赛，全省传统武术比赛，更有跨省区举办的"西北五省武术邀请赛"。通过这些赛事活动的成功举办，使甘肃武术的影响力不断提升，同时也带动了西北地区的武术发展和民族团结，成为甘肃体育不可或缺的重要组成部分（图4-3）。

图4-3　项目组调研西北地区部分武术赛事

较之传统武术的发展，西北地区竞技武术保持了良好的发展势头，成立于1972年的甘肃省武术队，是甘肃体育的"常青树"，培养出了3位世锦赛冠军、2位世青赛冠军，以及众多亚洲冠军和全国冠军[1]。陕西省武术队人才辈出，和李连杰同时代的优秀运动员赵长军曾成为引领一个时代的武术明星；吴亚楠曾获北京2008年奥运会武术比赛男子太极拳全能冠军；小将杨顺洪近两年竞训成绩十分突出，成为陕西武术队新一代领军人物。宁夏武术队史龙龙、吴小龙的"空手夺抢"曾获全运会和世锦赛的金牌，登上过2017年央视春晚的舞台。地方高校与省市专业武术队的合作，对于西北地区竞技武术的发展影响巨大，不仅解决了专业武术运动员文化教育和就业等问题，更为武术在校园的开展注入了新的活力。兰州大学作为全国知名的"985工程"高校，吸引了一大批优秀武术运动员来校攻读学位，西安体育学院、西北民族大学、西北师范大学等高校都以各自不同的方式为西北武术的发展默默耕耘（图4-4）。

图4-4　项目组与兰州大学、西北师范大学专家及部分青年教师座谈

总体上讲，西北武术文化无论从技术层面还是文化层面都有着丰富的内容和比较完善的体系，它继承了中国数千年传统文化的精髓，有着自己独特的技术特征与文化特色，完全具备了走出偏安一隅的境地、到更广阔的天地去展示交流的实力。但从目前西北武术的发展现状来看，还需要进一步拓宽渠道、寻找多元化的路径来助力实现西北

---

[1] 甘肃日报. 甘肃武术队：这里走出五个世界冠军[EB/OL].[2019-09-12]. http://gansu.gansudaily.com.cn/system/2018/03/02/016916455.shtml.

武术"走出去"。

(二)"一带一路"建设与西北地区的区域发展

1. 古今共融：西北地区与"一带一路"倡议的关系

"一带一路"倡议是习近平主席以史鉴今，统筹国内国际两个大局，顺应地区和全球合作潮流，契合沿线国家和地区发展需要，立足当前、着眼长远提出的重大倡议和构想[1]。从货物交通路线来说，以张骞出使西域为标志，具有两千多年历史的古丝绸之路可分为陆上和海上两条丝绸之路。陆上丝绸之路，在西汉和东汉时分别以今天的西安和洛阳为起点，穿越河西走廊，出玉门关和阳关，抵达新疆地区，沿着沙漠之洲翻越帕米尔高原，经过中亚、西亚和南亚地区，最终抵达遥远的欧洲和非洲[2]。贯穿甘肃省全境的河西走廊作为古丝绸之路通往中原的唯一通道，可谓是这条商路的黄金地段。今天，作为丝路重镇的西北地区，更是"复兴丝绸之路"的先行者。其与周边中亚、西亚以及南高加索等多个国家和地区接壤，西北周边国家在地缘政治、经济贸易、文化交流等方面与我国的关系十分紧密，特别是对丝绸之路经济带的建设会产生重要影响。

2. 互利共赢："一带一路"建设为西北地区发展增速

"一带一路"建设无疑为我国西部快速发展提供了重要契机。2015年3月28日，由国家发展改革委、外交部、商务部联合发布的《推动共建丝绸之路经济带和21世纪海上丝绸之路的愿景与行动》，对西北各省市应当发挥的区位优势和向西开放的重要作用作出了明确论述，并提出：陆上要依托国际大通道，以沿线中心城市为支撑，以重点经贸产业园区为合作平台，共同打造中国—中亚—西亚、新亚欧大陆桥、中蒙俄、中国—中南半岛等国际经济合作走廊。其中中国—中亚—西亚经济走廊就是由我国西北地区出境，向西经中亚至波斯湾、阿拉伯半岛和地

---

[1] 陈楠. 习近平对"一带一路"倡议的重要论述[EB/OL].[2018-03-10]. http://world.people.com.cn.
[2] 马良成. 中国"向西开放"战略与伊斯兰世界关系研究[D].昆明：云南大学，2015.

中海沿岸，辐射中亚、西亚和北非有关国家。由此可见，我国西北地区不仅是古丝绸之路的交通要道，而且对丝绸之路经济带的建设有着重要的战略意义。西北各省区积极对接国家战略，精心谋划、深度融入"一带一路"建设之中，从2015年陕西省政府第一次发布《陕西省"一带一路"建设2015年行动计划》以来，陕西已连续4年发布行动计划文件[1]；宁夏回族自治区紧紧围绕"五通"要求，坚持"创新发展""国家所需、宁夏所能""扬长补短"原则，通过多年努力，宁夏参与"一带一路"建设的成效显著[2]。加速推进西北地区与沿线国家之间"政策沟通、设施联通、贸易畅通、资金融通、民心相通"已成为西北各省区的共识。

（三）"一带一路"建设与西北武术文化"走出去"的互动可能

"互动"（Interaction）是一个社会学概念，即彼此联系、相互作用的过程。西北武术文化的传播发展与"一带一路"建设具有互动关系，西北地区深居内陆的优越地理位置使其自古就是世界文化交融、交流的圣地，西北武术文化扎根于西北大地，其繁荣发展不仅可以满足西北人民强身健体的需求、丰富西北人民日益增长的精神文化生活，更可以将西北地区打造成为丝绸之路文化中心、提升中华民族凝聚力和影响力，充分发挥西北地区与周边多国天然的地缘关系及民族、宗教的相似性，成为与周边国家长效交流机制的助推器和润滑剂。

1. 互动基础：武术文化传播构建民心相通的桥梁

两个或两个以上事物之间要发生良性互动，需有共同的目标和相近的价值观作为基础。"一带一路"倡议激活了西北地区经济发展的活力，从"内陆到前沿"的"位置"转变不仅使得西北地区的发展有了更多的机遇，同时也将面临诸多风险与挑战。西北地区自古便与中亚、南

---

[1] 王嘉楠. 陕西省参与"一带一路"建设的规划与实施，"一带一路"建设发展报告（2019）[R]. 北京：社会科学文献出版社，2019.

[2] 汪建敏，王晓涛，拓星星. 宁夏参与"一带一路"建设的规划与实施，"一带一路"建设发展报告（2019）[R]. 北京：社会科学文献出版社，2019.

高加索等地区有着密切的关联，公元前2世纪末张骞出使西域时，派遣副使到过最远的地方就是尼萨古城（今土库曼斯坦境内，古称安息帝国），安息国王派兵到边境迎接，从此双方往来频繁，共同促成了古丝绸之路的发展。虽然中亚各国普遍欢迎"一带一路"，但总有一些势力从地缘政治视角看待这一经济合作倡议，不断鼓吹"中国威胁论""债务威胁论""投资阴谋论""腐败输出论""项目不透明论"等，中亚地区民众开始受到影响[1]。南高加索地区位于亚欧大陆的"十字路口"，是古丝绸之路的重要驿站。该地区一直以来都是一个领土、民族和宗教纷争的热点地区，加上受美欧、俄罗斯等大国在南高加索地区的博弈影响，都使中国"一带一路"倡议的顺利实施受到挑战。因此，加强与这些国家之间的民间往来，通过武术这一认知度高、易于被群众接受的、有益身心的运动形式，增进彼此间的了解与信任显得格外重要。笔者曾到访过土库曼斯坦、格鲁吉亚、阿塞拜疆等国，通过实地走访调研发现，当地民众十分喜爱中国武术，他们大多是通过影视作品认识武术的，但由于中国武术老师的稀缺，造成在这些国家武术发展水平不高，参与人数不多。西北武术可以借助天然的地缘优势和民族宗教信仰方面的相似性，积极主动地"走出去"，传递西北武术中蕴含的"和合"思想，架起一座民心相通的友谊桥梁。

2. 互动机制：加强双向及多向度民族传统体育的交流与合作

"一带一路"沿线国家有着复杂的民族多样性，同样也有着丰富多彩的民族传统体育文化，各国各民族可以通过多种途径展开交流与对话，使本民族的优秀传统文化在世界范围内得以传播和弘扬，让世界人民共享文明成果。因此，建立长效交流机制是推动"一带一路"沿线各国民族传统体育共同发展的有效手段。以我国和中亚为例，我国新疆与哈萨克斯坦、吉尔吉斯斯坦接壤，与乌兹别克斯坦和土库曼斯坦毗邻，我国有10个民族在中亚跨界而居，约有30多万华侨、华商在中亚进行贸易，大部分居民信仰伊斯兰教，民风民俗相近，生活习惯相似，民族认同感强，双方沟通比较容易。中亚各国与我国的新疆在赛马、刁羊、姑

---

[1] 李自国. "一带一路"建设与中亚地区合作，"一带一路"建设发展报告（2019）[R]. 北京：社会科学文献出版社，2019.

娘追、摔跤、射箭、国际象棋、刀郎舞等体育项目上有一定的相似性，体育文化交流与合作有着广阔的空间。

"一带一路"倡议始于经贸，拓展于文化，经济的发展带动文化的变革，文化的发展促进经济产生质的飞跃。体育是人类共同的语言，是世界文化的重要组成部分，不同文化区域民族传统体育形式各异，但本质上都体现着"团结、和平、友好"的精神，体育是全人类共同的追求。体育赛事、体育文化交流、体育旅游合作、各民族传统体育的全球推广和体育人才的交叉培养等各种充满活力的体育交流活动都是"一带一路"建设的土壤[1]。民心相通在于文化的相互理解与尊重，西北各省市应充分发挥武术这种极具亲和力的肢体语言在构建民心相通方面能起到的积极作用，建立起自上而下和自下而上的双向交流与沟通机制，拓宽西北地区与沿线各国之间的多向度、多领域的深度合作。以武术为媒，为"一带一路"建设走深走实做出努力。

（四）西北武术文化"走出去"的可行路径

1. 搭乘留学生教育的快车，推动西北武术与域外武技的交流互鉴

留学生是文化交流的使者，是不同的民族文化走向世界的传播者。目前，来华留学教育已成为世界了解中国的重要窗口，是不同国家之间人文交流的重要内容，是推进我国与各国平等合作、互利共赢的平台，是促进世界和平和人类共同繁荣发展的有效途径[2]。2015年10月，"一带一路"高校战略联盟在甘肃敦煌成立，截至2017年，联盟成员中共有148所高校，有46个国家和地区与我国实现了学历学位互认，其中有24个国家是"一带一路"沿线国家。西北地区部分高校也相继设立了专门面向"一带一路"沿线国家学生的奖学金，吸引了大批沿线国家留学生来华学习。由于西北边疆地区与中亚等周边国家和地区有着特殊的

---

[1]孟涛.中国与"一带一路"沿线国家体育文化合作，"一带一路"建设发展报告（2019）[R].北京.2019.

[2]新中国接受外国留学生60周年纪念活动举行，刘延东出席并讲话[N].人民日报，2010-9-3（4）.

地缘关系，根据相关数据显示：在2015年，新疆成为中亚学生赴中国留学的首选地，新疆的在校留学生每年有6000人左右，生源主要来自中亚各国；甘肃则是吉尔吉斯斯坦、哈萨克斯坦等中亚国家东干族（中国西北回民后裔）留学生的主要选择地；而陕西省由于其特有的文化底蕴也吸引着越来越多的中亚留学生，在陕西的中亚留学生约有1200名[1]。留学生作为国际间文化交流的桥梁，西北高校战略联盟可以在留学生中积极推动武术教育，使他们成为助力西北武术文化"走出去"的重要力量。将西北地域武术文化融入留学生教育，对西北武术文化"走出去"有着重要的战略意义，也是实现与"一带一路"沿线国家民心相通的重要路径。

2. 依托旅游资源优势，打造西北武术文化旅游品牌

旅游是不同国家、不同文化交流互鉴的重要渠道。旅游过程中的场景和体验使文化传播过程更加生动、富有趣味性，更易受到传播对象的认可。"武术文化旅游"是文化旅游的一种方式，它是以体验地方特色和武术文化为主要内容，将地域特有的自然、人文景观作为主体，集娱乐、休闲、体验、交流于一体的社会文化活动[2]。随着"一带一路"建设的深入，来华旅游的外国游客不断增多，体验式旅游成为更具优势的文化传播方式。西北武术可以借助旅游这条重要的文化传播渠道"走出去"，打造西北特色武术文化旅游品牌。可以借鉴较为成熟的少林武术文化旅游发展模式，从旅游资源的角度将其分为武术文化自然资源、武术文化人文资源和武术文化社会资源。西北地区可供开发的武术文化旅游资源十分丰富，以甘肃省天水市为例，天水市拥有丰富的历史人文和生态资源，天水域内现有文保单位260多处，其中国家级文保单位13处，是国务院命名的历史文化名城，中国四大石窟之一的麦积山石窟就坐落于此。麦积山石窟作为中国、哈萨克斯坦和吉尔吉斯斯坦三国联合申遗的一处遗址，在2014年6月被列入《世界文化遗产名录》，在这个石窟当中保留了很多与体育文化相关的壁画、石雕等文物。天

---

[1] 刘俊霞. 西北五省区与中亚五国高等教育跨区域合作构想[J]. 现代教育管理，2016（8）：8-13.

[2] 丁传伟. 武术文化与旅游资源开发研究—以水泊梁山为例[J]. 运动，2016（3）：13-15.

水还是人文始祖伏羲的诞生地，截至2010年，甘肃省已连续举办了二十一届伏羲文化旅游节，公祭伏羲大典也被列入国家首批非物质文化遗产保护名录，成为甘肃省独具特色的重要文化品牌[1]。这些都为发展旅游产业奠定了坚实的基础，"丝路高铁"宝兰客专的通车，作为打造旅游胜地所必需的交通问题也随之解决，这极大地带动了天水全域旅游的发展。在此背景下，天水市完全可以依托两个武术之乡，以西北武术文化特色为亮点，打造西北特色的武术文化旅游品牌，既可带动当地经济的发展，又可将其地域武术文化传播出去，是一个双赢的战略决策。

3. 借助海外孔子学院平台，实现西北武术"走出去"

在推进"一带一路"走深走实、加快命运共同体建设的进程中，教育承担着独特的使命。孔子学院作为承担汉语国际推广任务的教育平台，可以通过多种形式来进行汉语教学，"练武术，学汉语"是一个不错的选择。"一带一路"沿线国家地理和人文环境迥异，文化背景、思维模式、宗教信仰、意识形态、价值认同等方面存在着巨大差异，而中国武术却是一种可以跨越种族、国界和文化藩篱的，具有强渗透力、高模仿性、易传播的文化形态，孔子学院汉语教学中融入武术可以提高学生的学习兴趣，既可以强身健体，又可以更好地理解汉语和中国文化，起到事半功倍的作用。在与格鲁吉亚、阿塞拜疆、吉尔吉斯斯坦等孔子学院中方院长的座谈中得知，武术是孔子学院最受欢迎的课程之一，但却由于缺少专业的教师而很难长期开课。残酷的现实也告诉我们，全球90%左右的孔子课堂集中在以发达国家为主的少数国家，"一带一路"沿线国家孔子课堂数量较少[2]。解决这个问题，需要充分发挥现有孔子学院的办学力量，通过国内合作大学招募具有武术特长的志愿者，长期在当地开设武术课程，吸引更多学生走进孔子学院、孔子课堂。地处西北的兰州大学、西安体育学院、新疆师范大学等高等学校都具备了提供优秀武术师资的能力，可以率先与中亚、南高加索地区的大学达成战

---

[1] 百度百科. 伏羲故里[EB/OL].[2019-09-13]. https://baike.baidu.com/item/%E4%BC%8F%E7%BE%B2%E6%95%85%E9%87%8C.

[2] 尹春梅，李晓东，吴应辉. 孔子课堂分布状况与管理体系研究[J]. 新疆师范大学学报，2019（3）：1-10.

略合作伙伴关系，以海外实习、交换学生等方式使优秀的武术学生"走出去"，将西北武术的精髓展现给沿线各国民众，让西北武术在异域落地生根。

4. 利用现代新媒体技术，全方位推进西北武术文化"走出去"

现代媒体平台已经成为世界了解中国文化的重要信息来源。随着现代媒体技术的高速发展，互联网打破了时间和空间的桎梏，以更多样、更易接受的形式将丰富多彩的世界文化展现在我们面前。西北武术文化可利用现代传播技术，打破传统的武术传承、传播模式，以最便捷的手段推动西北武术快速"走出去"。网络新媒体具有即时性、超时间和空间的优越性，是当今文化传播的重要新平台。它的即时性表现为现场式、开放性、灵活性、交互式传播，可以有效缓解现阶段武术师资供给严重不足的现象。搭建西北武术文化网络新媒体传播平台可以及时得到海外受众的反馈，相对于传统大众传播的缓慢、固化（固定时间与空间）及一对多（传播者对公众群体）的传播形式，互联网信息传播更加简单、快捷和灵活。当然，要实现这样的愿望，不仅需要深入发掘西北武术文化的内涵、功能和更多的体现形式，还需要从科技层面加快西北地区及周边国家的网络覆盖面和新媒体技术的全面开发与应用。

西北武术作为中国武术的一个重要组成部分，有着深厚的历史文化底蕴、丰富的拳种技艺以及独树一帜的风格特点。西北武术不论是从外显的技术层面，还是深植的文化层面，或是当前所处的时代背景和社会环境，都具备了通过开拓多种路径进行更大范围的交流与传播的能力。建议西北各省市地方政府以西北地域武术为载体，以推进"一带一路"建设走深走实为契机，加快制定相关政策，有序引导各方力量推动西北武术文化通过更多的路径传播出去。运用代表性拳种优先发展的"图钉"策略，使八门拳、通备拳、西北棍术等体系完备、特色鲜明的西北武术成为对外传播交流的"先头兵"；继续深入发掘整理西北武术文化的功能价值，集中西北地区优势旅游资源，依托武术之乡、历史古迹打造西北武术文化旅游品牌；借助西北各高校的留学生教育平台，以及在"一带一路"沿线国家设立的孔子学院，在国家汉办（已于2020年更名为"中外语言交流合作中心"）、国家武术运动管理中心的支持下，通过外派武术教学团队、招募志愿者等方式，打造西北武术对外传播的实践平台；充分利用和发挥现代传播媒介高效、便捷、可跨越时空的特点，针对沿线国家基础设施水平，加大与沿线各国有影响力的主流媒体的交流与合作，多平台、全方位地讲好西北武术故事，使西北武术文化"走出去"，与"一带一路"建设的推进产生良性互动。

二、走进"中亚"：古今"丝绸之路"重镇的武术传播境况

关于"中亚"这一地理概念在学者中的认识并不统一，狭义的中亚概念一般是指哈萨克斯坦、乌兹别克斯坦、吉尔吉斯斯坦、塔吉克斯坦、土库曼斯坦这5个国家。无论是古代的"丝绸之路"还是现今的"一带一路"，中亚地区都是参与其中的重要存在，堪称古今丝路重镇。2000多年前的汉代，张骞出使西域的"凿空之旅"留下了无数动人的故事，打通了中国与世界联系的通道，使不同区域的人、物、文化的流通成为可能，也形成了河西走廊、藏彝走廊、茶马古道等赫赫有名的通道。这一历史壮举打破了王朝的疆界，超越了国界和民族的藩篱，为人类文明的交汇与融通创造了机遇。今天，"一带一路"倡议的发出再次让我们思考，在百年未有之大变局下，中国该如何与世界保持关联，世界秩序的路径重构该如何开启。从古至今，中亚都是连接中国与世界的重要区域，习近平主席在2013年首次提出"一带一路"倡议的地点正是在哈萨克斯坦，足见其具有极为重要的战略地位。在风云变幻的国际关系和大国博弈之中，加强人文交流、筑牢民心相通的"跨国工程"是加深彼此了解与互信的基础，武术文化传播应该成为人文交流的载体，发挥其超越种族和国界的功用。本文选取狭义的中亚概念，以中亚五国中的哈萨克斯坦、吉尔吉斯斯坦作为重点调研国家，因疫情原因无法进行实地调研，改为赴新疆对参与过这两个国家武术传播推广的亲历者和孔子学院负责人进行面对面的深度访谈，以及通过微信语音访谈向目前正在中亚从事武术传播的两位老师了解相关情况，获取了较多一手资料。

（一）武术在中亚国家传播的基本状况

中亚五国是我国推进"一带一路"战略的重要合作伙伴，也是与我国具有传统友好关系的国家，特别是吉尔吉斯斯坦、塔吉克斯坦两国在经济上高度依赖中国，吉尔吉斯斯坦属于中亚地区的内陆国家，从地理上看它是古丝路的中段，独特的地缘位置使得吉尔吉斯斯坦境内的丝绸之路成为连接东方与西方的重要走廊，首都比什凯克就是丝绸之路的重要驿站。这里的民众对中国有着良好的印象，一个个标志性援建项目改变了当地人的生活，学习汉语、到中国留学成为很多年轻人的新选择。了解武术在中亚国家传播的基本状况，不仅可以使我们获悉武术国际传播的实施效果，更可以从不同视角去探究中亚地区的民众对中国文化的认知与理解，从而为我国"一带一路"建设的顺利实施铺路搭桥。

1. 影视媒介与武术表演是人们了解武术的主要途径

和世界上众多国家一样，影视媒介的力量对于推动中亚各国民众对武术（功夫）的认知起到了很大的作用。对哈萨克斯坦155位普通民众的问卷调查结果显示，他们对中国武术的认知度很高，了解武术的主要途径排名前三位的是影视作品、新闻媒体和移动端设备，分别占比57.4%、51.6%、37.4%；在他们的认知当中，"功夫""少林"是最能代表中国武术的中文词汇。好莱坞出品的动漫电影《功夫熊猫》是哈国民众最喜欢的武术题材影片，紧随其后的是李小龙主演的《猛龙过江》和李连杰的成名之作《少林寺》。他们对李小龙、李连杰、成龙三位功夫巨星的喜爱度也非常高，达到受访民众的74.8%、49%和88.4%。可以看出作为一种文化符号的"功夫武术"随着功夫影片的热播已经深入人心。

武术表演是一种可以近距离感受武术魅力的重要传播途径，相比影视作品和网络视频而言，武术表演的现场感更会引起观看者的共鸣。受限于地理环境、经济水平以及国家间的政治交往等诸多因素，中亚各国民众能够看到的高水平专场武术展演并不多，大多数是依靠孔子学院的武术巡演平台和"欢乐春节"等外宣活动。如2015"欢乐春节"中亚行活动，哈萨克斯坦首都阿斯塔纳的人们就迎来了河南文化艺术团精彩纷呈的舞蹈、器乐和少林武术等表演，演出结束后很多观众争先恐后地上台与武术表演者合影[1]。随后演出团又前往乌兹别克斯坦首都塔什干进行了为期两天的演出，中国武术和舞蹈节目让乌兹别克斯坦观众和当地华人华侨大饱眼福，乌兹别克斯坦青年希尔佐提赞叹道：中国的武术确实名不虚传，中国文化魅力无限[2]。2019年，由北京体育大学承办的孔子学院"三巡"活动走进了中亚，所到之处掀起阵阵"习武热"。此外，在孔子学院成立日的庆祝活动中，国内对口大学都会派遣团队到中亚各国孔子学院进行文化交流活动，武术是必不可少的交流展示内容。这种现场演出的形式虽不多见，却是一种效果极佳的武术文化传播途径，为孔子学院的学生和广大中亚民众近距离感受中国武术的魅力提供了可能。

2. 中国援助与协会推广是提升武术竞技水平的主要手段

从社会经济来看，中亚五国与海隔绝的地理位置和气候条件是其经济发展上的天然劣势，经济发展整体上呈现较低水平。中亚五国的经济起点不同、产业发展侧重点不同、政府干预力度不同，导致获得成效上呈现了不平衡的情况[3]。哈萨克斯坦在中亚五国之中国土面积最大，经济水平也相对较好，但其国民生产总值和人均GDP与西方发达国家和发展中大国相比还有较大距离。人口迁徙的"推拉理论"告诉我们，中亚各国对于外来移民，特别是具有一技之长的技术型移民的吸引力不大，因此武术在中亚的传播推广和其竞技水平的提升很大程度上依赖中国的援助和各国武术协会自身的推广。

中国武术自20世纪80年代开始，提出要有计划、有步骤地将武术推向世界的目标，成立于1990年的国际武术联合会吸纳了包括中亚五国在内的155个国家和地区作为会员国，共同推动武术在世界传播。从近3届世界武术锦标赛的成绩和参赛人数的统计来看，哈萨克斯坦和吉尔吉斯

---

[1] 2015"欢乐春节"中亚行活动开幕[EB/OL].[2019-08-13]. http：//www.scio.gov.cn/zhzc/35353/35354/Document/1506255/1506255.htm.

[2] 乌兹别克斯坦"欢乐春节"精彩上演[EB/OL].[2019-08-13]. http：//www.xinhuanet.com/2015-02-09/c_127474766.htm.

[3] 中亚五国经济发展分析[EB/OL].[2020-07-10]. https：//www.hnbllw.com/duanwenzhaichao/2020/0421/194911.html.

斯坦两国在中亚五国之中名列前茅，而土库曼斯坦和塔吉克斯坦在近2届比赛中无人报名参赛（表4-1，表4-2）。

表4-1 中亚五国近3届世界武术锦标赛奖牌统计

	第十三届			第十四届			第十五届		
	金	银	铜	金	银	铜	金	银	铜
哈萨克斯坦	0	0	1	0	0	1	0	0	1
吉尔吉斯斯坦	0	1	1	0	0	1	0	1	0
乌兹别克斯坦	0	0	0	0	0	0	0	0	4
土库曼斯坦	0	0	0	0	0	0	0	0	0
塔吉克斯坦	0	0	0	0	0	0	0	0	0
奖牌总数	0	1	2	0	0	2	0	1	5

表4-2 中亚五国近3届世界武术锦标赛参赛情况统计

国家	性别	第十三届		第十四届		第十五届	
		套路	散打	套路	散打	套路	散打
哈萨克斯坦	男	3	2	1	5	0	5
	女	3	2	2	2	0	0
吉尔吉斯斯坦	男	0	5	3	5	0	4
	女	0	1	2	1	0	0
乌兹别克斯坦	男	3	0	3	4	0	3
	女	1	0	2	0	2	0
土库曼斯坦	男	0	4	0	0	0	0
	女	0	1	0	0	0	0
塔吉克斯坦	男	0	0	0	0	0	0
	女	0	0	0	0	0	0
总人数		10	15	13	17	2	12

（数据来源：国际武术联合会官网及历届比赛秩序册、成绩册。）

我国对中亚五国在武术推广方面的援助主要是派遣教练和捐赠一些武术器材。资料显示，1991年受苏联哈萨克斯坦共和国武术协会的邀请，原新疆自治区体委指派赵昆、张振国、陈作斌、王兴青等武术专家前往哈萨克斯坦、吉尔吉斯斯坦等中亚国家执教。为了还原这段历史，我们辗转联系到目前还在哈萨克斯坦行医传武的王兴青老师，他回顾了20世纪90年代初期在哈国的执教经历，并重点讲述了2008年在阿拉木图开办国际武术培训班的情况[1]。

  2008年，我受新疆武术培训中心派遣再次来到阿拉木图，哈萨克斯坦武术协会副主席安德烈和我签了一个合同，就是举办一个国际武术教练员培训班，这应该算是中哈两国第一次带有官方性质的合作。安德烈曾经在中国（北京体育大学）学过武术，后来回到哈萨克斯坦成立了武术协会。我们那次培训非常成功，历时近两个月，哈萨克斯坦各州各市和中亚其他国家具有一定武术基础的学员来了有四五十人，我从竞赛套路、传统套路、还有擒拿格斗方面对他们进行了全面的培训，从训练方法上给他们突破了一下，原来他们大多是练传统武术的，对教学训练都不太懂，我给他们在训练方法、训练程序、规则等方面进行系统讲解，同时抓基本功、基本动作的训练，使他们的技术水平有了很大提高，也让他们对中国武术有了全新的认识。参加过这次培训的学员后来都成为了哈萨克斯坦武术传播的主力军，他们在各个州进行武术教学。这里武术开展得很不错，在国际上拿了很多奖项，俄罗斯、印度、马来西亚等国家都去过（王兴青老师口述）（图4-5）。

图4-5　哈国选手参赛获奖及武术展示活动（王兴青老师供图）

---

[1]王兴青，新疆生产建设兵团"武医馆"负责人，新疆奎屯东方武校校长，长期从事武术教学工作和中医针灸治疗工作，多次赴中亚进行武术和中医的传播推广，退休后频繁往来于新疆和阿拉木图，目前仍在哈国行医传武。

不难看出，2008年的培训活动对于哈萨克斯坦及周边国家的武术推广起到了不容小觑的作用。2014年，中国武术协会也派出了9人专家组赴哈萨克斯坦、塔吉克斯坦进行武术教学和推广活动；2016年国家武术运动管理中心推出了"武术'一带一路'行"活动，旨在通过教学指导、段位培训、表演讲座等形式向沿线各国武术协会提供技术援助，哈萨克斯坦也是中亚国家中唯一得到此次活动指导的国家；2020年新冠肺炎疫情期间，国家武术运动管理中心通过举办"上合组织武术训练营"，录制教学视频供上合组织成员国的武术爱好者学习参考。这种为数不多的官方武术指导，对于中亚国家武术竞技水平的提升发挥了很大的作用，但由于多方面原因，类似活动很难覆盖到整个中亚地区，且具有较大的不确定性，难以产生持久效应。哈萨克斯坦、吉尔吉斯斯坦能够保持较好竞技成绩的原因和他们本国武术协会的推动关系密切，这两个国家每年会定期举办全国和地区的武术比赛，比赛规模能够达到二三百人，且多为本土"武林高手"参赛，还经常邀请俄罗斯武术协会举办交流赛、友谊赛等，极大地促进了武术在当地的发展。

（二）武术在中亚国家传播的特色与成效

"一带一路"沿线国家众多，国情、民情、政情差异巨大，武术在沿线各国的传播境况也是各不相同，因此如何找出每个区域、甚至区域内不同国家在武术传播推广方面的差异，以及呈现出的不同特色和所取得的成效是我们始终都在思考的问题。从武术世界传播的整体而言，其传播路径大同小异且相互交融，但每个区域、每个国家又独具特色。就中亚地区而言，武医融合之路成效显著，孔子学院武术文化传播作用突出。

1. 武医融合造福百姓

（1）新疆兵团"武医馆"走进阿拉木图

新疆生产建设兵团位于中国西北部新疆维吾尔自治区境内，其前身是"中国人民解放军新疆军区生产建设兵团"，1954年10月，驻新疆的中国人民解放军第二、第五、第六军大部，第二十二兵团全部，集体就地转业，脱离国防部队序列组建了兵团，其使命是劳武结合、屯垦戍边。新疆兵团"武医馆"是为了满足广大兵团干部群众健身医疗的需求而建的,王兴青老师因其中医世家的背景和精湛的武艺受到兵团领导的青睐,由新疆农村调至兵团负责"武医馆"的运营工作。

"我在新疆搞了一辈子武术,因为自治区和兵团领导重视和支持武术发展,所以就把我从农村调了上来。我第一次到阿拉木图是在1992年,因为我们在兵团有一间武医馆,是有正式编制的一个单位,主要就是教武术和行医治病。苏联刚解体不久的时候,我们受委派到阿拉木图,这里的经济很困难,当地人看不起病,我们主要是通过看病、针灸、点穴为这里的人解除病痛,再教他们一些武术功法帮助他们强身健体。我们来了以后非常轰动,很受当地人的欢迎,因为我在兵团还要负责武医馆的工作,所以待了几个月后就回新疆了。"

王兴青老师对这段经历记忆犹新,中国传统医学和武术的魅力在哈萨克斯坦和周边国家民众的心中播下了种子,也为他2008年再次走进阿拉木图成功举办国际武术教练员培训班打下了良好的基础。

"从2008年我在这里搞了培训以后,这里的武术得到了很大的发展,由安德烈发起成立的哈国武术协会发挥了很大的作用,遗憾的是当我2010年再次来到这里的时候惊闻安德烈因病去世,他的儿子继续着他的事业,管理武术协会和经营武馆。从那时起直到今天,我一直在义务帮助安德烈的儿子打理武馆,周六周日我都过去指导学生训练。这个国家不是很富,老百姓没有钱,我在这里的一所医院有工作,主要是做针灸按摩的中医推广,所以我都是免费在教武术。"

武术和传统中医的结合让阿拉木图的民众得到了实实在在的好处,也让他们感受了中国传统文化的博大精深,同时为我们进一步思考如何开发武术在健身方面的价值功用提供了现实依据。

(2)武术健康促进成效显著,引发吉国习武热潮

吉尔吉斯斯坦是中亚五国之中开放程度较高的国家,被称为中亚的"民主之国"。吉尔吉斯斯坦的主体民族是吉尔吉斯族,但同时他也是一个多民族聚居的国家,东干族、乌孜别克族等其他民族都共同生活在这片土地上。其文化包容性很强,可以有任何的文化形态在这里出现。这对于武术传播而言,是一个比较适宜的文化传播土壤。吉尔吉斯斯坦的经济水平比较落后,医疗条件也较差,人们的健身需求尤其强烈,武

术健康促进对于引发吉尔吉斯斯坦习武热潮作用显著。

这是《丝路新观察》报[1]刊载的一则关于通过武术基础锻炼使当地脑瘫少年得以康复的报道，我们也对这位在吉尔吉斯斯坦如明星一般受到追捧的武术老师付东良[2]进行了访谈。付东良老师是通过国家汉办外派教师项目来到吉尔吉斯斯坦奥什国立大学孔子学院任教的，目前他已经在孔子学院工作满四年。在他工作的四年时间里，凭借自己的专业技术水平和教学能力，不仅圆满完成了孔子学院的教学工作，更是对武术在吉尔吉斯斯坦的传播推广产生了很大的影响，得到了当地政府和民众的认可。

我刚来到吉尔吉斯斯坦的时候曾被人挑战，因为这里的人本身尚武，他们听说有中国的武术老师来到这里，就来找我切磋。我不敢怠慢，在比试中将对手推出，就这样很快在当地站稳了脚跟，找我切磋的对手也成为了朋友。后来，一位患有小儿脑瘫的当地少年慕名来找我学习武术，我根据他的身体状况为他量身打造了一些适合他习练的武术基础动作，同时还为他做推拿按摩，一段时间以后，他的身体状况明显好转，生活完全可以自理了（图4-6）。这件事情在当地很是轰动，一些媒体也纷纷来采访我，这对我在吉尔吉斯斯坦开展武术教学的帮助很大。其实，我小时候在老家和师父学武的时候就开始接触中医，我的师父就是边教武术边给村里人看病，我经过耳濡目染也就懂得一些医术，没想到在这里派上了用场。（付东良老师口述）

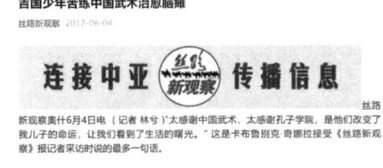 

图4-6　《丝路新观察》报的报道

---

[1]《丝路新观察》报是吉尔吉斯斯坦大型周报，由吉文、中文、俄文三种文字的版面组成，每期16版。

[2] 付东良，祖籍河南自幼习武，毕业于新疆师范大学，后通过国家汉办外派教师项目担任吉尔吉斯斯坦奥什国立大学孔子学院的武术老师。

"拳起于易，理成于医。"是武术界流传很广的一种说法，说明武与医之间有着十分密切的关系。武术在长期发展、演变过程中其价值功能也在不断地调整和变化，以适应时代的发展和社会的需求。在构建人类命运共同体的时代背景下，武术在海外的传播要更加突出表达其所蕴含的"和合"思想与康养身心的价值，让受众对武术有更深层次的理解和体验[1]。中亚地区"武医融合"的武术传播推广模式作为成功案例值得借鉴。

2. 孔子学院提升武术在中亚传播的影响力

孔子学院（Confucius Institute）是我国国家对外汉语教学领导小组办公室为了进一步推广汉语和中国传统文化，在世界各国所成立的文化交流以及学术研讨机构[2]。自全球第一所孔子学院于2004年在韩国首尔成立以来，孔子学院的发展已经走过了近20年的历程。孔子学院建立的初衷是以汉语教学推广为手段向世界传播中国文化，由于地域差异、文化差异、社会经济差异等诸多因素的影响，世界各国孔子学院的发展水平也不尽相同。中亚地区经济发展相对落后，很难吸引外来移民开馆办学，来自中国的武术老师单纯依靠武术教学也很难维持生计，因此依托孔子学院的武术传播活动发挥了重要作用。

（1）孔子学院在中亚地区的分布状况

2005年5月，由兰州大学和乌兹别克斯坦塔什干国立东方学院联合创办的塔什干国立东方学院孔子学院挂牌成立，这是我国在中亚地区签约的第一所孔子学院，是中亚地区孔子学院发展历程中的里程碑。此后，中亚地区孔子学院迎来了快速发展期，中亚各国高校纷纷主动提出建设孔子学院的申请。

中亚五国目前共有13所孔子学院（表4-3），这些孔子学院在中外合作院校的协同努力和各方的大力支持下，广泛开展包括武术在内的各类文化活动，在积极推进中亚地区汉语教学发展的同时，也推动了武术

---

[1]孟涛，唐磊.用武术讲好中国故事[N].人民日报，2021-04-21（9）.
[2]杜美，靖新超，宿继光.孔子学院武术教育教学研究述评[J].体育研究与教育，2020.10：32.

在中亚的传播。塔吉克斯坦孔子学院与该国武术协会关系密切，会定期举办武术交流活动。

表4-3 中亚地区孔子学院分布情况一览表

国家	孔子学院名称	所在城市	合建机构	下设课堂数	启动时间
哈萨克斯坦（5所）	欧亚大学孔子学院	阿斯塔纳	西安外国语大学	0	2007
	哈萨克斯坦国立民族大学孔子学院	阿拉木图	兰州大学	0	2009
	哈萨克阿克托别朱巴诺夫国立大学孔子学院	阿克纠宾	新疆财经大学	0	2011
	卡拉干达国立技术大学孔子学院	卡拉干达	新疆石河子大学	0	2011
	阿布莱汗国际关系与外国语大学孔子学院	阿拉木图	西南大学	0	2017
吉尔吉斯斯坦（4所）	吉尔吉斯国立民族大学孔子学院	比什凯克	新疆师范大学	10	2007
	比什凯克国立大学孔子学院（更名）	比什凯克	新疆大学	10	2008
	奥什国立大学孔子学院	奥什	新疆师范大学	0	2013
	贾拉拉巴德国立大学孔子学院	贾拉拉巴德	新疆大学	0	2016
塔吉克斯坦（2所）	塔吉克斯坦国立民族大学孔子学院	杜尚别	新疆师范大学	1	2009
	冶金学院孔子学院	胡占德	中国石油大学（华东）	0	2015

（续表）

国家	孔子学院名称	所在城市	合建机构	下设课堂数	启动时间
乌兹别克斯坦（2所）	塔什干孔子学院	塔什干	兰州大学	0	2005
	撒马尔罕国立外国语学院孔子学院	撒马尔罕	上海外国语大学	0	2014
土库曼斯坦（0所）					

（2）孔子学院武术传播的内容与形式

受限于中亚各国不同的国情和政府对孔子学院开展活动的支持力度，中亚各国孔子学院武术传播的形式也不尽相同，教学内容上多以授课教师相对熟悉的内容为主，太极拳和武术初级套路成为孔子学院武术教学的主要内容。

从表4-4可以看出，哈萨克斯坦孔子学院武术开展状况不及吉尔吉斯坦孔子学院，造成这一结果的原因是多方面的，除了师资匮乏，哈萨克斯坦政府部门对孔子学院的限制也制约了孔子学院相关活动的开展。曾在卡拉干达国立技术大学孔子学院担任中方院长的毛芸芸老师[1]不无遗憾地表示："其实中亚地区的人们对于中国武术是很感兴趣的，曾有一个学员连续3年向孔院询问是否开设了太极拳课，但我们没有专业师资，主要是由对太极拳感兴趣的教师通过学习录像带的形式再去教授太极课，这样很难保证被武术吸引的学生能够长期坚持习练；另外，我们在当地做活动是很困难的，只被允许在孔子学院的楼内进行活动，政府不允许大规模的聚集，也不审批路演的权利，这给太极拳以及其他武术活动的宣传造成了较大的阻碍。"（毛芸芸老师口述）

---

[1] 毛芸芸，新疆石河子大学教师，哈萨克斯坦卡拉干达国立技术大学孔子学院第三任中方院长。

表4-4　中亚地区部分孔子学院武术开展的形式与内容

孔子学院	武术开展形式	武术教学内容
卡拉干达国立技术大学孔子学院（哈国）	节庆活动；短期培训	太极拳
比什凯克国立大学孔子学院（吉国）	武术课堂教学；课外武术辅导；孔子课堂（教学点）教学；武术表演；武术比赛	太极拳、健身气功、剑术、武术传统套路等
奥什国立大学孔子学院（吉国）	武术课堂教学；课外武术培训；武术表演；武术比赛	太极拳、少林武术、健身气功、武术传统套路、散打等
塔吉克斯坦国立民族大学孔子学院（塔国）	武术短期培训课程；武术比赛及交流活动	长拳、少林拳、散打等

（数据来源：对部分孔子学院中方院长及授课教师的录音整理。）

得益于吉尔吉斯坦开放、民主的社会环境，吉国孔子学院武术教学活动的开展要顺利许多，奥什国立大学孔子学院是全球示范孔院，这所学院已经融入奥什国立大学，成为该校下属的一个独立二级学院，这为武术进入大学课程体系提供了可能。在吉国首都比什凯克建立的2所孔院，下设教学点比较多，对拓展武术传播范围十分有利。在比什凯克国立大学孔子学院任教的武术教师祁燕[1]利用自身的特长，并结合当地的实际情况开展了丰富多彩的武术传播实践活动，从长拳、太极拳到剑术，她用循序渐进的的教学方法，向一批又一批学生传授中国功夫[2]。她表示："我希望尽我所能把武术带给这里的学生，我开设的武术课程层次和形式都不太一样，比如给比什凯克国立大学吉汉系的本土汉语教师开设太极拳和健身气功课程，在当地95中教学点开设剑术课程，在阿拉巴耶夫大学孔子课堂开设太极拳课程；孔院还有一

---

[1] 祁燕，新疆大学体育学院副教授，通过国家汉办外派教师项目（艺术类）考试，成为吉尔吉斯斯坦比什凯克国立大学孔子学院外派教师，已在吉尔吉斯斯坦工作了5年。

[2] 王申，蒋国鹏，李东旭，等.习主席飞赴比什凯克！这里与丝绸之路特有缘！[EB/OL].[2020-07-13].http://www.xinhuanet.com/world/2019-06/12/c_1210157292.htm.

个20人的语言班,大一和大二时,我专门给他们班上武术课程,每周2学时。此外,我还会利用业余时间带领学生参加各种活动,登台表演武术等,学生们在'汉语桥'和吉国的武术比赛中都获得过很好的成绩。"(祁燕老师口述)(图4-7)

图4-7 吉国武术传播推广活动(祁燕老师供图)

将武术纳入孔子学院的整个教育教学体系之中,是对传统武术文化在世界范围内传播途径的拓展,同时也是对孔子学院现有较为单一的教学内容和教学模式的丰富。然而,调研结果显示,孔子学院武术专业师资的匮乏和政策支持的缺位是阻碍武术传播发展的现实困境,目前中亚地区孔子学院的武术教师多是由汉语教师和志愿者组成,像付东良老师、祁燕老师这样的专业武术师资凤毛麟角,这也是中亚各国各地区武术发展不平衡的原因。

(3)孔子学院武术传播的成果与效应

中亚五国共建有13所孔子学院,随着"一带一路"建设的不断推进,"汉语热"在中亚地区不断升温,仅在比什凯克人文大学孔子学院接受汉语教育和培训的学生就超过7000人[1]。有了这样的语言文化基

---

[1] 王申,蒋国鹏,李东旭,等.习主席飞赴比什凯克!这里与丝绸之路特有缘![EB/OL].[2020-07-13].http://www.xinhuanet.com/world/2019-06/12/c_1210157292.htm.

础，加之中亚地区自然地理和人文环境造就了他们尚武的民风，这里的民众对中国武术的接受度很高。孔子学院作为国际合作办学机构，可以为中亚国家的民众提供免费的教育教学活动，这对经济欠发达国家的民众来说无异于雪中送炭。尽管每个孔子学院办学特色不同，但重视文化活动的孔院基本上都会开展武术教学。比什凯克儿童和青少年中心是比什凯克国立大学孔子学院的一个教学点，他们一直致力于推广传统武术，通过举办比赛和交流活动，让更多的人感受不同文化的和谐共融；奥什国立大学孔子学院的武术教学更是成果显著，由付东良老师培训过的多名学生申请到中国留学，目前已有一名学生从北京语言大学毕业后回到奥什孔院，成为本土化武术传播人才；新疆师范大学每年都会接收大批来自中亚各国的留学生，他们当中很多人都曾经在孔子学院有过学习汉语和武术的经历。中亚各国孔子学院在传播汉语言文化的同时，以武术为载体加深两国人民的理解与互信，也拓宽了学生到中国留学的渠道。

（三）武术在中亚国家传播的困境与问题

中亚五国地处亚洲腹地，从地缘政治角度看，中亚地区是连接欧亚大陆的重要通道，与我国新疆有着绵长的边境线和多个口岸；从文化角度看，中亚地区是东西方文明交流、融合的重要场域，五国在历史、文化与宗教信仰等方面有着深厚的渊源，也是古今"丝绸之路"沿线重要的节点国家。武术作为易于被接受的肢体语言，在我国与中亚各国的文化交往中发挥了重要作用，也取得了令人欣喜的成绩。但就武术在中亚地区的整体发展而言，还需厘清一些亟待解决的困境和问题。

1. 经济欠发达导致专业人才"引不来"也"留不住"

政治、经济、军事等是一个国家"硬实力"的主要表现，苏联解体对中亚五国经济发展形成重创，导致整个中亚地区经济发展水平增速放缓。虽然地处欧亚大陆要冲的中亚五国拥有着极为丰富的石油、天然气、矿产以及人文旅游资源，但受地处内陆和交通不便等情况的制约，地区经济发展水平与其连接的东亚和欧洲存在明显的差距[1]。

---

[1] 于善."一带一路"背景下中华武术及文化在中亚五国的传播探究[A].第二届全国武术运动大会暨武术科学大会论文集，2016：205.

2020年中国、美国、俄罗斯和中亚五国GDP排名显示，中亚各国经济总量与其他各国之间的差距较大，特别是吉尔吉斯斯坦、塔吉克斯坦两国情况更是不容乐观（表4-5）。通过访谈，我们也了解到中亚地区普遍工资水平较低，普通人的月薪折合人民币不到1千元。这样的经济水平很难吸引高水平武术专业人才，即便如付东良、祁燕这样通过孔子学院途径来到中亚国家传播武术的老师，在任期结束后也会离开；在哈萨克斯坦行医传武的王兴青老师则主要依靠行医为生，而非武术；当地人自己开办的武术馆校也很难做到盈利，有的学生因为交不起学费，就带着自己制作的饼干等小礼物找到老师，希望可以跟随老师习练武术，这样的教学模式无法形成市场化推广，也成为制约武术在中亚地区传播与可持续发展的瓶颈之一。

表4-5　2020年中国、美国、俄罗斯和中亚五国GDP

总量排名	国家/地区	单位（亿美元）	GDP总量（亿人民币）	人口（亿）
1	美国	218463.3	1422196.083	3.268
2	中国	155518.9	1012428.039	14.001
12	俄罗斯	16527.3	107592.723	1.440
53	哈萨克斯坦	2001.63	13030.6113	0.184
71	乌兹别克斯坦	766.52	4990.0452	0.323
83	土库曼斯坦	572.05	3724.0455	0.059
139	吉尔吉斯斯坦	81.85	532.8435	0.061
141	塔吉克斯坦	80.91	526.7241	0.091

（数据来源：世界经济信息网2020年世界GDP排名。）

2. 孔院改制可能导致武术等文化传播活动逐渐受阻

2020年6月，由27所高校和企业共同发起的中国国际中文教育基金会成立，全面负责未来孔子学院品牌的运行工作，紧接着教育部中外语言交流合作中心成立，标志着"国家汉办"这一名称正式成为历史[1]。作

---

[1]张未然.新形势下孔子学院的舆情困境：特征、原因与对策[J].现代传播，2021（3）：20.

为语言和文化传播的重要窗口,孔子学院在2020年步入转型升级发展阶段。尽管这样的改制符合国际惯例,是孔子学院品牌走向民间化、市场化的关键一步,对于西方媒体制造的负面舆情也是一种应对策略,但就武术等文化传播活动的开展而言,可能会增加更大的难度。首先,武术专业师资的招募将更加困难,为了回避一些问题,目前孔院的办学宗旨着重强调汉语教学,这给海外孔子学院向国内申请招募专业师资增添了阻力;其次,孔院如果从事和汉语教学无关的内容可能又会授人以柄,这对孔院开展武术等其他文化活动是极为不利的。过去中亚五国之中,除了哈萨克斯坦对孔院比较排斥(哈萨克斯坦签证很难办,特别是针对孔院教师;孔院开展活动受限)和土库曼斯坦尚未建立孔子学院以外,其他国家对孔子学院推动当地语言和文化活动所做的努力表示欢迎和认可。孔子学院改制以后,隶属于教育部的中外语言交流合作中心(以下简称"语合中心")与中国国际中文教育基金会在运营上尚需磨合,可能会导致教师外派、资金支持等方面阻力加大,依靠孔子学院传播武术将面临更多困难。

3. 民众喜爱度高与武馆生存困难的矛盾难以解决

半个世纪以来,韩国跆拳道在世界范围内得到广泛传播,成功跻身奥林匹克大家庭,其取得成功的最主要原因有二,即韩国政府的主导与市场化运作模式的建立。无论是在欧美发达国家还是在中国、中亚等发展中国家,随处可见的跆拳道馆昭示着这项运动的普及程度,馆校数量也在一定程度上反映了该项目发展的市场化水平。反观中国武术的国际化推广,随着电影媒介力量走向世界的中国武术,也因众多移民海外的"武术人"为了满足生存需要所建立的武术馆校而在世界各国落地生根。但不可否认的是,海外武术馆校的市场化水平相比于跆拳道馆还相差甚远,特别是在中亚地区,武术馆校还面临着巨大的生存危机。2020年,新冠肺炎疫情肆虐全球,对各行各业的发展都产生了很大的影响,尤以教育培训行业所受影响为甚。对于健身培训行业来说,一方面是人们日益增长的健身需求,另一方面却是馆校、俱乐部经营的入不敷出。疫情期间,中亚各国的武术馆校暂停营业,甚至关闭,这有悖于人们对武术的喜爱和需求,却又是许多馆校经营者的无奈之举,只因武术馆校生存需求与民众喜爱度高却无法支付相应费用之间难以平衡的矛盾。

（四）精准施策：武术在中亚地区传播的思考

天下大事，必作于细。基于武术在中亚地区传播存在的困境与问题，致力于更加快速、有效地推动武术在中亚地区的发展，立足中亚五国武术传播的现实境况，从强化传播内容价值、丰富传播推广形式、形成传播"落地"保障机制等维度提出具有针对性的发展对策，为武术在中亚地区的深度传播与可持续发展提供参考，也为实现我国与周边国家的文化互动与繁荣贡献力量。

1. 突出"武医融合"特色，持续发掘武术的文化底蕴和养疗价值

文化是"一带一路"的灵魂，文化先行的优势可以推动我国与沿线各国的全方位、多领域的交流与合作[1]。武术在长期的传承和发展过程中，融合渗透了中国传统哲学思想与东方文化理念，凝聚着中华民族先贤的集体智慧，对武术文化进行更深层次的挖掘与研究，充分考虑中亚各国国情、民情与文化及宗教背景，有利于实现武术文化的有效传播、精准传播。2018年，习近平总书记在推进"一带一路"建设座谈会上强调，要推动教育、科技、文化、体育、旅游、卫生、考古等领域交流蓬勃开展，围绕共建"一带一路"开展卓有成效的民生援助。2022年初，国家中医药管理局推进"一带一路"建设工作领导小组办公室印发《推进中医药高质量融入共建"一带一路"发展规划（2021—2025年）》，提出在"十四五"时期，与共建"一带一路"国家合作建设30个高质量中医药海外中心，向共建"一带一路"国家民众等提供优质中医药服务[2]。对于经济欠发达的中亚地区国家而言，经济发展和改善民生是当前发展的紧要任务，武术的健身养生价值已获得中亚地区大部

---

[1] 隗斌贤."一带一路"背景下文化传播与交流合作战略及其对策[J].浙江学刊，2016（2）：214-219.
[2] 中国政府网.关于印发《推进中医药高质量融入共建"一带一路"发展规划（2021—2025年）》的通知[EB/OL].[2022-02-13].http：//www.gov.cn/zhengce/zhengceku/2022-01/15/content_5668349.htm.

分国家的关注和认可,在满足中亚各国日益增长的中国文化学习需求的同时,重视具有普适性的武术健身养生功效的持续发掘,特别是在全球抗疫的关键阶段,可以减小由客观文化差异带来的传播阻碍。在传播内容上,以太极拳、八卦掌、形意拳、健身气功等健身效果突出、文化底蕴深厚的武术养生内容为先导,最大限度地发挥和突出"武医融合"特色,将会提高中亚地区及世界对武术运动的接纳度。

2. 依托孔子学院平台,打造武术"套嵌式"特色课堂

影视作品与舞台表演扩大了武术文化对外传播的影响力,拓展了中亚地区武术推广的受众范围。然而,要实现武术的深度国际化,须将受众短期的武术接触行为,逐步转向技艺传授、日常习练等可持续活动,孔子学院作为全球性语言传播平台应发挥更大作用。习近平主席在"中国同中亚五国建交30周年视频峰会"上的讲话提出,今后5年,中方计划向中亚五国提供1200个中国政府奖学金名额,优先在中亚国家增设孔子学院、孔子课堂[1]。尽管目前受世界局势动荡、新冠肺炎疫情依然严峻以及孔子学院改制等影响,不利于对包括武术文化在内的中国传统文化的对外宣传与推广,但相信在中国政府的积极推动下,充分发掘和利用孔子学院在中亚各国的影响力,将武术以课程形式嵌入孔子学院汉语言教学之中,不仅可以丰富汉语教学的内容、改进汉语教学的方法手段,形成"武术+"特色课堂,同时还将会大大提升武术传播推广的效果;这种方式既满足了中亚地区民众的"汉语热"学习需求,也尝试将广泛的语言学习者向武术爱好者转化,不断扩大武术受众群体、增强受众粘性。这就需要我们充分了解受众需求,深入发掘武术特色拳种中的历史文化、健身价值等内容,以故事性的叙事方式编写相应教材,融入武术内容、突出汉语教学目标,使学生能够在学中练、在练中学;在实践过程中可以选择中亚地区发展较好的孔子学院作为试点,通过优质系列"武术+"课程的打造,一方面推动中国文化和武术拳种技术精髓的跨文化传播,另一面也可以借此为中亚地区国家培养更多"文武双全"的人才,有效提升该地区国民综合素质,促进中国与"一带一路"沿线

---

[1] 习近平. 携手共命运 一起向未来——在中国同中亚五国建交30周年视频峰会上的讲话[EB/OL]. [2022-02-13]. http://www.gov.cn/gongbao/content/2022/content_5674293.htm.

国家的人文交流。

3. 在现有政策基础上，进一步形成武术传播"落地"机制

"一带一路"沿线国家大多属于发展中国家，文化的交流互通常受经济发展条件的限制，导致文化支撑力不足。武术的国际传播具有长期性和复杂性，需要多方支持、多路径推进，与双方政府和国际性组织的重视程度密切相关。从中国政府及相关部门发布的有关政策文件来看，对于"一带一路"武术文化传播都具有积极的引领作用，如中办、国办联合发布的《关于实施中华优秀传统文化传承发展工程的意见》和《关于加强和改进中外人文交流工作的若干意见》、文化和旅游部印发的《"十四五""一带一路"文化和旅游发展行动计划》，以及国家体育总局联合14部委颁发的《武术产业发展规划（2019—2025年）》等都对推进"一带一路"文化发展提供了重要的行动指南。然而，对现有政策文件的分析显示，针对不同地域、不同国家的具有可操作性的文件尚未出台，这对于形成武术传播的"落地"机制显然是不利的。习近平主席指出，建立多元互动的人文交流格局、构建更加紧密的中国—中亚命运共同体是两地协作的当前任务，"以武为媒"的人文交流与合作模式无疑可以成为加强两地协作的重要一环，因此建议中国与中亚双方以建交30周年为契机，加强政府间的人文交流频次与力度，中方不断加大对武术推广方面的投入，有效整合各方资源，在政策与资金两个方面为中国与他国进行的文化交流互鉴提供基础保障和激励机制。在政策上，要有明确的导向性和可操作性，对于能够长期驻留中亚地区和其他经济欠发达地区的武术传播者给予相应奖励；在资金援助上，可鼓励驻在国中资企业以塑造企业良好形象、深度参与中华文化对外传播为由，激发企业的主动性和积极性，与孔子学院、相关协会、学校、俱乐部等建立合作，整合资源、共同构建多元化和不同层次的传播格局，为满足中亚民众对于武术文化的兴趣与需求提供更多选择，从人力、物力和财力等方面形成保障武术传播"落地"的可持续发展之策。

中亚五国以其特殊的地缘和能源地位，一直扮演着欧亚文明之间战略枢纽的角色，也成为当今世界大国角逐的重要战略板块。中亚各国在经济上高度依赖中国，在政治上受俄罗斯影响颇深，同时欧美等国出于政治、经济等方面的考量也没有放松对中亚的觊觎。2020年2月，美国国务卿蓬佩奥在结束了对中亚的访问后，就以"促进主权与经济繁荣"为主题在其官方网站发布了《美国中亚战略：2019—2025》。在复杂的国际环境背景下，武术在中亚各国的传播以"武医融合"为特色，依托孔子学院的传播平台为筑牢民心相通的桥梁发挥了应有的作用；中国武术协会和中亚各国武术协会的不懈努力共同推动了中亚地区竞技武术水平的提升，使其能够在世界级武术赛事中占有一席之地。然而，我们也必须注意到武术在中亚地区的传播还存在着诸多困难，中亚五国是我国推进"一带一路"倡议实施的重要合作伙伴，对于这些经济欠发达，而民众因地缘相接、跨境民族聚居对我国有着天然好感，且有习武健身意愿的国家，我们应该以更加积极的指导思想，构建更加多元的传播平台并给予政策和资金上的倾斜。新形势下，武术国际传播需要树立足够的信心并及时调整方向，要聚焦那些真正认同中国文化、喜爱中国武术的国家，投入更多的人力、物力和财力。

三、探骊"欧洲"：中欧三国武术传播的作用与影响

作为东、西方文明的发源地，我国与欧洲国家都有着广袤的土地、众多的民族和丰富的文化，也是当前世界上最主要的经济体，在文化、教育、科技等领域，我国与欧洲国家有很多方面的务实合作。习近平主席表示，扩大中欧人文交往，对增进互相了解、促进社会繁荣、不断深化互利共赢的中欧全面战略伙伴关系至关重要。人文交流是中国外交的"三大马车"之一，武术作为极具中国特色的文化符号，其在人文交流中的作用毋庸置疑。选取奥地利、匈牙利、斯洛伐克三国作为武术在中欧传播的案例是基于如下考量：首先，三国同处于欧洲的中部，著名的多瑙河发源于德国，一路向东将奥地利首都维也纳、斯洛伐克首都布拉迪斯拉发和匈牙利首都布达佩斯串联起来；其次，欧洲在过去的几百年里曾是世界的中心，欧洲文化也是世界上的主导文化，而奥匈帝国曾称霸欧洲；现在中东欧是世界上唯一的整个地区都被纳入"一带一路"倡议的区域，斯洛伐克也是最早加入"一带一路"的欧洲国家之一；最后，因为长期受邀参与奥地利武术协会的教学工作，有着比较便利的调研条件，发现三国武术开展状况具有一定的代表性。案例将从传播者、

武术受众和影响武术"在地"传播的相关因素展开，探讨他们之间的互动关系，以期为制定武术在欧洲和世界更为有效的推广方针提供参考。

（一）中欧三国武术传播的"意见领袖"

"意见领袖"是指在传播行为中，为他人提供信息、观点、建议，并对他人施加影响的人物[1]。武术海外传播需要像李小龙、李连杰、成龙这样的功夫明星作为"意见领袖"对大众产生积极影响，使大众了解、认识、喜爱并乐于习练中国武术。但若想让武术真正在异域成为海外受众喜闻乐见的一种运动形式，则需要一大批能够脚踏实地扎根于所在国、倾尽全力推动武术传播发展的"关键人物"，他们是武术传播形成"在地化"或"本土化"的基础。

1. 奥地利：唐晋和他的洋弟子Gia Phu LIU

奥地利，地处欧洲的中心，以音乐之都的美誉闻名于全世界，约翰·施特劳斯的《蓝色多瑙河》和电影《音乐之声》《茜茜公主》的动人故事使我们认识了奥地利这个曾经雄踞欧洲的古老帝国。唐晋，一个自幼习武、毕业于沈阳体育学院的70后，怀揣求学的梦想于2001年来到奥地利。初来乍到，被美景和不同国度的新鲜感吸引，希望依靠自己的武术特长留在当地。为了生存，他在中文学校教武术，在华人举办的晚会和大型活动中表演，慢慢积攒人气，为人熟知，在当地华人帮助下，进入奥地利武术协会担任武术兼职教练，并参加各类比赛。这样的经历使唐晋在武术协会逐渐站稳脚跟，于2006年成为奥地利国家武术队总教练，同年，进入奥地利维也纳大学体育系学习。

唐晋边学习边传播、推广中国武术，通过不懈的努力，他作为授课教师在维也纳大学体育系第二课堂开设了武术选修课，他也因此积累了更加丰富的海外武术教学经验。维也纳大学的武术修选课，从2006年开始，历时8年（2014年唐晋回国，课程暂停），选修过这门课程的学生超过千人，也收获了众多学生粉丝。2010年，从维也纳大学毕业后，唐晋开办了自己的武馆，奥地利人Gia Phu LIU（刘家富，出生于奥地利，祖

---

[1]孟涛.武术在美国[M].北京：北京体育大学出版社，2015.

籍广东，是中越混血的奥地利人，我们习惯称呼他Phu）等成为他的第一批学员。Phu和大多数西方人一样，只在电影中见过中国武术，从未真正近距离接触过武术，年少的他被唐晋老师的个人魅力折服，一直追随习练，他们共同经历了由于资金短缺不得不辗转多个地方去训练，教授的学员中有人在一夜之间带走馆里器材、设备，另立门户等开馆初期的艰辛。但困难并没有让他们退缩，反而让Phu看到了老师唐晋身上所蕴含的武术人那股坚韧不拔、自强不息的精神，使他更加坚定信念，要坚持下去。正是这样的坚持，才有了在唐晋老师2014年回国后，Phu担任奥地利武术协会秘书长，传播推广中国武术所做的大量工作。这其中包括协助中国武术协会首次派遣教学团队赴奥地利、瑞士进行段位推广与考评，深度参与武术国际标准的制定，连续举办奥地利武术夏令营活动等卓有成效的工作。有着一半中国血统的Phu，他的职业是电脑工程师，曾婉拒多家公司高薪聘请，只为有更多时间留给他所热爱的武术。

2. 斯洛伐克：扎根布拉迪斯拉法的中国武术老师

斯洛伐克，位于欧洲中部内陆，原捷克斯洛伐克社会主义共和国的东部，首都布拉迪斯拉法与奥地利首都维也纳仅有1小时的车程，是世界上两个相邻最近的首都城市。王迎深，山东青岛人，1997年毕业于北京体育大学武术系。2002年8月，一个机缘巧合的机会，王迎深来到斯洛伐克，在首都布拉迪斯拉法，他不仅收获了爱情，还创办了自己的武术学校——斯洛伐克武术太极学院。这是斯洛伐克第一所由中国人开办的武术学校，至今长期在斯洛伐克教武术的中国人也只有王迎深老师一人。在海外以武术谋生的武术人都有故事，有创业的艰辛，有离家的不易。在斯洛伐克调研期间，王迎深老师带笔者参观了他的学校（图4-8），是租用当地一所小学的体育馆。"我现在一共有9个班，每个班一个星期2节课，除了这18节课，还有单独的私教课。这9个班的课，有的是早上6点到7点，有的是晚上8点到9点，有成人武术班、太极拳班、启蒙太极拳班、启蒙武术班、气功导引养生班等，还有儿童班、学生班（专门教13~18岁的学生）、青年班（20多岁的年轻人），八段锦、五禽戏、易筋经、六字诀也要教，我一天最多会上7个小时的课，开车跑四五个地方"（王迎深老师口述）。从王迎深老师的叙述中我们不难体会这其中的辛苦。

图4-8 笔者观摩王迎深老师授课及与学员合影

功夫不负有心人，在王迎深老师的努力下，斯洛伐克武术协会于2003年12月成立，目前武术协会拥有一支高水平国家武术队，队员保持在30人左右，长期代表斯洛伐克参加欧洲和世界比赛，并取得优异成绩。他的武术学校长期保持260人左右的学员规模，分散在不同的教学点，对于斯洛伐克武术传播而言，这是个惊人的数字。17年默默耕耘，王老师武术传播之路再结硕果，2020年1月18日，全球首个以"中华武术"命名的孔子课堂在斯洛伐克考门斯基大学孔子学院建成，这个课堂由斯洛伐克武术协会与斯洛伐克考门斯基大学共同创建，王迎深老师担任负责人。这个平台的搭建为中国武术在斯洛伐克和欧洲的传播，以及促进中斯两国的友好往来都将做出更大贡献。

3. 匈牙利："禅武"创始人王德庆和他的少林弟子

匈牙利，位于欧洲的中部，是一个内陆国家，与奥地利、斯洛伐克、乌克兰、罗马尼亚、斯洛文尼亚等国家接壤。这个国家对华人比较友好，目前在匈华人有5万多人，且多数事业有成。王德庆（释行鸿），自幼在少林寺学习功夫，曾随少林寺武僧团赴世界各地巡演，足迹遍布美、欧、日等数十个国家。1999年，25岁的王德庆只身前往匈牙利，在当地传播禅武文化，通过在匈牙利政府部门教授少林功夫而进入警界，也逐渐使少林武术扬名匈牙利，并于2003年正式创建了"禅武国际联盟"，总部设在匈牙利首都布达佩斯。多年来，在"禅武国际联盟"培训过的"洋弟子"数量众多，正式注册会员高达2万余人。

鉴于王德庆先生在匈牙利警界做出的突出贡献，为推动少林武术在欧洲的传播，以及为积极搭建匈中两国警务和文化等方面合作与交流所做出的努力，他多次获得匈牙利政府颁发的奖项，受到我国前总理温家宝、李克强的高度评价。目前，王德庆先生就职于匈牙利政府部门，担任匈牙利匈中警务交流协会常务副主席、匈牙利内务部匈中警务联络官等职务，忙于政务的他逐步把"禅武国际联盟"的武术推广工作交给他的师兄弟和弟子们来完成。

张忠武，现任"禅武国际联盟"总会副会长兼总教练，长期驻守"匈牙利禅武联盟"总部，继续着师父王德庆开创的"禅武"文化推广事业。张忠武主要负责定期培训联盟总部下属各个协会教练员，使培训者规范化、系统化地传承"禅武国际联盟"的传播理念、礼仪规范、技术体系、教学手段等，有效地避免海外武术传播过程中由争抢生源而造成的恶性竞争。电影《少林寺》的热播和一批批"禅武"传人的努力，使少林武术在海外影响力日渐增大，成为人们认知中国的一个文化符号。

这几位在中欧进行武术传播的关键人物，折射出众多依靠一技之长在海外谋生的"武术移民"群体镜像，他们因各种原因、怀揣梦想到异国他乡闯荡，从艰苦创业到执着坚持，再到守业有成，其中辛苦只有亲历者方能体会。目前，武术在世界各地的传播离不开华人、移民，央视纪录片《武林外传》就记录了众多在海外以武术谋生的移民的生存状况，海外华人的命运与祖国的强大休戚相关，随着中国综合国力的提升，国际影响力增强，海外华人的社会地位与日俱增，这对于中国武术海外传播而言是难得的机遇期，对于致力于中国武术海外传播的关键人物（或曰"守望者"），我们应给予足够的关注和强有力的支持。

（二）中欧三国武术传播的社群组织

社群组织通常是指有一致的行为规范、持续的互动关系，彼此可以分工协作，有较强的团队协作意识的群体，他们因共同的需求和爱好而聚集，具有比较典型的社会性特征。而武术社群组织则是指人们因热爱武术而自发成立的由各年龄、各阶层人士组成的团体，其目的是推广武术技艺。海外武术社群组织多数由个人发起，后与中国武术协会建立联系，进一步成为国际武术联合会的国家会员协会。当然也有像"禅武国际联盟"这样独立的社群组织发挥着推动武术世界传播的作用。

1. 创新发展模式——奥地利国家武术协会

奥地利武术协会成立于1996年，是国际武术联合会的会员协会。目前组织架构是主席1人，由奥地利人克里斯汀（Christian Pfannhauser）先生担任，副主席2人，秘书长1人。奥地利武术协会发展至今，已具备比较完善的运营模式和一定的组织能力，从日常的培训到年度赛事的举办，和主动参与国际武术交流活动、大力推广中国武术段位等方面都做出了积极的努力。此外，武术协会还尝试探索新的推广模式，以使武术在奥地利得到更好的发展，除常态的武术教学之外，他们在传播理念、组织形式和传播内容上都进行了大胆的创新。

以团结奥地利各武术馆校，提升奥地利武术整体水平，推动中国武术在奥地利及中欧地区传播发展为主旨的"Wushu Summer Camp"已成功举办了3届，奥地利武术协会经过前期周密的准备工作，将夏令营的地点确定在远离维也纳市区的一个美丽山村"莫特恩多夫"（Mauterndorf），通过为期一周的与中国武术的深度接触，使参与者不仅得到武术技术的提高，更加深了对武术内涵的理解。在山村清新的空气和充满野趣的环境中，学员们对中国武术"天人合一""物我两忘"的境界有了切身的体会。值得一提的是，夏令营参与者从原来就有习武经历的武术协会会员，发展到了"Mauterndorf"村民，特别是引起了村里小朋友的习武兴趣，纷纷报名学习（图4-9）。这对于扩大武术受众人口，广泛传播武术文化，进一步强化老学员的习武热诚，效果显著。

图4-9 训练与休闲——笔者执教奥地利武协夏令营活动

一年一度的武术段位考评在夏令营期间举办，除了夏令营的学员，还会有其他武术习练者专程来参加武术段位的晋升考试，这种创新发展模式为中国武术在奥地利的传播提供了新渠道。除了举办夏令营来吸收更多武术学员，协会还在改革课程体系、创新传播内容方面下了一番功夫。随着时代的发展变迁，武术已逐渐演变成为一种以健身、修身为主要价值体现的运动形式，但作为其本质特征的技击功能仍是人们选择习练武术的重要原因。基于此，协会在原有教学模式基础上，增加了兵器格斗课程，并研发了类似短兵的器械。学员可根据个人的身高、体重和使用习惯，选择不同重量的兵器，在规则制约下，通过武术中劈、砍、击、刺等技能有效击打特定攻击部位来计算得分。让武术回归其本身格斗属性，以技击的形式，通过兵器了解中国文化，以兵器为介质使学员产生浓厚兴趣，以兴趣作为先导激发学员持久动力（图4-10）。

图4-10　奥地利武协段位考评活动与兵器格斗课程

奥地利国家武术协会，通过传播内容与组织形式的创新，有效化解武术跨文化传播水土不服的问题，对中国武术在海外的传播提供了新方法和新思路。遗憾的是，奥地利武术协会至今还未得到奥地利国家体育部门的认可，究其原因可能与武术"申奥"无果有很大关系。这也是导致协会在发展过程中难获政策和资金支持，只能靠内化动力来维持协会发展的原因。

2. 构建多元化武术传播平台——斯洛伐克武术太极学院

斯洛伐克武术太极学院是一所综合类武术学校，侧重传统武术教学，其与斯洛伐克国家武术协会沟通交往密切，协会成员大部分为武术太极学院的学员。斯洛伐克地处中欧地区，经济发展水平相对于其他国家较为滞后，所以武术太极学院在收费标准上也只能入乡随俗，以大多数中低收入水平的学员为基准，通过广招学员来支撑学院的正常运转，学院规模基本维持在200~300人。

构建多元化武术传播平台是武术太极学院一直秉承的理念，学院主动与中国驻斯洛伐克大使馆取得联系，参与大使馆举办的各种活动，既可以为使馆活动增光添彩，也在无形中宣传了自己的学校；此外，他们还联手斯洛伐克考门斯基大学孔子学院，为孔子学院开设武术课程提供师资力量，通过孔子学院的平台传播中国武术。2019年10月，以武术太极学院学员为主的斯洛伐克代表团参加了2019中东欧国家孔子学院夏令营，开幕式上学员精彩的武术表演赢得在场汉办领导和观众的好评；2020年1月，全球首个以"中华武术"命名的孔子课堂揭牌（图4-11），这个课堂由斯洛伐克武术协会与斯洛伐克考门斯基大学共同创建，以多元化武术教育为核心，开设课程广泛，武术套路、武术散打、太极拳、健身气功等传统体育项目为孔子课堂的学员提供了多种选择。

图4-11 学院与考门斯基大学合作的武术孔子课堂挂牌

这种跨平台联合对提高武术教育质量、拓宽宣传渠道、促进斯洛伐克地区武术发展有非常好的效果。目前，斯洛伐克武术太极学院正在寻求与国内专业体育院校的合作，以期为中国武术的世界传播做出更多的努力和更大的贡献。

3. 少林武术推广——匈牙利禅武联盟总会

"匈牙利禅武联盟总会"（以下简称"禅武"）发起于1999年，正式创建于2003年，是"禅武国际联盟"在欧洲的总部，早期是以少林武术推广为主体，在发展过程中逐渐形成了更加包容开放的平台，不仅学员之间可以相互学习交流，学校之间亦如此，教授其他武术拳种的学校同样可申请加入联盟。其高峰时期曾在不同地区开设66间学校，在欧洲的注册会员超过15000人，形成了具有一定规模的武术国际传播推广的社群组织，更为中匈两国的友好往来与人文交流发挥了不容小觑的作用。"禅武国际联盟"之所以在武术国际传播方面取得如此成就，除了其创始人王德庆先生不遗余力地致力推广和匈牙利政府的支持外，从武术传播的技术角度来看，他们对组织架构的完整规划与在师资培训、学员培训的等级制度和标准体系的建立是其成功的关键，这为中国武术国际推广标准化提供了可借鉴的参考模式。

从图4-12可以看出，"禅武"的组织架构十分严密，是会长负责制。成立至今，其下属已有包括少林功夫协会、太极文化协会、竞技武术协会、国学文化协会、龙狮文化协会等多家会员协会，而与这些协会相对应的则是各级各类武术培训学校。在师资培训和学员培训上，"禅武"的等级制度非常严格，师资队伍已经达到高度的本土化，除了老师为中国人以外，教练基本上都是本土人，这是武术传播达到一定深度后取得的成果；学员培养主要参考等级制度，通过考试来认可学生在武术实践中的成就，共分9级，外在形式上由5种款式9个级别的服装来区分等级。等级的晋升都需要在特定的时间进行考核，考核结果提交禅武联盟总会，由总会批准至地区中心，最后实发至学员手中。这套等级认证制度的实施，有效提高了学员学习的持久性，也为培养本土化武术传播人才提供了解决方案。"禅武"规定，5级及以上的学员即有资格成为教练，可以自己开办学校，办学时总会还会提供支持。这套学员培训与师资培养互动的制度也是"禅武"能够在欧洲产生较大影响力的有效手段。"禅武国际联盟"始终秉承"大家庭"的管理理念，有效规避内部竞争，丰富学校教学内容，让城市中的武术教学有差异性，受众会有更多选择。其管理模式也有许多值得我们参考的地方。

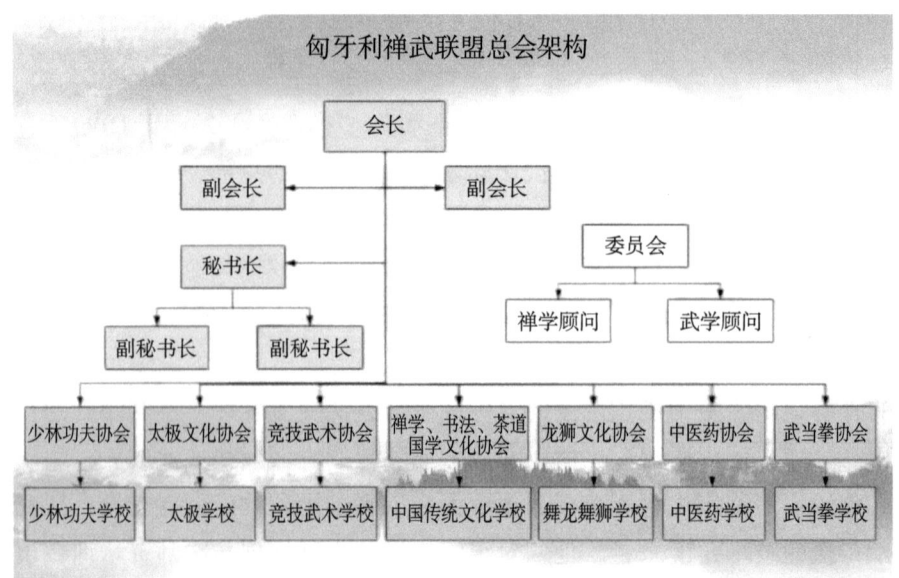

图4-12　禅武联盟总会架构图（根据禅武中心提供的图片重新绘制）

（三）中国武术在中欧传播的受众群体分析

受众群体是武术传播的终端，了解受众的基本信息，掌握其对武术的认知状况、接受程度，以及通过反馈洞察武术在不同国家的发展境遇，利于有针对性地制订传播和推广计划。2018年和2019年，笔者利用暑期在奥地利参加武术夏令营教学活动的闲暇时间，在奥地利武协秘书长陪同下实地走访了斯洛伐克武术太极学院和匈牙利禅武联盟总会，并通过中欧三国的协会组织向会员分发问卷，共发放问卷100份，回收有效问卷87份。

1. 武术受众基本信息

问卷调查结果显示，中欧三国武术习练者基本信息存在诸多共性：习练者均以男性为主，年龄集中分布于19~44岁和45~60岁两个年龄段（表4-6）；每个国家的经济发展水平不同，但三国武术受众总体属于中低收入群体；有大学入学文凭的毕业生人数占总人数的60%以上，研究生学历的参与人数较少，精英阶层缺乏，这与实地调研情况一致，受众群体多为工薪阶层和大学生（表4-7）。

表4-6 受访对象性别与年龄（N=87）

因素	分类	所占比例（%）
性别	男性	60.92
	女性	39.08
年龄	6~12岁	4.59
	13~18岁	6.89
	19~44岁	59.77
	45~60岁	25.28
	61岁及以上	3.45

表4-7 受访对象收入水平与教育背景（N=87）

因素	分类	所占比例（%）
收入水平	4.000€或以下	38.37
	4.000€~12.000€	20.93
	12.000€~20.000€	16.27
	20.000€~50.000€	18.60
	50.000€或更多	5.81
教育程度	中学	24.41
	大学入学文凭	18.60
	大学毕业生	44.18
	研究生	12.79

2. 受众对武术的认知水平

受众对武术的认知程度将会决定武术推广的深度与广度，我们从受众习武动机、对武术的基本看法和对武术发展的建议三个维度进行了调查。

由图4-13可以看出，60.87%的受众习武的动机始于"改善自我健康"，"加深对中国文化的了解"也得到较高认可度，占比38.26%。图4-14显示，中欧地区武术习练者认为，武术的习练价值主要体现在自我提升方面，其中"平衡心情"和"培养运动的习惯"这两项认可度较高，均占比52.17%，这凸显了武术的健身价值。武术自我提升体现在"内"与"外"两个方面,"内在"价值体现武术深刻的文化内涵,如"止戈""平衡"等理念对于武术习练者心理状态具有良性影响,而对"外在"的显性价值的认可,很好地体现了武术的强身健体功能。

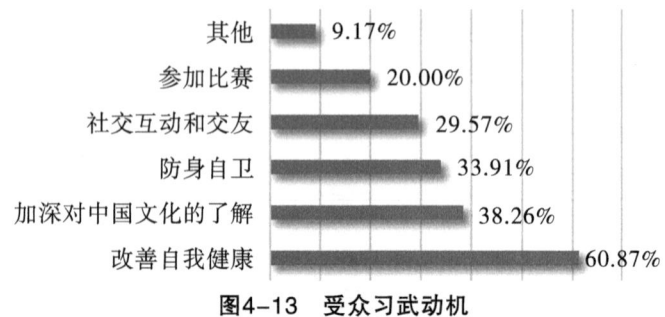

图4-13 受众习武动机

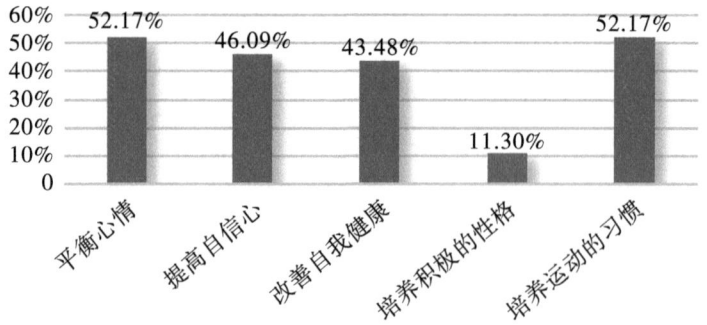

图4-14 受众对习练武术的价值认知

调查结果显示,中欧国家武术习练者对武术的动作和文化历史有较高的认可度。其中认为中国武术动作很美的占比为45.22%(图4-15),"始于颜值、忠于品质"是大多数武术受众感知中国武术的过程,风格各异的拳种套路、千姿百态的各种打法是吸引受众的重要因素,而使这些受众真正喜爱并坚持习练武术则是武术中蕴含的传统文化元素所发挥的作用。调研中发现,相较于跆拳道、空手道等武技项目,中国武术并非中欧地区国家的流行运动项目,习练者相对较少。

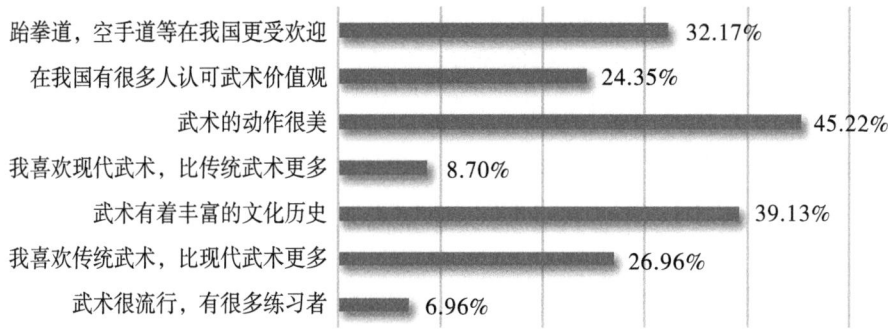

图4-15 受众对武术的认可度

近半数受访的武术习练者"希望本国武术协会能够发挥职能,加大武术推广力度"(图4-16),说明中欧国家武术练习者对当地武术协会有比较强的"信任感";也有部分受访者表示,希望通过与中国相关部门建立合作关系,支持举办更多的武术交流活动、提供优质师资来提高中欧国家的武术整体水平。

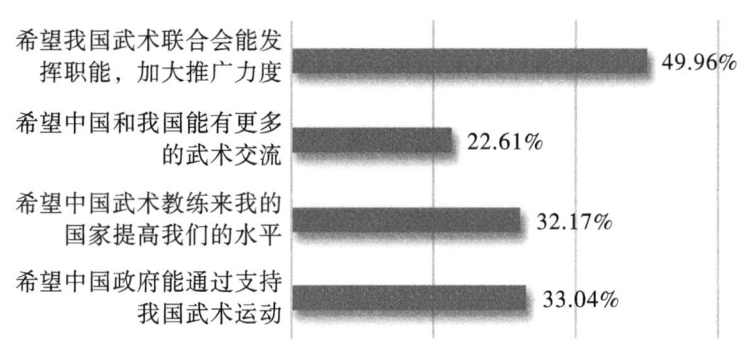

图4-16 受众对武术未来发展的建议

(四)影响武术在中欧传播的因素解析

20世纪80年代出台了有计划、有步骤地向世界推广中国武术的方针,随后国家层面的武术外宣和短期培训、交流活动频繁开展,加之影视媒介助推和众多移民海外华人华侨的传播,武术作为一种文化符号,已得到各国民众的广泛认可。然而调查显示,中国武术作为一种文化符

111

号，知名度为88%，喜爱度为52.3%[1]；截止到2018年底，国际上拥有武术段位的海外人士仅有约6000人次[2]，民众对武术的关注与身体实践存在巨大鸿沟。强大的国际影响力需要有广泛的群众基础来支撑，武术在中欧的传播还存在许多亟待解决的问题。

1."非奥"项目难以获得政府层面的支持

中欧国家对于"非奥"项目的扶持力度较低，既没有政策的倾斜，也没有资金的支持。这就导致了各国武术协会在聘请高水平师资、举办武术赛事和相关活动方面举步维艰，以奥地利武术协会每年举办的全国武术锦标赛来说，每次比赛所需的费用都来自会员缴纳的会费和部分赞助。"我们也可以向政府申请比赛资金，但最多只能申请到100欧元，赛场工作人员（包含裁判员）均为会员，自愿参与工作，每次赛场只提供场地、照明、桌子、椅子、领奖台，其余全部由协会会员自行带到现场，包括饮用水；如果出国参赛，费用全部由运动员自理。协会每年的费用支出都向会员公布，几乎每年协会的账户余额都为零。"（唐晋口述）在欧洲，像奥地利武术协会、斯洛伐克武术协会这样的大多数武术机构都属于非盈利性组织，非盈利性质的组织才能得到以较低租金租用场馆的优惠，但这样也导致协会组织只能收取会员少量会费，而非像武馆武校一样收取正常的学费。授课老师的报酬也是杯水车薪，难以满足生存需求。缺乏资金的支持，武术协会很难维持正常运转，也会影响武术在当地的传播。无论是聘请教练、举办赛事，还是网络、媒体宣传，仅靠传播者的武术情怀是不够的。

2. 不同文化背景与教育理念影响武术传播效果

技能、思想、态度的传授和专门知识的学习培训与经济发展水平密切相关，并且越是发达的国家对教育的重视程度越高，教育过程以及教育效果在不同文化之间差异巨大。欧洲是西方文明的诞生地，特别是奥匈帝国曾经有过辉煌的历史，在欧洲人的文化观和教育观中，他们更

---

[1] 当代中国与世界研究院课题组. 2018年中国国家形象全球调查分析报告［R］. 对外传播，2019（11）：29.

[2] 孟涛，崔亚辉. 新中国武术70年发展历程解读及当代思考［J］. 首都体育学院学报，2019，31（5）：391-397.

为崇尚以征服为目的，显示绝对力量的对抗性运动。武术是在农耕文化中孕育的典型中式教育，其间蕴含着中国传统文化观念，"尚巧贵和""持中守恒""阴阳互根"等深植于武术拳种技艺中的理念,需要有长期的习练过程和身体感悟才能体会。中国武术内涵丰富，动作复杂、技巧繁多的特点，言传身教、由浅入深的教学方式上的复杂操作，与西方人相对简单、直接的思维方式是有一定差异的，这也是武术受众与跆拳道、空手道等东方武技受众人口数量差别较大的原因之一，是中国武术国际传播与推广的先天不利属性。

3. 武术官方推广力度不足导致武术传播难以深入

传播力决定影响力，和跆拳道的世界推广相比，官方层面的武术推广力度还需进一步加强。20世纪90年代初期，经过长期的深耕与布局，韩国将2万多名的专业跆拳道教练派往包括我国在内的世界各地开设道馆进行长期教学，并致力于礼仪规范、着装规范、技术规范和等级规范的标准化，经过几十年的的全力推广才使跆拳道在世界范围内产生广泛的影响力，为其在2000年悉尼奥运会成为正式比赛项目打牢了根基。跆拳道的世界推广是一个成功的案例，究其原因，政府的推动和标准化模式的建立功不可没。

反观中国武术的国际推广，由中国武术协会、各省市地方武术协会，以及各专业武术团体和大专院校的武术传播推广活动，多数为高水平、高规格的宣传性质的武术海外巡演、短期的武术教学和培训活动。这些活动对世界各国民众了解、认知武术发挥了毋庸置疑的作用，却缺少"在地化"的武术传播人才。而这个问题在跆拳道的解决方案中是由"世界跆拳道联盟"与韩国"国技院"来承担的，他们在道馆的装潢布置、教练的选派任用、传播推广内容制定和技术体系的标准化等方面都有一整套包装策略。目前，中国武术的世界推广却依然停留在"单兵作战"的阶段，呈现出以传播者个体为主导的模式，其个人的能力决定了这个地区的武术发展上限，且不同的传播者教授的内容也是五花八门，武术推广标准化问题始终没有得到解决，致使武术传播在广度和深度上都难以提升。

"文明因多样而交流，因交流而互鉴，因互鉴而发展"，古丝绸之路上，东西方文明随着张骞出使西域、玄奘西行取经、郑和七下西洋、鉴真东渡日本等历史壮举，通过多种形式和载体得以碰撞和交融。今天，"一带一路"倡议再次成为东西方文明交流互鉴的"助推器"，武术是蕴含东方智慧的文化载体，习武之人通过身体技艺向世人传递"文以化人、武以修身，重义轻利、和谐共生"的思想，将灿烂而厚重的中华文明化作一招一式，成为世界通用的武者语言，是实现东西方文明交流与文化互动的重要载体。"一带一路"倡议发出以来，中国与世界的关系愈发紧密，在此背景下，着眼于武术在中欧的传播与跨文化互动研究，切身体会在武术传播过程中众多传播者以一己之力打拼的艰辛与执着，探究其在传播和互动过程中的问题和应对的措施，重新审视在当前复杂多变的国际环境中如何实现更加有效的武术跨文化互动，让传与受的主体都能够直接受益，这是实现武术"走出去"的世界传播和"走进去"的扎根传播必须思考的问题。

四、寻绎"西葡"：武术在海上丝绸之路的空间建构

作为大航海时代的先驱，位于伊比利亚半岛上的西班牙和葡萄牙是海上丝绸之路在欧洲的起点。西班牙作为一个重要的文化发源地，在文艺复兴时期曾是欧洲最强大的国家之一，15世纪中期至16世纪末期时成为影响全球的"日不落"帝国；葡萄牙国土面积不大，只有9万多平方公里，但它曾经有过极为辉煌的航海史和对外扩张史，其鼎盛时期在亚洲、非洲、拉丁美洲等地开拓的殖民地超出其本土面积达100多倍。大航海时代带给西班牙、葡萄牙民众的荣耀伴随乘风破浪的坚毅以及直面未知的勇气与智慧所铸成的大航海精神融入两国人民的血液中。2019年10月，首都体育学院武术巡演团来到了这片海洋文明铸就的热土，进行了为期14天的武术巡回表演，在两个国家的9个城市进行了8场正式演出和2场文化交流活动，为实地考察和掌握武术在西葡的传播状况提供了可能。

（一）武术在"西葡"传播的发端

文化是具有流动性的，所谓文化，不管有多少种解释，它都需要

跟人发生关系，而人是传播文化的唯一载体，也是最活跃的载体[1]。它会随着人类的迁徙活动从一地流动到另一地，从一国流向另一国。纵观武术在世界各国的传播，其传播的发端都离不开华人的迁徙流动和影视媒介的助推。西班牙武术协会总裁判长瓦埃勒·贾拉赫·普鲁登西奥（Wael Jarrah Prudencio）向我们介绍了武术最初（约1970年）传入西班牙主要是依靠两位中国老师，他们一个住在马德里，另一个住在巴塞罗那。"他找到了移民西班牙会武术的中国人，开始了他的武术生涯"[2]，这是《中华武术》杂志刊载的一篇介绍西班牙人习武历程的文章，讲述了恩米作为土生土长的西班牙人如何通过电影而痴迷武术，进而赴中国求学又代表西班牙参加世界武术大赛，把武术作为职业的外国人的武术故事。从中我们可以看出，恩米的习武历程始于"移民西班牙会武术的中国人"，精于寻根问祖的中国武术训练经历，发展于职业化的本土武术传播实践。无独有偶，新华网转载的《教授中国功夫的葡萄牙教头》[3]一文，也讲述了两位葡萄牙教头丹尼尔和若昂在葡国中文学校教武术的故事，而这两位教头的师傅是来自中国浙江的吴宣老师。据介绍，吴宣是1991年来葡萄牙开的武馆，他自幼习武，出国前曾任温州市精武武术馆馆长，旅居葡国后在里斯本创办了吴宣武术馆。20世纪70—80年代，中国大陆正处于从计划经济向市场经济过渡的时期，人民的生活水平、物质资源相较于欧美发达国家处于较为匮乏的阶段。随着中国改革开放政策的实施，国人走出国门的愿望也日益强烈，由此形成了较大规模的移民潮。彼时借电影《少林寺》火遍全球的东风，一些具有武术特长的技术型人才也通过各种途径旅居海外，成为武术在世界各国传播推广的主力军。

1990年，武术成为第11届亚运会正式比赛项目，国际武联也于同年成立，武术国际化传播推广的脚步逐渐加快，也有越来越多的武术团体和个人应邀赴各国进行武术教学和交流活动。周克臣在《来自西班牙的考察报告》[4]一文中，详细介绍了1998年中国武术代表团受邀首次

---

[1] 葛剑雄. 人在时空之间[M]. 北京：中华书局，2010：63.
[2] 庞博. 武术路上的西班牙人[J]. 中华武术，2001（12）：61.
[3] 童炳强. 教授中国功夫的葡萄牙教头[EB/OL]. [2020-03-10]. https://news.qq.com/a/20100324/001756.htm.
[4] 周克臣. 来自西班牙的考察报告[J]. 中华武术，1999（3）：52-53.

访问西班牙的情况，这次出访是受西班牙柔道协会邀请，由国家武术运动管理中心委托湖南省体委组织的，武术代表团一行12人与西班牙柔道协会（彼时西班牙尚未成立武术协会）进行了友好交流，在6天12次的教学课中，为西班牙朋友传授了长拳、太极拳、南拳、八卦掌以及鹰爪拳、虎拳等，并做了精彩表演。考察报告指出，当时武术在西班牙是一个很新的体育项目，没有得到普遍开展；在柔道协会管理的为数不多的武术教练大多水平不高，武术在西班牙的影响大大低于柔道、空手道等项目。北京体育大学的李巧玲老师曾受邀在葡萄牙进行武术教学，并撰文介绍了葡萄牙师兼泰体育会创始人钟爱武先生的习武历程，以及他在葡萄牙第二大城市波尔图推广中国武术所取得的成绩[1]。其实，武术在西葡传播的发端应该可以追溯到更早，但并未形成规模。自20世纪90年代起，随着走出国门的武术人增多，武术的国际影响力逐步提升，也有大批外国友人不远万里来中国学习，北京体育大学、首都体育学院、上海体育学院、武汉体育学院等专业体育院校、各省市专业武术队，以及少林寺、武当山等武术发源地都是外国留学生习武的热门选择地，这些潜在的武术传播力量为武术在世界范围内的推广做出了很大的贡献，如葡萄牙师兼泰体育会创始人钟爱武先生就曾多次带领学生来北京体育大学学习，现就职于西班牙一所大学的冈萨罗·米兰（Gonzalo Miran）先生曾于1998年在武汉体育学院学习武术，目前从事中西语言文化交流工作。文化传播不会是单一因素的作用使然，武术（功夫）通过电影被世界认知，又通过人际交往得以传播和发展，这也是大多数外国人认知和习练中国武术的一个缩影。

（二）武术在"西葡"传播的演进与发展

武术在走向国际的进程中，其演进与发展的路径基本上大同小异，无论是在东南亚、中亚、欧美，甚至是在非洲，早期的武术传播活动多和华人移民为了生存或主动或被动的传播行为有关，传播的内容也与这些华人的来源地和他们的武术习练背景关系密切，传播的方法、途径和质量则取决于武术传播者的能力、素养，以及其所处的社会环境，因为

---

[1] 李巧玲.武术在葡萄牙波尔图[J].中华武术，1997（7）：30.

人是文化传播最活跃和最有效的载体。随着全球化进程的不断加速，科技手段的不断进步和中国世界影响力的不断提升，武术文化"走出去"的主动性不断加强，"走出去"的路径日趋丰富和多元，由移民海外的华人为主体进行传播的武术，也形成了更为立体的传播渠道，不断更新迭代的互联网的飞速发展更为世界各国人民了解异质文化提供了极大便利。西葡巡演期间，通过与当地孔子学院中外方院长、武术传播机构负责人、武术传播者、武术习练者的交谈，整理分析针对观演观众发放的问卷调查结果，使我们对武术在西葡传播发展的状况有了比较全面的了解。

1."西葡"武术传播的现状概览

（1）武术传播机构

武术传播机构的成立对于武术国际传播至关重要，海外的武术传播机构大多是由个人发起，通过驻在国相关管理部门的审批而成立，这些武术传播机构既有"半官方"性质的代表国家的武术协会组织，如西班牙武术协会、葡萄牙武术协会等，他们都是国际武术联合会的会员；也有属于民间个体的武术馆校和俱乐部组织，如成立于1982年的西班牙中国武术艺术学校，是奥伦塞地区第一家武术学校，也是西班牙本土最有影响力的武术机构之一；创办于2009年的少林功夫学院是与中国文化中心合作开展武术相关课程的主要合作单位，对少林武术在西班牙及周边国家的传播具有一定的影响力；在华人较为聚集的葡萄牙首都里斯本和重要港口城市波尔图都有武术和太极拳培训机构，如波尔图的师兼泰体育会就是较早成立的武术俱乐部。另外，由于武术为非奥项目，在欧洲国家较少受到关注，有些武术机构为了更好的生存而寻求与隶属于某体育项目协会（俱乐部）合作。

除了上述武术协会和武术馆校、俱乐部等机构，西葡两国孔子学院也是武术传播不可忽视的存在。目前葡萄牙共有5所孔子学院，分别是米尼奥大学孔子学院、里斯本大学孔子学院、阿威罗大学孔子学院、科英布拉大学孔子学院和波尔图大学孔子学院。里斯本大学孔子学院是商务特色孔子学院，在其课程体系中促进养生健康的太极拳类课程受到葡萄牙民众的喜爱；科英布拉大学孔子学院是中医药特色孔子学院，太极拳健身套路和健身气功课程开展较好；阿威罗大学孔子学院设有专门的武术队和舞龙队，受众群体以中小学教育阶段的学生群体为主，传播内容偏重基础套路教学。西班牙目前共有8所孔子学院，下设9个孔子课堂，2019年的武术巡演来到了格拉纳达大学和卡斯蒂利亚拉曼查大学。成立于2006年7月的格拉纳达大学孔子学院是与北京大学合作、办学历史较长的孔子学院；卡斯蒂利亚拉曼查大学建立于1982年，是西班牙中部地区的一所公立大学。卡斯蒂利亚拉曼查大学孔子学院成立较晚，于2017年4月揭牌运行，南昌大学为其合作共建单位，目前有4个教学点，孔子学院所在地是西班牙古城托莱多。孔子学院秉持汉语言教学和文化交流多元发展的理念，除语言课程以外，孔子学院也开设音乐、舞蹈、武术、书法等课程。

（2）武术传播途径与内容

传播内容与途径是传播学"5W"模式中的关键环节，传什么？怎么传？是武术传播必须回答的问题。事实上，武术在世界各国的传播在这两个环节上是基本相同的，只是各自的侧重点不同。从传播途径来看，受众可以通过网络媒介、影视作品、竞赛表演、书籍报刊，以及口口相传的人际传播等来认知武术，如全世界访问量最大的视频网站YouTube，是可供网民上传、观看、分享影片或短片的重要网络媒介，人们可以从中搜索很多和武术相关的影像资料，其武术世界传播的窗口作用十分显著。传播途径的多元化使武术有了更大范围的认知空间，但这并不等同于人们可以真实地去体验和感受武术，无论网络如何发达、媒介如何多元，口传身授都是武术传承与传播无法替代的主要途径和方法。因此，不同类型的武术传播机构为人们切身体验中国武术提供了可能，甚至在缺少中国武术老师的情况下，他们开启了"自己训练自己"的培训模式，和许多欧洲国家一样，西班牙官方武术协会里没有中国教练，"通常教练都是西班牙本地人，或者他们从来没有去过中国，比较好的本土教练也大多集中在首都马德里。[1]"新浪博客的一篇博文让我们领略了"西班牙年轻人爱练武术更爱教武术"的风采[2]。近年来，武术协会致力于规范化推广武术，有越来越多的西班牙青少年接触并喜爱上这项源于古老中国的运动。在马德里以外的许多城市，"自

---

[1] 对西班牙武术组织负责人瓦埃勒·贾拉赫·普鲁登西奥的访谈。
[2] 西班牙年轻人爱练武术更爱教武术［EB/OL］.［2021-06-10］.http://blog.sina.com.cn/s/blog_5f685f610100cnbi.html.

己训练自己"和积极参加西班牙武术协会组织的教练培训和裁判培训，以及热衷通过赛事参与来提高技术水平，有效缓解了武术师资匮乏的问题，成为了一种新模式。如西班牙伊维萨岛的武术队，就是这一模式的典范，创办人罗沙里奥和克拉拉姐妹在小小的伊维萨岛已经拥有了数量可观的武术学生。

从传播内容来看，武术在西葡的传播基本上可以归结为三大类内容，既有以健身养生理念为主的各式太极拳、健身气功的传播；也有以竞赛表演为目的的竞技武术传播，这一大类内容包括了长拳、太极拳、南拳等多个拳种，以及刀枪剑棍和器械；还有以领略不同文化为要义的传统武术传播，这一类传播内容以少林武术、武当武术较为突出。在西班牙大概有三四家少林武术学校和三四家武当武术学校，相比于竞技武术，其受众规模较大。西班牙武协瓦埃勒先生认为，之所以少林、武当等传统武术有着较大规模的习练群体，是因为对于武术初学者而言，统一的服装标识和简单易学的动作给了他们良好的感受[1]。

2. 从一场文化交流活动看少林武术在西葡的传播

首都体育学院武术巡演团行程安排的最后一项任务是开展与当地武术传播机构的文化交流活动。10月26日下午，巡演团一行走进位于西班牙首都马德里的"嵩山少林功夫协会"。具有厚重历史积淀的少林武术虽然还未形成如太极拳一样广泛而深远的世界影响力，但其特有的文化内涵、技术特征和服饰符号也越来越成为人们关注的焦点。少林武术"禅中有武、武中有禅、禅拳归一"的理念充分体现了我国禅宗文化与武术的有机结合，也是在海外传播推广较好的武术"子品牌"之一。

"嵩山少林功夫协会"坐落在马德里中国文化中心内，并承接了中国文化中心的武术课程。巡演团到达时，会长释妙治[2]师傅带领学员们早早等在了门口，列队欢迎巡演团的到来。在遥远的西南欧，看到众多排列整齐划一、身着少林传统服饰的高鼻子蓝眼睛的"少林武僧"着实感到震惊，也十分感叹少林武术在海外传播推广取得的成效。随后，

---

[1] 对西班牙武术组织负责人瓦埃勒·贾拉赫·普鲁登西奥的访谈。
[2] 释妙治，西班牙嵩山少林功夫协会会长，少林寺皈依弟子。

这些"少林武僧"集体展示了传统少林功夫，并邀请巡演团的队员们一起上台表演。受到如此高级别的礼遇，首都体育学院师生也以最佳的状态向在场的观众展示了长拳、太极拳、南拳、醉拳、螳螂拳、九节鞭和空手夺枪对练等多个拳种套路，使交流表演气氛高潮迭起（图4-17）。

图4-17　部分现场交流展示图片

互动交流环节使我们看到了武术如何跨越语言、文化的隔阂，拉近了中西两国人民的距离。短短30分钟的教学活动，在语言不通、没有翻译的情况下，通过武术动作的肢体表达，少林武术中心的学员不仅学习了更多武术拳种技艺，也和首都体育学院的师生结下了深厚的友谊，教学活动结束后，学员们蜂拥而上与小教练们合影留念（图4-18）。

图4-18　交流互动后的合影留念

武术，作为一个传播推广的整体概念，在近半个世纪的海外传播历程中依然没有被广泛接受和认可，究其原因是技术体系太过庞杂成为了负累，对于与我们生活在截然不同的文化环境中的人们，武术带有天然的"他者"文化烙印，加上武术国际化传播"顶层设计"与"联动机制"不到位、传播内容繁杂、标准不统一的影响，致使武术整体概念的传播困难重重。而少林武术通过民间对外交流的模式，使少林文化在欧洲落地生根、发芽，逐渐结出希望的果实。其明显的文化标识、统一的行为规范、标准化推广体系和制度化管理措施是获得成功的关键因素。少林文化"为普通人开辟了一条通过身心合一的次第训练，步入明心见性的内在超越的大道"[1]，而"这条慈悲平等的人生成就之路"不仅是东方智慧与中国佛教的根本宗旨，也是世界大同的共同价值所在，是构建人类命运共同体的根基所在。

3. 武当武术欧洲传：道教文化空间的海外拓展

少林与武当作为具有宗教文化背景的武术门派，他们通过参禅悟道、身体力行来阐释中华文化和武学之深邃奥妙，千百年来，"北崇少林，南尊武当"被人们所津津乐道[2]。武当武术走进欧洲的肇始之旅是在1997年秋天，武当派第十三代传人王光德与其徒弟第十四代传人游玄德到访意大利，侯小琴等[3]通过多方访谈确定此前未见有武当传人远赴欧洲作文化传播交流活动。成立于2003年的武当功夫表演团为武当武术的对外传播做出了很多努力，依托武当山得天独厚的旅游文化资源和武当武术的名片效应，表演团通过在当地驻演及走出去巡演的方式极好地宣传了武当武术，使武当武术被广泛认知；2006年，武当武术被收录进国家级非物质文化遗产名录，此后有越来越多的武当武术传人离开武当山，在其发源地以外的地方以各种方式继续着武当武术的传承，也有一部分传人走向海外传播武当武术和道教文化。

---

[1] 高金萍，康恭濡，关邵峰. 从中国功夫到禅宗文化：少林文化对外传播现象研究 [J]. 对外传播，2020（8）：24.

[2] 赵瑜. 对武当武术产业化发展滞后的因素探析 [J]. 搏击·武术科学，2008（2）：41-42，45.

[3] 侯小琴，张德胜. 武当武术在欧洲的离散地衍生传承研究 [J]. 体育科学研究，2021，25（1）：13-18.

欧洲道教协会统计数据显示，截至2018年底，武当传人在欧洲设立的武当会馆和武当道院数量约为100家，分布于欧洲20多个国家，落地机构有欧洲道教协会、西班牙道教联会、意大利道教协会、斯洛文尼亚道教协会、德国道教协会、法国道教协会等20多家协会组织，在每个协会下又有若干武当会馆或武当道院。武当传人在欧洲设立的武当会馆与武当道院，均由欧洲当地的武当传人任住持，这些欧洲籍的住持均被武当派收为谱系内传人[1]。资晓（Alex Mieza）是一个地地道道的西班牙人，目前是武当山三丰派历史上第十六代正统传人，平日里他总是一身道袍，头盘发髻，和中国道观里仙风道骨的道士并无两样（图4-19）。2011年，资晓在西班牙海岛特内里费岛设立武术学校。并将武术学校命名为"崂山"，意在纪念发源于山东的崂山派。目前，崂山武术学校作为武当山道教武术授权的学校，已经在智利、阿根廷、巴拉圭和墨西哥等国家建立了国际学习平台[2]。

图4-19 习练武当武术的西班牙人（网络图片）

作为一种自发行为的民间交流形式的传承与传播是武当武术海外传播的主要方式，不难发现，现今活跃于欧洲的武当传人，一部分是由国内赴欧洲各国的武当传人，还有一部分就是如资晓一般慕名来武当山学艺修炼，后作为"本土化"传播人才对武当武术在欧洲的传播发挥了显

---

[1] 侯小琴，张德胜.武当武术在欧洲的离散地衍生传承研究[J].体育科学研究，2021，25（1）：13-18.
[2] 搜狐网.西班牙人学武术和太极，未来的女王学汉语，西班牙掀起中国文化热[EB/OL]．[2021-06-10]．https://m.sohu.com/a/282404417_132998/?pvid=000115_3w_a&sec=wd&spm.

著的作用。武当太乙五行拳嫡系传人覃侠老师[1]向我们介绍说："武当山虽然不像少林寺那样出名，但仍然吸引了为数众多的来自世界各地的洋弟子来到武当山习练，他们不仅学习技术，更对道教文化中的思想内涵十分认可，包括道家修行的生活方式；有的外国学生会在武当山习武修文很长时间，有的学生他们回国后还仿照武当山道观的样式在当地开馆授徒。"这是对武当武术传播产生重要作用的两部分人群，他们基于生存需要和对道教文化的认同，通过人际交流和群体传播的途径，使武当武术以民间传承的方式逐渐融入欧洲部分民众的日常生活，并进一步衍生出新的传承空间，且拥有数量较多的传承群体和比较稳定的文化空间，实现了我国非物质文化遗产在海外的活态延续。

4. 武术"西葡"巡演的传播效果与影响

舞台武术表演作为一种近距离传播中华武术的艺术形式，在武术走向国际的进程中发挥了独特的作用。相对于影视作品和舞台功夫剧而言，以展示技艺为主的武术表演可以更加真实地呈现中华武术的本来面貌，也可以更加方便地与观众产生互动[2]。首都体育学院原创武术剧目"华夏风·功夫情"以武舞结合的创新形式，从观众的认知和审美角度切入，通过"武源""武艺""武战""武乐""武韵""武侠""武舞""武魂"8个节目，向观众讲述了武术的起源、演变和繁荣发展的历程，用受众易于理解和接受的形式在讲述武术故事的同时，也让观众对中华文化有了一定的了解。为了解这种武术表演形式的传播效果与影响，演出期间对现场观众发放问卷进行调查，共发放问卷300份，回收有效问卷300份，问卷从整体印象、节目偏好、动机生成等多个维度进行调查，统计结果在一定程度上反映了西葡民众对武术传播效果的满意度和喜爱度。

（1）观众对演出的整体评价与认可度

"华夏风·功夫情"是一台由首都体育学院师生精心编创、不断打

---

[1] 覃侠，武当太乙五行拳代表性传承人（市级），著名武术家赵剑英之嫡孙女，曾多次代表湖北省赴海外通过非遗展演宣传武当武术。
[2] 孟涛.武术在美国[M].北京：北京体育大学出版社，2015：256.

磨，以展示武术技艺为主并融入舞美表现形式的舞台武术表演形式，通过多年海外巡演的历练已经形成了自己的品牌，得到国家汉办（已更名为中外语言交流与合作中心）、国务院侨办、文化与旅游部等派出部门的肯定，目前已到访世界30多个国家、演出近200场。2019年的巡演是这台节目首次亮相海上丝路节点国家，通过观众的反馈再次印证了这台节目的编创质量和武术传播效果。

问卷统计结果显示，观众对整台节目质量给予了很高的评价，获得9.4分（满分为10分）的总评成绩。作为现场观众的葡萄牙科英布拉大学体育学院副院长比阿特丽斯·戈梅斯在演出结束后激动地说："能将武术如此完美地融入艺术表演中，我感到非常震撼。这是我第一次近距离观看真正的中国传统武术，期待未来能有机会欣赏到更多类似的武术表演。"场地中的安保人员在观影之后也主动向我们分享了自己小时候学习跆拳道和功夫的故事，表演让他回忆起了自己的青春年华，唤醒了他作为武道习练者的身体记忆；许多观众纷纷向演职人员表示祝贺与感谢，他们认为武侠电影创造了中国功夫为世界观众所认知的巅峰，希望这台武术剧目也可以创造出这样的荣耀。

对现场观众的问卷调查结果（表4-8）显示，观众对于观看武术表演的情感都是积极正向的，希望有机会再次欣赏这类演出的观众占比为99%，实地观察结果也给了我们这样的反馈：现场观众能跟随情节的推动积极地参与到演出的各环节中，每一幕节目都能获得观众雷鸣一般的掌声和欢呼声，到技能表演的高潮处，观众的掌声会伴随表演的节奏一起律动。现场的互动环节，大家争先恐后地上台体验由世界冠军赵庆建老师带领的武术基础动作，现场参与感极强。

表4-8 观众对节目的认可度（N=300）

选项	数量	百分比（%）
愿意再看	296	99
不愿再看	4	1

（2）观众对节目的偏好

一台节目的编创过程体现了编创者的构思、审美和价值取向，也通过表演者的演绎传递给观者，使观众产生强烈的情感共鸣。区别于一般的武术表演，"华夏风·功夫情"的表演由8个既相对独立又环环相扣的节目组成，观者对于每一幕节目的偏好反馈可以为后期进一步提升节目效果提供参考。

从统计结果（表4-9）来看，现场超过四分之三的观众表达了对整台节目的喜爱，这对于编创者是极大的鼓励和认可，与编创者希望通过整台节目比较完整、全面地展现中华武术从远古时期人与兽斗中起源，到后来伴随不同历史时期而折射出武术的功能变化和艺术性的体现不谋而合。从每一幕节目的偏好选择可以看出，"武源""武韵""武魂"是观众最喜爱节目的前三名，以象形拳种表现武术源起的"武源"是最受欢迎的一幕，这可能与现场观众中年轻受众较多和人们对于趣味武术的喜爱有关；"武韵"以太极拳为主要表现形式，也受到观众的认可，这与太极拳在世界范围内的推广不无关系；"武魂"则充分展示了武者的高超技艺，使现场气氛达到高潮，也是临近剧终最令人感动的一幕。

表4-9 观众最喜欢的节目（N=300）

节目	整台节目	武源	武艺	武战	武乐	武韵	武侠	武舞	武魂	互动
数量	223	36	3	12	5	24	10	10	16	1
占比（%）	78	12	1	4	2	8	3	3	5	0.3

（3）观众文化需求的动机生成

武术海外巡演作为一种外宣手段，是通过肢体语言向海外受众讲述中国故事的良好途径。在观看演出的过程中，观众通过表演者一招一式的精准表达，会不自觉地感受来自中华文化的视觉冲击，从而进一步了解中国文化。

由武术表演引发的中国文化热也是我们的关注点之一，问卷调查结果（表4-10）中79%的观众表达了"希望进一步了解中国文化艺术"的意愿，并"希望去中国看看"，还"希望学习汉语"，甚至希望与我们建立联系、期待有合作的机会。巡演期间，西葡两国孔子学院多位外方负责人都表示：武术是中国优秀文化的重要内容，此次演出为两国高校之间的交流与合作提供了很好的平台，期待能以此促进我国与西葡两国之间在体育与艺术领域更多的合作与交流。

表4-10 武术剧目表演的传播效果（多选）

动机再生成	数量	百分比（%）
希望进一步了解中国文化艺术	236	79
希望去中国看看	93	31
希望去孔子学院看看	68	23
希望学习汉语	67	22
希望与艺术家建立联系或合作	58	19

随着经济全球化的发展，世界文化之间的交流层次不断加深。开展多层次、多角度、多平台的人文交流与合作，有助于世界各国人民全方位、立体化地了解中国，从而缓解那些对中国抱有敌意的国家恣意抹黑中国而造成的负面影响。蕴含东方智慧、承载中华文化基因的武术是一种普适性很强的"热媒介"，一次武术巡演可以激发现场观众的极大热情和对中国文化的向往，但想要海外受众真正乐于接受武术、理解武术文化还远远不够，我们要不断地强化传播意识、明确传播理念、开发更多武术传播内容、开拓更加丰富的传播模式，以此达到武术在传播目的国影响力的持久表达。

武术传播与武术发展相伴而生，可以说在武术传承与发展的历程中，传播活动就从未中断。西葡是古今海上丝路重要的节点国家，与我国有着漫长的交往历史，随着大航海时代的展开，海上丝绸之路作为近四百年来主要的交流媒介，将东西方两大文化体系联结在一起，使我国与世界的文化往来更加频繁、通畅[1]；综观两千多年的海上丝绸之路史，它不仅是一部中国对外经济交流史，更重要的是它反映了中华民族从陆地走向海洋、从内陆走向世界，逐步实现全球化的历史进程[2]。武术在海外的传播离不开海外华人和影视媒介，功夫电影的媒介影响力使武术扬名世界，而海外华人则使武术成为一种看得见、摸得着的文化现象存在于驻在国。就西葡的武术传播而言，我们发现还存在诸多亟待解决的问题，如专业师资力量的缺乏、来自中国武术协会的指导（包括

---

[1] 曹国梁.从"海上丝绸之路"看西乐东传[J].甘肃高师学报，2020（4）：136.
[2] 廖大珂.海上丝绸之路与华侨[J].海交史研究，2015（1）：108.

教练培训、段位体系、训练体系的建立）及市场开发困境等。随着"一带一路"建设的推进和中国世界影响力的不断提升，世界各国人民渴望了解中国的愿望日益强烈，中国经验、中国话语正在成为"热词"被世界所关注，武术文化的传播无疑是构建中国话语体系的重要组成部分，我们应充分利用这一历史机遇期，使武术快速而深入地走向世界，从而达到世界各国人民对中国武术的话语认同。

五、武动"南洋"：武术文化在东南亚国家的包容共生

"南洋"是明清时期对东南亚一带的称呼。东南亚位于亚洲东南部，地处亚洲与大洋洲、太平洋与印度洋的"十字路口"，共有11个国家属于东南亚地区。东南亚是我国开展周边外交、推进"一带一路"倡议的重要舞台之一。相较于遥远的欧洲，东南亚各国与中国在地缘、人员和文化的交往方面有着天然的优势。2015年11月7日，习近平主席在新加坡国立大学发表题为《深化合作伙伴关系 共建亚洲美好家园》的重要演讲，指出："一带一路"倡议的首要合作伙伴是周边国家，首要受益对象也是周边国家，我们欢迎周边国家参与到合作中来，共同推进"一带一路"建设，携手实现和平、发展、合作的愿景[1]。中国与东南亚各国共建"一带一路"时，必须高度重视该地区各国民众之间的相互了解、理解和信任，而要做到这一点，加强人文交流与合作是促进双方民众彼此沟通的最有效途径[2]。基于不同的国家特性、文化特性和双（多）边特性，以武为媒架起一座民心相通的桥梁在东南亚地区有着较好的基础。对于武术在东南亚地区的传播，以新加坡、马来西亚作为主要研究对象，并从"会馆武术""教育武术""竞技武术"三个维度呈现东南亚武术传播发展的历史轨迹与特征。

---

[1] 人民网. 习近平在新加坡国立大学的演讲[EB/OL].（2015-11-07）. http://politics.people.com.cn/n/2015/1107/c1024-27789437.html.
[2] 张骥, 邢丽菊. 人文化成：中国与周边国家人文交流[M]. 北京：世界知识出版社，2018：4.

（一）会馆武术：武术在东南亚传播的基石

提及会馆，我们无法回避的就是生活在东南亚地区的华人群体。华人大批移居东南亚海岛是在19世纪中叶以后，当时国内民不聊生，又正值西方列强在东南亚开拓殖民地，劳动力匮乏，于是大批中国劳工以卖猪仔的形式被贩卖到东南亚一带。宗乡会馆的成立为客居异乡的华人华侨提供了一个可以寄托乡愁和维系根脉的场所。这些宗族性质的社团不仅有效地保护了华人的人身安全，维护了华人的正当权益，也为中国武术在东南亚地区扎根、发展奠定了坚实的基础。会馆是东南亚华侨华人进行武术活动的重要阵地，它既包括主要由寓居东南亚地区的华侨华人武术家所创立的以开馆收徒、传授武技，开展武术表演和交流为目的的精武会、武馆和各类拳社，还包括地缘会馆、业缘工会、血缘宗祠，这些会馆除在同乡、同宗和同行间加强团结与协作、相互支持与帮助、调节矛盾与纠纷等方面发挥巨大作用外，还把发展和推广体育运动作为办馆的宗旨和要务，中华武术等传统体育项目在其中占有极其重要的位置[1]。

1. "会馆武术"形成的历史溯源

（1）早期移民："会馆武术"形成的群众基础

移民（Emigration）是指人口在一定距离的空间上的迁移，这种迁移具有定居性质[2]。造成持续性移民现象的基本原因主要是为寻求较好的谋生手段和生存空间。但凡较大规模移民现象的发生，需具备三项基本条件：第一，迁出地无法满足人们基本的生存需要，或存在因政治变动造成寻求新的生存空间的压力与意愿，如土地的超负荷人口载量、战乱造成的经济残破、政治迫害等，12~13世纪的中国中原地区，17~20世纪的闽粤乃至中国中东部各省都存在这种移民压力；第二，必须存在得以移居的新的生存空间，即有能力吸收移民的地区，如17至20世纪的东南亚等；第三，尚需具备使人民迁徙得以实现的条件，如移民

---

[1] 于海滨. 闽南武术在东南亚的会馆化传播 [J]. 搏击. 武术科学，2012（4）：6.
[2] 葛剑雄. 人在时空之间 [M]. 北京：中华书局，2010.

海外所需的运输手段、对新的生存空间的认识等,如宋元以来闽粤海商对南洋的了解,15世纪以来欧洲人的地理大发现等;此外,移民本身的主观动机,包括移民和敢于移民的意愿和勇气也是重要影响因素[1]。

有学者认为,中国人移民东南亚的历史,根据其动力和规模可分为4次大潮。东南亚作为中国人移民海外的最主要目的地,其大规模的迁移始于17世纪,盛于20世纪上半叶,不同时期移民潮的形成各有其不同的动力因素,但政治、经济和社会环境因素都是促使东南亚移民潮形成的主要动力[2]。例如,马来半岛的锡矿业与橡胶业非常发达,市场销量与价格又很好,导致了很多中国移民加入这些劳动大军中,从事着锡矿开采以及橡胶种割的工作[3]。除了主动来到东南亚的移民以外,还有许多人是被西方殖民主义者以低价购买或通过掳掠和拐骗的方式到海外充当廉价劳动力的。例如,英属与荷属殖民地的"劳荒"问题,主要是依赖新加坡的转运线来供应而加以克服。有史料记载,与满清驻新加坡首任领事左秉权有通谱之交的李钟钰先生,于1887年(丁亥年)所著的《新加坡风土记》中写道:"闽广沿海人民,追至南洋各岛谋生,虽已日久,然皆贸易之商贾,或以负贩营生。二十年来,西人开垦招工,佣值顿贵;于是贩卖人口出洋者,名曰'卖猪仔',设馆于澳门,公然买卖。沿海人民,或被骗,或被劫,一入番舶,如载豕豚,西人以卖者贱视之,即亦虐杀之,其惨有不可言状者。"华人被迫移民的惨状跃然纸上。然而,这些早期的华人移民虽身份低微,但是他们当中也不乏身怀绝技的高手。这可以从殖民者各处种植园和矿场中所发生的暴动事件的搏杀方式看出来,大多数暴动的场面,华工们用镰刀和木棍、铁枝,甚至是赤手空拳来抵御镇压。邦加、勿里洞及日里等地的华工,他们在殖民者心目中被认为是华工中最顽固、最反动的一群,他们的反抗力量曾使当时的英、荷殖民地主义者大为震惊。

在东南亚早期的移民社会中,并不存在专门为了传授武艺而建立的武馆,只有为了保护华工群体的利益,为无家可归的同乡提供住所、处理他们身后之事的宗亲和同乡会馆,主要由闽粤乃至中国东部各沿海城

---

[1] 庄国土,陈君. 1980年代以来东南亚的中国新移民[C]. 21世纪出入境(移民)管理研讨会,2008.
[2] 庄国土. 论中国人移民东南亚的四次大潮[J]. 南洋问题研究,2008(1):69-81.
[3] 赵柏钧. 中国舞在新加坡的传播与变异[D]. 北京:中国艺术研究院,2019.

市的华人移民构成。他们在会馆里将武技教授给同乡，在使同乡可以保护自己免受欺辱的同时，也为今后"会馆武术"的形成奠定了良好的群众基础，甚至发展成为超越了武术运动本身、能够联络各方并凝聚海外华人力量的重要基地。

（2）"五使"下南洋："会馆武术"形成的推动力

宗亲和同乡会馆为"会馆武术"的形成积聚了人脉，而精武体育会的海外发展则成为"会馆武术"在东南亚发展的推动力。精武体育会是中国近代体育史上历史最为悠久、成立最早并具有深远影响力的民间体育团体，其前身是1909年成立于上海闸北的精武体操学校，并于1916年4月6日正式更名为精武体育会。20世纪初期，中国社会正处于动荡不安的历史时期，精武体育会不再是一个单纯教授武术的学校，而是转变成一个传承尚武精神的社团。关于精武会成立的历史背景及其与孙中山先生领导的同盟会之间的关联，和为中国革命取得胜利所做的贡献，众多文献都做了记载[1-3]，本文不再赘述。本研究主要关注点在于精武体育会如何推动武术国际化传播进程，"五使"下南洋的历史事件为我们留下了许多珍贵资料。

早期移民东南亚一带的海外侨胞多来自广东、福建沿海地区，精武体育会由上海至广州的发展，也使得这些侨胞通过与国内在政治经济方面的往来而获取了有关精武会的信息，有侨胞曾致信询问有关精武会的情况。1919年，精武体育会有意向东南亚发展，并于1920年8月派遣陈公哲、罗啸璈、黎慧生、叶书田、陈士超5人带着孙中山先生为之作序的《精武本纪》《精武章程》等书籍，还有精武会自拍的电影出访南洋。由"五使"之一的陈公哲先生著述的《精武五十年》详细记录了这次旅程，5位特使首先在越南建立了西贡精武分会，后抵达新加坡，受到了当地华侨的热烈欢迎，在侨绅伍璜等9人的帮助下发起成立精武分会。陈公哲等人在华英戏院开设讲演，宣传精武精神、播放精武影片并表演精武武术，场内座无虚席，因反响热烈而不得不加演一场，可谓盛

---

[1] 汤林侠.精武体育会海外发展的研究[D].上海：上海体育学院，2016.
[2] 张银行，李吉远.使命与扬武：精武体育会与武术近现代化研究[J].山东体育学院学报，2010，26（12）：41-46.
[3] 王占奇.早期精武体育会武术传播寻绎[J].山东体育学院学报，2012（1）：52-56.

况空前。之后5位特使赴马来西亚、吉隆坡，拜会当地华侨社团，顺利成立雪兰莪精武分会。接下来5位特使分别走访了马来西亚槟城、三宝垄等地，并在当地华侨的帮助下成立了精武体育分会。

历时两个月的南洋之行，使精武体育会在东南亚地区名声大振，在当地侨胞的帮助下共建立了8个精武分会。当然，精武会馆建立的过程也并非都是一帆风顺的，如在印度尼西亚就遭遇了传播困境。"统计余爪哇之行，成绩远不及马来西亚，其原因：第一，因各地华侨事先毫无准备、无筹备组会之举。第二，因爪哇在荷兰统治之下，限制綦严，而不及马来西亚之集会自由。第三，因各埠华侨人数不及马来西亚之多"[1]，这是陈公哲先生对南洋之行的反思。地理上的距离遥远导致华侨人数较少，离开华人华侨的纽带，武术传播很难在本土居民中形成跨文化影响力，是我们在武术海外发展研究中必须注意的一点。"五使"南洋之行有力地推动了当地武术的发展，之后在精武体育会的带动下，各类会馆犹如雨后春笋在东南亚生根发芽，对武术在东南亚的早期传播发挥了巨大作用。"五使"出访留下的珍贵资料和传播经验到如今依然具备很高的时代价值，值得我们研究[2]。

2. 不同时期会馆武术的功用及其发展特征

自20世纪20年代初期由精武"五使"推动成立多家精武海外分会以后，东南亚一带会馆武术之风日盛，至今已有百年历史。在这段长达百年的发展历程中，会馆武术的发展历经战火洗礼、见证历史兴衰，在不同的历史时期呈现出不同的发展特征，也发挥着不同的作用。

（1）战火纷飞阶段（1936—1945年）：凝聚华人，救亡图存

早期东南亚会馆武术的形成与壮大，离不开与精武体育会同处一个历史时期的中央国术馆的推动。1936年，南京中央国术馆馆长张之江率领五虎将球队和20名武林能手抵达新加坡，与精武体育会联合举办了"南北国术大会操"，这是在新加坡举办的第二届武林盛会。操会闭幕后，张之江对当地琼帮拳师说："琼帮拳术在中国声誉

---

[1] 陈公哲.精武会五十年[M].沈阳：春风文艺出版社，2001：69.
[2] 汤林侠.精武体育会海外发展的研究[D].上海：上海体育学院，2016.

卓著，惜在本地未见有设馆授徒，实为一大憾事。"张之江的这番话实为有心之发，旨在鼓励当地侨胞发扬华族武术，使其在异域开花结果。这番话也使琼帮拳师大为振奋，于是游说新加坡和马来西亚两地琼籍人士进行武术社团的筹备，继精武体育会之后的新加坡第二间武馆——光武国术团在"南北国术大会操"的影响和张之江的鼓励下于同年诞生。

光武国术团成立于中华民族危亡之际，在其成立后的次年（1937年7月7日）便爆发了"卢沟桥事变"，中日两国正式宣战；5年后"太平洋战争"爆发，日军南侵，战事的炮火蔓延至新加坡。光武国术团处于世界动荡不安的非常局势中，依然坚守他们"光复失地，我武惟扬"的决心，坚持并积极参加救亡筹赈的工作，直至日军占领新加坡后，光武国术团才被迫停顿会务。光武国术团不仅是一个传授武艺、发扬中国功夫的国术团体，更是一个关心时局、热爱祖国、具有使命感和责任感的社会团体。光武国术团中的多位先贤也都是既通武功又擅医术的高手，在练武教武的同时也施医布药、造福一方。在战火纷飞的年代，东南亚一带如光武国术团、精武体育会一般的会馆，发挥了凝聚华人、救亡图存的重要作用。

（2）涅槃重生阶段（1945—1978年）：文化堡垒，维系根脉

1945年"二战"结束以后，新加坡得以光复。东南亚各个国家纷纷摆脱殖民统治，恢复自主权，也就是二战后至1960年南洋诸国如菲律宾、印尼等国家的"亚洲觉醒"民族解放运动。与此同时，东南亚的武术会馆不仅从事武术、体育、文化、艺术等活动，它们也关注社会福利公益活动。以马来西亚为例，马来西亚精武体育会总会每年都会举办"精武嘉年华"活动。活动期间，武术是必不可少的节目，同时还要举办乒乓球、绘画、象棋、武狮等多种形式的文娱活动。怡保精武体育会是马来西亚精武体育会总会的重要成员之一，它曾多次承办嘉年华活动。怡保精武体育会除设有武术、田径小组外，还设有龙狮、舞蹈、话剧、图书等多个小组。其中，话剧组于1975年成立以来，先后编演过《林冲夜奔》《精忠岳传》《孙悟空三打白骨精》《聊斋志异》《武松与潘金莲》等中国传统剧目。"基本服务团"亦是怡保精武体育会的主要机构，其宗旨是以"母会"办会宗旨为基础，积极服务社会、惠及乡

邻及救济贫病者。

特殊的历史时期，作为华人社团重要组成部分的武术会馆，是超越了宗派的社团组织，它容纳了所有华裔公民，不分宗亲、血缘、宗教信仰，代表了整个华人社会的基本机构。在东南亚华人社会面临文化发展的巨大外来冲击时，武术会馆的建立对于促进华人社会的联合、团结，增强华人社会内部凝聚力，维系中华民族文化根脉作用显著，成为中华文化海外认同的文化堡垒。

（3）停滞不前阶段（1978—2000年）：固守传统，逐渐没落

随着中国改革开放脚步的不断加快，武术也于20世纪80年代初期确立了走向国际化发展的战略目标，电影《少林寺》在东南亚的热播更是助推了竞技武术的海外传播，影片可以称得上是群英荟萃，云集了以李连杰为首的国内顶尖武术运动员参演，该片仅在新加坡的票房收入就高达173万新币，一时间掀起东南亚武术热。东南亚一带的武术爱好者纷纷到中国学习武术，中国武术协会也派出援外教练到东南亚国家执教，随后亚武联、国际武联的相继成立和武术成为第11届亚运会正式比赛项目，极大地推动了竞技武术在东南亚的传播与发展。然而，竞技武术在东南亚的快速传播对于以南派传统武术和龙狮为主要教学内容的会馆来说，无疑增加了市场竞争的压力。此外，跆拳道、空手道等域外武技以其商业化的经营模式以及品牌效应也吸引了大批年轻一代的目光。虽然时代的变化和更多域外武技的传入并未使会馆武术消逝，但那些无法适应时代变化、依然固守传统不愿改变的会馆逐渐走向了没落，有些会馆虽然还在勉强维持运营，但事实上已基本没有自己的教练团队和队员，失去了往日的辉煌。

总结会馆武术发展日渐式微的原因，主要有三个：一是在东南亚一带各种类型的武术馆校如雨后春笋般涌现，形成了较大的市场竞争压力，导致受众减少、后继无人；二是东南亚地区华人人口比例减少，曾经华人与马来西亚其他族群是5∶5的人口比例，而现在马来西亚3300万人口中，华人只有600万人，年轻一代的华族后裔，虽然依然接受华文教育，但与祖辈相比，他们对华族文化的认同和接受度淡化了很多；三是传统会馆固守传统的经营模式无法适应时代的发展，会馆的领导层有的是固守传统不想去改变，有的是为了商业利益而盲从市场，失去了原

来坚守本心的初衷。多种原因交织在一起，使曾经风光无限的会馆武术发展一度举步维艰。

（4）厚积薄发阶段（2001年至今）：乃文乃武，续写辉煌

在经历了很长一段发展停滞期以后，一些百年历史的武术会馆焕发了新的生机，他们秉承"乃文乃武"的文化传统，续写了昔日辉煌。精武体育会对武术的世界传播影响巨大，特别是在东南亚一带，20世纪七八十年代，能够代表国家参加各种武术比赛的运动员大部分来自精武体育会。但前文提到的种种导致会馆武术发展停滞不前的原因同样也对精武体育会产生影响。2005年接任精武体育会会长一职的张金发[1]，仔细考察、分析了精武会的历史与现状，希望可以重振精武精神，为国家争光。通过多方筹款，2019年2月24日，森美兰精武体育会精武大楼落成，大马武术学院也正式成立，森美兰州最高统治者受邀成了大马武术学院的荣誉顾问，并表示要吸引更多年轻人参与武术运动，促进各族团结。精武体育会积极寻求多元化发展渠道，与马来西亚博特拉大学签署合作备忘录，与中国河北邯郸太极学院、浙江温州体校等单位建立合作关系，努力将武术融入教育体系，全方位助力高素质武术人才的培养。2021年4月29日，张金发会长与首都体育学院武术与表演学院、国际合作与交流处的领导和老师举行了线上会议交流，双方就未来的合作进行了初步沟通（图4-20）。

图4-20　张金发会长与首都体育学院的线上交流

---

[1]张金发，马来西亚武术总会总会长，森美兰精武体育会会长，国际武术联合会执委。

新时期，会馆武术的发展继承传统、开拓创新，在更广阔的平台上不断地耕耘，使传统武术得以延续，使武术的影响力不断提升，凭借深厚的历史积淀和各界人士的共同努力，厚积薄发，定能结出丰硕成果。

（二）竞技武术：东南亚武术发展的领跑者

竞技武术的出现和快速发展是在中华人民共和国成立以后。中华人民共和国成立初期，原本作为民间技艺的武术在"发展体育运动，增强人民体质"的方针指引下成功完成了体育化改造，在近70年的发展过程中取得了令人瞩目的成就，特别是对武术国际化推广的贡献十分突出。从70年代初期具有"武术外交"意义的访美演出，到国际武术组织的不断发展壮大，以及2020年武术被列为塞内加尔青奥会的正式比赛项目等，竞技武术发展虽历经风雨但成绩斐然。与中国比邻的东南亚国家，是较早参与和推动竞技武术发展的践行者，1987年成立的国际武联筹备委员会中，新加坡、马来西亚的委员都参与其中，于1991年在菲律宾首都马尼拉举行的第16届东南亚运动会，武术就被列为东南亚运动会的正式比赛项目[1]。此后，竞技武术在东南亚国家发展势头迅猛，逐渐成为东南亚武术发展的"领跑者"。

1. 以成绩促发展，获得政府认可与支持

竞技体育是体现一个国家经济实力、政治影响力的窗口，不可否认竞技体育的发展离不开经济实力的支撑，但作为"非奥"项目，想要在国家体制内获得认可和支持并不是一件容易的事情。原马来西亚国家武术队队长胡茗瞋[2]向我们介绍了国家队获得政府支持的过程：

马来西亚国家队在1999年以后才成为全职的运动队，以前都是临时组队去参加比赛，就算是世界赛，也都是武术总会去找一些商家赞助，拿奖的话可以向国家体育理事会报销部分费用。之所以能够被国家政府

---

[1] 雷春斌.中华武术在东南亚的传播[J].八桂侨刊，2002（1）：62-64.
[2] 胡茗瞋，原马来西亚国家武术队优秀运动员、国家队队长，现为马来西亚武状元体育学院负责人。

认可，和我们取得的成绩，以及每一届会长的积极努力是分不开的，我们的会长一直坚持向国家体理会申请接纳武术成为正式的培训基地团体，大概用了10年的时间去努力，体理会也观察到我们取得的成绩，他们发现虽然武术不是奥运会项目，但也可以取得很好的成绩，可以为国家争得荣誉，于是就一直支持国家队的发展。所以现在国家给了我们训练基地，运动员都是集中训练的，一线队员有工资，二线队员有补贴，会根据成绩来确定薪资的级别。虽然有的时候不能全额发放奖金，但已经很不错了；进入国家队的运动员还可以享受接受高等教育的优惠政策，国家队有一个体育学院，从中学到大学预备班，运动员都可以就读，读完2年专科可以获得继续读大学的名额，不用和别人竞争，还会获得奖学金。

当然，待遇提高和条件改善也必然伴随更高的要求，国家体理会也会给我们下任务，比如说亚运会必须要拿到一块金牌，世锦赛要拿多少奖牌等，如果没有完成任务，明年的训练经费就会缩减，也不会给那么多的运动员名额了，现在国家队的名额有15~18人，剩余的要自己承担费用，甚至自己承担费用也不可以，因为没有地方住，还要解决很多其他方面的问题。（胡茗暳老师口述）

在东南亚各国，竞技武术发展较好的国家基本上都有政府和财团的支持，像新加坡、马来西亚、菲律宾、越南、印尼、缅甸等都有国家提供的武术训练基地，国家武术协会的主要负责人也多由一些经济实力雄厚的华侨华人担任，为这些国家在武术竞赛、培训交流等活动的开展方面提供了保障。而在泰国、老挝等国家目前还没有建立武术训练基地，相比有政府投入和支持的国家，他们在竞技武术（套路）成绩上也略逊一筹。

2. "走出去"与"请进来"的良性互动助力竞技水平的快速提升

一个项目的推广、普及和提高需要多方面的合力才能实现，对于武术这种以实践体悟为根本的身体技艺，口传身授是最佳的传承方式，面对面的交流切磋是技术水平提升的快速通道。东南亚各国竞技武术水平能够提升较快和保持较好的发展态势，与他们在"走出去""请进来"方面所下的功夫不无关系。"走出去"主要是让运动员和中国国内高水平专业队的运动员一起训练，交流感情、切磋技艺、开阔眼界；"请进来"则是借力国内高水平师资力量有针对性地提升本国运动员的技术水平，这样的良性互动对东南亚竞技武术整体水平的提升发挥了不可小觑的作用。

马来西亚武术总会每年都会带队员来中国训练，国内一大半的省队都曾留下他们挥汗如雨的身影。早在20世纪80年代，他们就开始聘请中国著名的教练和运动员来执教马来西亚国家队，最早邀请的是上海的张福云老师，后来邵善康、白文祥、彭英等许多老师都曾受邀执教过国家队；2019年世锦赛前，浙江队退役运动员毛雅琪也受邀指导马来西亚国家队队员进行赛前集训。

新加坡的武术教练更是有多半来自中国的武术专业运动员和教练员，仅北京武术队就有多人曾赴新加坡执教，如我们熟悉的北京武术队优秀运动员戈春燕、薛兴福、邱广文、卡力、商郁等，他们有的定居新加坡长期执教，有的则以短期培训的形式往返于中国和新加坡之间。目前执教新加坡国家武术队的是来自天津和山东的三位年轻教练，分别负责长拳、南拳和太极拳组的训练工作。新加坡武术龙狮总会也经常组织运动员前往国内的省市专业队和体育院校进行封闭式训练。

在菲律宾，有28%和17%的武术执教者来自中国各专业武术队和体育院校，这些人员有的是国家公派援外教练，有的是社团高薪聘请赴菲执教，旨在提高菲律宾武术专业技术水平，增强其在国际比赛中的竞争力[1]。在笔者随国侨办"文化中国名家讲坛"赴菲访问期间，菲律宾武术协会会长陈著远先生还提起是否可以推荐优秀武术师资赴菲执教的事情，希望可以聘请到高水平的老师来使菲律宾的武术水平更上一层楼。对于"走出去"和"请进来"，东南亚各国已经形成一种普遍共识，而要实现这样的互动也离不开政策支持和经济实力的保障。

3. 注重后备人才培养，夯实武术发展根基

后备人才培养与梯队建设是保持运动队成绩稳步提高的必要条件，东南亚各国对于武术后备人才的培养历来十分重视。新加坡武术龙狮总

---

[1] 张庆珍，张敏. "一带一路"倡议下中华武术文化在菲律宾的传播策略[J]. 吉林体育学院学报，2018，34（5）：104.

会会长洪茂诚先生在与中国武协负责人的谈话中曾表示，目前新加坡中小学竞技武术比赛已初具规模，今后将着重从比赛中发现优秀青少年运动员，并吸收到青少年国家队中，作为后备人才进行培养，以完善运动员的梯队建设。马来西亚后备人才培养更具体系，即便是在新冠大流行的庚子鼠年，他们也在坚持训练和进行内部测试（图4-21），2020年9月和12月共进行了2次内部测试，包括国家队精英组和后备组的全体队员。

图4-21 新冠大流行期间坚持训练和赛前测试（供图：马来西亚武术总会）

后备人才培养是东南亚竞技武术水平始终保持良好发展态势的关键，从近5届世界武术锦标赛和近3届世界青少年武术锦标赛的奖牌榜我们也能一窥端倪。

从三国参赛成绩来看，马来西亚始终保持着较高的水准，无论是世锦赛还是世青赛，每一届比赛都有金牌入账；新加坡也保持着相对稳定的成绩，其世青赛成绩优于世锦赛，也反映出后备人才培养成绩显著；而菲律宾国家队的成绩稍显逊色，世锦赛成绩比较稳定，但第7届世青赛却未能派出队员参赛。此外，从奖牌榜和参赛项目及报名人数的统计来看，武术套路在马来西亚和新加坡是优势项目，散打项目基本没有开展；菲律宾在套路和散打两个项目上都曾取得过不错的战绩，第6届世青赛还收获了一枚散打的铜牌，但第7届世青赛却未能再接再励，不免令人惋惜（表4-11，表4-12）。

表4-11　东南亚三国近5届世界武术锦标赛奖牌统计

	第11届			第12届			第13届			第14届			第15届		
	金	银	铜	金	银	铜	金	银	铜	金	银	铜	金	银	铜
马来西亚	1	2	4	4	5	5	3	4	4	2	3	3	2	5	1
新加坡	1	0	0	1	1	1	1	1	2	0	0	1	0	0	2
菲律宾	2	2	4	1	2	3	2	2	1	0	2	2	0	2	2

表4-12　东南亚三国近3届世界青少年武术锦标赛奖牌统计

	第5届			第6届			第7届		
	金	银	铜	金	银	铜	金	银	铜
马来西亚	3	5	2	3	6	7	7	5	9
新加坡	5	6	5	5	2	0	3	6	5
菲律宾	2	1	3	0	1	1	未参赛		

（数据来源：国际武术联合会官方网站及比赛秩序册、成绩册统计。）

（三）教育武术：武术"在地化"传播发展的希望

让武术走进校园，不仅可以夯实武术运动发展的根基，更是武术在世界各国"在地化"传播发展的希望。本研究所关注的东南亚国家的"教育武术"发展虽各具特色，但都与政府的鼓励和支持以及武术传播者的努力高度关联。新加坡前总理李光耀先生的体育思想对新加坡武术发展影响至深[1]，他将传统武术等民族传统体育融入大众体育之中，并强调大众体育是根本，与竞技体育是相互推动与促进的关系。在他的影响下，新加坡的大学、中学和小学都有武术活动开展，约有三分之一的中小学校都开设了武术课程，在教育部注册的5所理工学院中有4所开展武术课外活动。新加坡体育理事会也将武术纳入"卓越体育2000年"计划，成为该计划支持的7个优选项目之一[2]。马来西亚已将武术列入

---

[1] 全海英，袁琳琳，杨贝.李光耀体育思想探析[J].体育文化导刊，2016（8）：23-27.
[2] 黄政.新加坡推出卓越二〇〇〇年计划[J].体育世界，1994（4）：45.

学校教育大纲并成为世界上除我国之外第一个将武术列入学校正课的国家。菲律宾也已将武术列入中小学运动会的竞技项目。这些都说明武术已逐渐纳入东南亚国家的教育体系，发展成为学校体育教育的教学内容。不得不说，这对国内"武术进校园"的开展具有很好的启示作用。

1. 新加坡——南洋女子中学的校园武术发展

辛亥革命时期，南洋女中由一批来自中国同盟会的领导者创建。他们在孙中山先生的倡导下，积极兴办女子教育，意在让女性成为对社会有贡献的人[1]。作为新加坡最优秀的中学之一，南洋女中始终秉承"勤慎端朴"的校训，以培养有文化、有素质的女子为目标，不断开拓进取，于1979年获选为特选学校，1993年南洋女中便成为自主中学，2007年荣获新加坡国家教育部颁发给学校的最高和最卓越的奖项。素质教育是南洋女中的教学特色，把学生培养成"德、智、体、群、美"五育均衡发展的高素质、全球化人才，是学校的办学理念和目标。武术教育以课外活动的形式成为该校实施素质教育过程中不可或缺的一部分，取得了突出的成绩，南洋女中在新加坡学校武术活动的开展中极具代表性。

（1）教育理念与文化身份认同的高度契合

教育理念是教育主体在教育实践、思维活动及文化积淀和交流中所形成的教育价值取向与追求，是一种具有相对稳定性、延续性和指向性的教育认识、理想的观念体系[2]，每一所学校因其培养人才的规格和要求不同，因此在教育宗旨、教育使命、教育目的、教育理想、教育目标、教育要求、教育原则等包含于教育理念之中的内容体现也就不尽相同。新加坡南洋女中创建于1917年，是一所具有百年历史的名校，在这里学习的学生90%以上都是华裔，尽管他们已经是生于斯长于斯的新加坡人，但学校和家长都希望这些孩子能够不忘本来，对自己的文化身

---

[1] 百度百科. 新加坡南洋女子中学 [EB/OL]. [2021-09-20]. https://baike.baidu.com/item/%E6%96%B0%E5%8A%A0%E5%9D%A1%E5%8D%97%E6%B4%8B%E5%A5%B3%E5%AD%90%E4%B8%AD%E5%AD%A6.

[2] 韩延明. 理念、教育理念及大学理念探析 [J]. 教育研究，2003（9）：50-56.

份有清晰的认知和认同。学校十分重视学生的均衡发展，除了教育部规定的基础课程以外，与中国传统文化相关的课外活动十分丰富，除了武术，这里的孩子还会学习华乐、华族舞蹈、舞狮以及书法等内容，而武术作为新加坡南洋女中的重点项目已经获得教育部认可，教育部每年会拨付专款用于武术活动的开展。南洋女中负责武术项目的教务主任说："我们让学生学习武术，不仅是让她们习得武术技能，还要通过学习武术能够去热爱和了解中华文化的博大精深。"正是这样的教育理念与文化身份认同的高度契合，使武术在南洋女中得以蓬勃开展。

（2）政策支持与优选师资的良性互动

南洋女中曾在新加坡举办过的19届中小学武术比赛中获得18次团体冠军，这一成绩与他们聘请的优质师资不无关系。央视《武林外传》第二季"龙耀狮城"中专门报道了南洋女中的武术活动和在这里执教的薛兴福[1]老师。

薛兴福，原北京武术队优秀运动员、教练员，于1998年追随爱人来到新加坡定居。初到新加坡的薛兴福老师凭借自己精湛的武艺和丰富的武术教学经验，吸引了新加坡南洋女中的注意，他们向薛老师伸出了橄榄枝，没想到这一次的邂逅却成就了彼此，南洋女中的武术活动自此如火如荼地展开，薛兴福老师也从最初的客座教练成了南洋女中的签约教师，这在新加坡应该是绝无仅有的。在他的带领下，南洋女中在新加坡中小学武术比赛中蝉联18次团体冠军，风光无限。新加坡南洋女中的教学经历使薛兴福老师更加坚定了让武术走向世界的信念，他认为让武术真正走向世界就是得到更多青少年的喜爱，在海外从事武术基础教育，要结合当地文化习惯和学生身心发展特点，要付出真心和耐心（图4-22）。"我在教课过程中比较注重对学生的人格塑造与品德养成，从武术中一个简单的抱拳礼开始就向学生传输着尊师重道、谦虚有礼、不狂妄自大、胸怀宽广的思想与气度，再从技术教学的每一个环节来培养学生坚韧不拔、勤奋进取的精神和品质，学生的变化是最能反映教师的教学成果的，学校和家长都注意到了这种变化，比如孩子比过去

---

[1] 薛兴福，原北京武术队运动员、教练员，于1998年移民新加坡.

更懂礼貌了、身体状态更好了、精神面貌也提升了，再加上我们在新加坡学校武术比赛中确实成绩很突出，自然我的教学工作也就得到了校方的高度认可。"薛兴福老师如是说。

图4-22　薛兴福老师拳照及执教场景（图片由薛兴福老师提供）

中华武术之所以能够在新加坡中小学全面开花，正是因为有一批像薛兴福老师这样兼具精湛技艺和武术情怀的武术传播者，他们的执着与坚守使得武术在异国结出硕果，也得到了政府和校方更多的支持与认可。目前，教育部为了鼓励学生积极参与武术课外活动，是有相应的加分制度的，甚至在小升初面试时都是至关重要的影响因素；南洋女中还规定学生只要参加比赛就会有分数，参赛获奖则根据奖项的级别有不同的加分。政策上的支持与优质师资的互动，形成了推动武术在南洋女中和新加坡中小学开展的良性循环。武术得到教育部认可后，各个学校更加积极地发展武术。原来全国中小学生武术比赛半天能完成，现在由于参赛学校超过百所、参赛人数超过千人而使赛程延长到了两个星期，这样的比赛规模对新加坡而言相当可观。

（3）成效显著与社会认可的品牌效应

南洋女中作为一所百年名校，在新加坡得到了广泛的社会认可，生源质量很高，家长都希望自己的孩子能够在这所学校就读，而武术活动的开展更是为学校的良好口碑锦上添花。在学校的百年大庆活动中，武术表演成为最令人期待的节目，在一年一度的"装艺大游行"中，南洋女中武术队的孩子也是最为亮眼的存在，而每年的新年晚会、慈善表演等都少不了武术队员的身影。南洋女中的华校背景使他们对于中华文化的传承与推广有着很强的使命感，教育不光是书本上可见的理性知识，还要从全方位多角度去探索教育的本质，武术活动的开展，不仅强健了孩子们的身体，还使他们的华语水平得以提升，更使得这些孩子在自律、奋进，以及与人交流方面取得了长足的进步。薛兴福老师认为："我们要找对海外武术发展的落脚点，家长之所以让孩子参加武术锻炼，其目的不仅是让孩子强身健体，因为这个目的通过其他活动也可以达到，而是希望通过武术锻炼强化孩子对于文化根脉的认同和传承，语言能力的提升和礼仪规范的养成才是家长更乐于看到的结果。"是的，文化的影响力是深刻而长久的，我们要对自己的文化有自信，再将这种自信通过武术传递出去。南洋女中在近20年的武术教学实践活动中取得了辉煌的成绩，也为这所名校在文化传承方面注入了新动能，我们有理由相信，有着广泛社会认可度的品牌效应会产生持久的、不竭的动力，推动武术的发展和中华文化的传承。

2. 马来西亚——"教育武术"体系的建立与发展

资料显示，马来西亚是除我国之外第一个将武术列入教育部课程体系的国家，取得这样的成果，马来西亚武术人付出了太多的努力。我们知道，马来西亚是世界上华族文化保存最为完整的国家，中华文化特质与中国街、中国村、中国庙等文化元素随处可见，相近的文化背景为武术在这里的传播创造了得天独厚的有利条件。但我们也要看到，马来西亚还是一个多民族聚居、具有多元文化特色的国度，这里不仅有华裔，还有马来人（当地土著）、印度裔等不同族群，共同构建了一个多彩的世界，因此，想让武术进入国家教育部课程体系并非易事。"想要得到认可，就要先把事情做好"，"中华民族子弟不珍惜武术文化与运动，还有谁会传承？武术人应自强"（现任马来西亚武术总会张金发会长强调说），这是马来西亚武术人做事情的原则，凭借优异的竞赛成绩，他们得到了马来西亚国家体理会的认可和支持，而让武术走进学校，他们又付出了怎样的努力呢？

（1）建立标准化的武术培训体系

武术校园推广离不开规范化的教材和专业化的师资队伍，早在2010年武术全面进入马来西亚中小学以前，马来西亚武术总会就有了自己的

"全国武术统一教材",还有马来西亚"武术段位制",从教学内容到教练培训,以及裁判晋级和行政管理等方面的有关马来西亚武术发展的诸多规定都在这套教材中。

马来西亚有自己的"全国武术(套路)统一教材",教材体系十分完善,包括武术初级、中级和高级教程,还专门研发了适合学校武术推广的青少年套路,并形成了系统的教练员培训机制。"我们会定期举办教练员培训,每一次培训各州都会派2~5位省级的教练来学习,根据统一教材进行培训和考核,这些通过考核的教练回到各自的州再去训练各州的教练,然后把经过培训的教练分配到各州的学校去教学。"(胡茗瞡老师录音访谈整理)

有了这样规范的教材和完善的师资培训体制,为武术获得马来西亚教育主管部门的认可打下了良好的基础。

(2) 全情投入,致力武术校园推广

中华武术能够走进马来西亚的校园,仅有规范化的教材和完善的师资培训体制是不够的,武术总会历届负责人和致力于武术传播推广的武术人,是他们的全情投入、倾力推广才使武术得到马来西亚教育部的认可,甚至得到森美兰州统治者的认可,张金发会长讲述了这个艰难的过程:

"我们一直都在思考,如何让武术发展得更好,马来西亚现在有600万华人,如果武术能够走进校园得到年轻人的喜爱,那武术的发展就有了接班人。机缘巧合,2005年我们的老会长找到我做国家队领队,出征2006年的亚运会武术比赛,所以我有机会和他谈起我的梦想:'我希望马来西亚的武术能够在亚运会和2008年的北京奥运会拿到金牌,我还要把武术带入马来西亚的教育系统。'因为我认为我们只有拿了金牌,整个华族才能挺身而出更有民族自豪感;只有把武术带入教育系统,才能得到更多家长的重视。我们需要改变,等着别人来武馆学习的时代已经过去了,我们要主动地去融入当地社会。所以,在老会长和森美兰州教育局的支持下,我们举办了第一届由森美兰武术总会和森美兰州教育局共同主办的学校武术比赛。2006—2009年做了4年之后,我们把所有的材料汇总成为一本《武术手册》递交到了马来西亚教育部,那一年我见到了教育部长(现在的首相),他问了我一个问题:'我们马来西亚有那么多运动，为什么要接受武术进入课程体系呢？'我回答他：'我们武术的孩子在亚运会上拿到了金牌，我们还会继续在奥运会上争金夺银，我们的运动员都是学生，他们也是教育部的孩子，他们的成绩也是教育部的成绩。'就在这次谈话的一周后，部长秘书打来电话说武术可以进入教育部的课外活动，也批准举办相关比赛。2010年我们就举办了第一届由马来西亚教育部主办的全国学校武术比赛。在国际武联的执委会上，我们向于再清主席报告了这件事情，他非常认可我们取得的成绩，甚至说中国也要借鉴我们马来西亚的成功经验。"（张金发会长的访谈录音整理）

一件事情的成功并不会如讲述者事后描述的那样轻松，这是马来西亚几代武术人默默耕耘累积的结果，现在马来西亚的中小学武术活动十分活跃，几乎所有的华文学校都开设了武术课程；此外，不久的将来武术也会走入马来人的学校，森美兰州最高统治者端姑幕力兹（2008年继任森州第11任最高统治者）已经颁布口谕，拿出2~4所马来人学校给武术总会去发展武术，这将成为武术在马来西亚发展的一个新的里程碑。

（3）政府支持与家校共推，"教育武术"发展欣欣向荣

经过近10年的努力，武术于2010年在马来西亚教育部的认可和支持下，全面走入各地中小学校，仅在首都吉隆坡就有几百所华校开展武术活动（图4-23）。而在森美兰州，精武体育会会长拿督张金发也委派多位武术教练前往森美兰州超过50所中小学开班授课，学生人数多达2000人。良好的开端为马来西亚"武术教育"的发展奠定了坚实的基础，武术自2006年起被正式带入森美兰州教育局武术运动会（MSSN）以后，也于2010年成功举办了首届国家教育局武术运动会（KPN），这对调动各个学校开展武术活动的积极性作用显著。除了在课外活动中开展武术以外，武术还成为马来西亚教育部"制服团体"的项目之一，"制服团体"在马来西亚是非常重要的学生组织，学生可以通过完成"制服团体"规定的技能考试来给自己加分，如果在"制服团体"中表现优秀，很多大学在入学面试时会优先考虑。过去"制服团体"中只有童子军、少年警察、救火队等，武术能够加入"制服团体"对华裔子弟入大学有很大的影响，家长也会十分支持自己的孩子从事武术活动。胡茗瞳教练

说："武术'制服团体'的最高纪录是在一堂课里面有160个学生，我带着4个助教去教，基本上平均每天有2节课，周六日从早上七点上到下午四五点。我对学生要求比较高，所以学生在参加比赛的时候都会拿奖，年终的时候校方会根据他们的分数给他们颁奖。家委会和学校都很支持我。"

图4-23 马来西亚校园武术活动（图片提供：胡茗瞑老师）

有了政府部门的支持和学校及家委会的共同推动，中华武术得以在马来西亚教育系统欣欣向荣地发展，随着武术影响力的不断提升，越来越多的学校开展了武术活动，也有越来越多的学生加入其中，包括华族以外的其他族群的孩子。一个项目的可持续发展一定要有一个好的体系，马来西亚"教育武术"体系的建立是值得借鉴的成功经验。

中国武术在东南亚的发展历经百年，通过传统的会馆形式而落地生根，在政府的支持和国家武术协会的引领下，竞技武术成为东南亚武术发展的"领跑者"，随后又以"教育武术"的形式融入现代社会之中，其发展已经形成一个相对完整和立体的空间。能够取得这样的成绩，东南亚各国的华人华侨发挥了巨大的作用，他们继承、发扬并不遗余力地推广中华武术，早期著名侨领如陈嘉庚、胡文虎等积极鼓励在当地开展武术运动，并出钱资助武术会馆及其组织的武术交流与比赛，他们的言行具有极大的影响力，对推动武术的传播发挥着独特的作用。现在，依然是一些著名侨领在推动着中华文化在海外传播，这些人在打拼多年之后有了雄厚的经济实力，他们回馈祖国、回馈当地，以弘扬和传播中华文化为己任。此外，东南亚一带是与中国一衣带水的邻邦，文化背景极为相似。传播学理论告诉我们，文化领域的核心是互动，也就是说"文化就是按照某种方式互动和创造某种互动方式"。武术是一种蕴含着东方智慧的身体文化，较之与我们文化背景迥异的西方国家，东南亚国家对于这项运动的认可度要高出许多，习练者也更容易理解其中所蕴含的文化要义，近似或相同的文化背景以及华人华侨文化认同的归属需求使他们更乐于推动武术在当地的发展，这对武术的传播起到了积极的促进作用，也是武术在东南亚一带传播效果良好的重要原因之一。

六、回眸"起点"：闽南武术丝绸之路传播的回顾与展望

福建地处东南沿海，是古代海上丝绸之路的重要起点和发祥地。"闽"为福建省的简称，闽南地处福建东南部，"负山滨海"是其典型的地理环境特征。在地域上闽南地区包括泉州、厦门、漳州和龙岩，而文化学意义上的闽南则主要指泉州、厦门和漳州[1]。宋时，泉州即成为闻名世界的贸易港口，明代后期漳州月港继之兴起，至后来厦门、福州的对外开放，使福建成为最早中外文化交流互动的地区之一，闽文化中因此也收录了不少异域文化因子[2]。独特的地理环境和地域文化为闽南武术的发展提供了不竭的动力，闽人自古尚武之风盛行，明史曾载：泉州、永春人善技击，漳州人习藤牌，漳泉人善水战。历史上许多著名的武将也多出自闽南，如抗倭名将俞大猷为福建晋江人，还有抗金名将李纲、民族英雄郑成功，以及洪承畴、施琅、林则徐等都是福建人[3]。闽南既是外来移民聚居之地，同时也是中国人向海外移民的重要来源地，几次大规模的中原移民入闽，使福建成为人才荟萃之地，后为谋求更好的生活又有许多人远渡重洋赴海外谋生，闽文化与特色鲜明的南派武术也伴随潮涌般的移民而延播海外。

---

[1] 马文有.闽南武术的文化生态研究[J].哈尔滨体育学院学报，2017（2）：10.
[2] 张银行.闽台武术文化研究[D].上海：上海体育学院，2012.
[3] 林建华.八闽武术[M].北京：人民体育出版社，2010：3-4.

（一）闽南武术"丝绸之路"传播的历史回溯

闽南地区得天独厚的地理环境和移民型社会的形成与发展，以及由此而生的闽南文化昭示着该地区人们几千年来所创造的物质文明与精神追求。闽南武术正是在独特的闽南文化孕育之中，历经传承与发展的产物。在经历了战火洗礼、文化融合的锻造之后，闽南武术以鲜明的技术特征和不同于北方武术的独特风格享誉海内外，同时也随着会党游走和闽人出洋而走向世界。回顾闽南武术的历史成因，理解其在不同历史时期所呈现出的不同风貌，可以为闽南武术文化的当代传承与传播给予有益的启示。

1. 中原移民奠定闽南武术形成的社会文化基础

福建人自古尚武，善技击，历代相传。从闽北古建州能征善战的建州兵，到闽东的宁德、福安、连江民兵，再到闽西的汀州及闽南漳州、泉州的农民起义军，以及兴华、福州等地，历代英豪辈出，不乏英勇善战之才[1]。而奠定闽南武术形成的社会文化基础无疑与大规模的中原移民有较为密切的关联。福建省尤其是东南沿海的泉、厦、漳等地，是典型的移民型社会。秦汉以后，国家对福建的行政管理逐渐加强，中原文明对福建的影响同化不断增加，福建土著文明日渐式微。同时期征伐或迁徙而来的中原汉人不断定居福建各地，成为福建新的主人[2]。历史上曾有过三次中原人口的大规模南迁：唐末五代时期，中原战火纷飞，藩镇割据严重，这一时期掀起了继两晋南北朝后又一次南迁高潮，泉州乃至福建更是在这次的移民浪潮中获得巨大的发展契机[3]；唐朝年间还有陈政、陈元光将军率唐府兵入闽平乱置漳，王潮、王审知率军入闽建立闽国，这两次军事移民均带来北方汉人尤其是军人的彪悍

---

[1] 林建华.福建武术史[M].福州：厦门大学出版社，2013：64.
[2] 杜德全.家族文化视野下福建南拳的历史发展与当代传承[J].泉州师范学院学报，2021（4）：50.
[3] 郑字芳.浅析唐末五代中原移民对泉州经济发展的影响[J].福建史志，2019（4）：7-11.

民风，并逐渐融入闽南民众的人文性格之中[1]，由北方将士带来的军事武艺和地方武术的结合在福建民间扎下了根；靖康之乱时期，北宋灭亡，宋室南渡，大批中原移民背井离乡、流亡江南，在中国古代史上掀起了第三次人口南迁的浪潮。迁徙到闽南的中原移民既有皇室后裔、公卿贵族和士兵，更多的则是一般平民[2]。中原移民几次大规模迁徙入闽不仅促进了南方地区经济文化的发展，也奠定了闽南武术文化形成的社会基础。

2. 军事战争促进闽南武术的成熟与发展

众所周知，隋唐以前福建都属人迹罕至之地，但在闽南一带却生活着大量的被中原人视为"南蛮"或"獠蛮"的桀骜不驯、野蛮强悍的当地土著民族，他们经常和当地汉人发生激烈冲突、械斗，因此闽南地区长期处于动荡不安的局面。历史上以平定啸乱为名的闽、汉战争不计其数，驻扎在福建的将士也多是精兵强将，他们精骑射、擅铁枪，刀、棍、鞭、锏等各有绝技，在数十年的征战、平乱、开发和建设过程中，使中原武艺与当地土著武艺得以融合发展，可以说军事战争是促进闽南武术形成与发展的催化剂。

明代是中国武术发展的鼎盛时期，福建武术在这一时期也得到了空前的发展，无论是军事武艺还是民间武艺方面，都呈现出极高的水平。军事武艺的发展与长达十数年的抗倭战争不无关系，明朝"南倭北虏"是关涉明政权稳固的两大威胁，由此抗倭战争也就成了明朝的"国之大事"[3]，特别是嘉靖年间倭寇骚扰我东南沿海，烧杀抢掠无恶不作，朝廷调集了戚继光、俞大猷、刘显等将领率部扫荡倭寇，并在漳州、泉州等地训练了数以千计的乡民作为抗倭骨干，形成了全民皆兵的态势。福建军民经历了数载战火洗礼，武技实战经验大增，民间武艺也在磨砺中得到了极大提升，明代各地民间的骑射、水战、箭手、走山、技击以及各种武艺各具特色，各有所长，特别是福建漳、泉人的镖牌、水战，

---

[1] 马华明.闽南民间武术文化研究[D].漳州：闽南师范大学，2017.
[2] 张显运，顾飞.靖康之乱时期中原人南迁闽南述论[J].中原文化研究，2016（6）：68-69.
[3] 张银行，郭志禹.明代抗倭战争与福建武术发展[J].体育学刊，2017（4）：15.

泉州永春人的技击，在500多年前就已在全国负有盛名[1]。此外，由于常年战乱导致沿海民众迫于生计而逐渐兴起的私人海上贸易也促进了民间武艺的发展，由于贸易竞争，许多私人海上贸易集团"强弱相凌，自相劫夺"，加之从明万历三十一年（公元1603年）西方殖民者以通商为名来到东南沿海活动，对此明政府并未采用积极的应对手段，而是推出"禁海令"消极应对。在内外交困的双重夹击下，为了抵御海盗和抵抗政府"海禁"的严厉镇压，这些私人贸易集团采取了武装走私贸易的方式，船民必须掌握一定的武艺以防身自卫，使突出实战功能的武艺得到强化，这也是八闽武术的底色和萌芽。持久惨烈的军事战争和民间武装贸易促进了八闽武术的成熟和发展。

3. 会党游走与闽人出洋使闽南武术远播海内外

清代，由于阶级矛盾与民族矛盾的激烈冲突，民间秘密会社的武装抗清活动此起彼伏，贯穿整个大清王朝。清初在漳州创立的天地会，就是一个影响深远的民间反清秘密会社，他们以传授武艺作为发展会众的主要手段[2]；而后的小刀会、红线会等也都以武力抗清的方式而使武术通过会党的渠道得以广泛的传播和发展，甚至在后期会党游走海外的过程中成为武术早期国际化传播的一个重要路径。乾隆末年，随着天地会的活动中心——福建和广东两省人民的海外迁移其开始在南洋地区出现，及至19世纪中叶，已在海外华人社会广为流布[3]。天地会在海外的传播，首先是与我国为邻的东南亚，沿着"海上丝绸之路"，闽人从福建出发前往东南亚经商或谋生。在新加坡，1841年已有天地会成员1万人，1850年发展到2万人，占当地华人华侨的70%[4]。海外天地会组织在长期抵抗异族压迫、维护华人社会秩序和群落利益的过程中，形成了强烈的民族情怀和爱国主义精神，不仅成为民族国家危亡之际的有力后盾，而且对包括武术在内的民族文化的国际传播更是倾力支持，天地会以及类似组织直接或间接促进了福建武术乃至中华武术

---

[1][2]林建华.福建武术史[M].福州：厦门大学出版社，2013（11）：64，133.
[3]潮龙起.空间迁移与地位变迁——十九世纪闽粤天地会与马来半岛华人秘密会党的比较[J].清史研究，2006（3）：59.
[4]方雄普.从天地会到洪门致公堂[J].侨园，1995（1）：20.

的海外传播。

　　福建滨海，闽人出洋谋生古已有之，闽南方言、文化，以及帮助他们安身立命、防身保健的武术技艺也随闽籍华人飘洋过海，走向世界。特别是在民国时期，中央国术馆闽南国术南游团以民间武术团体身份首次走出国门，对于闽南武术海外传播产生了极大的影响。他们在东南亚一带展示国术技艺、施医布药的武术传播活动展开后引发了广泛关注，许多闽籍武术家或因生活，或因战乱，或应邀受聘等而游走新加坡、马来西亚、菲律宾、印尼、缅甸等东南亚国家，不少人在当地扎根并开馆授徒，如永春著名拳家干德源、泉州五祖拳十虎之一的陈京铭、武林宿将郭雄虎以及在菲律宾马尼拉创办光汉国术馆的卢言秋等都是早期在东南亚一带因传播武术而声名卓著的闽籍武术名家。祖籍福州的武学博士黄性贤，早在20世纪30年代就以高超的武艺蜚声武坛，1959年，黄性贤在新加坡创立了第一所太极健身学会，接着又辗转于马来西亚、文莱、印尼、澳大利亚、新西兰等国，先后开办了43所黄氏太极学会，会员多达三万余人[1]，是侨居海外的著名华人武术传播者。实际上，在异国他乡，华人华侨的存在本身就是一种文化载体，华文教育、华文传媒和华侨社团一向被称为华人社会的"三宝"或"三大支柱"[2]。

（二）闽南武术"丝绸之路"传播的现有条件分析

　　闽南文化植根于中华文化，形成于滨海之间，随历史长河演化变迁，依社会变革传播发展。在此背景下孕育而成的闽南武术，其自身已具备较为完整的理论体系和独树一帜的技术风格，借经贸往来和社会组织助推的力量，闽南武术海外传播有着广阔和多元的发展空间。当下，随着武术文化传播逐渐走向语境化和精准化的需求增强，意欲获得更好的海外传播效果，我们需要对闽南武术所具备的现有传播条件进行梳理与分析，以便更加务实地思考其未来发展之策。

---

[1] 庄国土.海上丝绸之路与中国海外移民[J].人民论坛，2016（8）：244-246.
[2] 李其荣.华侨华人在海外传播中华文化探析[J].广西民族大学学报，2013（2）：119.

1. 经贸往来频繁奠定武术传播基础

福建远离中原地区，其海洋视界甚至大于内陆腹地，因此其与海外的交往比起与大陆内部的联系更为容易。由于福建独特的地理位置，自唐宋经济发展之初，便呈现出"舟舶继路，商使交属"的景象。《后汉书·卷八十五·东夷列传第七十五》记载："会稽东治县（今福州）人有入海行遭风，流移至澶州（今菲律宾）者"；宋元时期，泉州设立"市舶司"，至元二十六年（公元1289年）"自泉州至杭州立海站十五，站置船五艘，水军二百，专运蕃夷贡物及商贩奇货"，泉州、漳州等地也成为史上历代朝贡和贸易的中转站，如今的泉州又渐渐成为"海上丝绸之路"各国贸易的交汇点。随着闽人对当地山海资源的不断开发，将自然资源转变为富饶物产，使闽南的海上航线日趋发达，经济发展水平不断提高，拓展海外贸易渠道成为当地人的迫切要求。

海洋是各国经贸往来与文化交流的天然纽带，闽南地区的海洋贸易往来促进了各国文化的碰撞与交融，当然也包括武术在内的各方面文化交流活动。例如，明成化年间即有日本人向福建当地拳师学习武术，将中国的白鹤拳引入日本的记载。根据央视纪录频道播出的《穿越海上丝绸之路》（第七集"脉缕"）所呈现的影像资料所示，泉州南少林寺的释常定方丈曾率领武僧团延续中华武术文脉，与世界各地的武术爱好者进行交流。此外，在经济贸易的引领与助推之下，日本、韩国、马来西亚，以及欧洲葡萄牙、西班牙等国家也经由海上丝绸之路的中外贸易催化了中国武术以各种形式从福建走向世界。

2. 社会组织实力雄厚形成武术传播规模

明清时期，受山海地势、海上传统的影响，以及移民性格自内而外、外部刺激自外而内，彼此角力、相互交融，在"海"上促成了福建商帮的成长与壮大[1]。而后，福建商帮逐渐与海上丝绸之路之间结成天然联系，使闽人随着丝绸之路遍布海外，并建立起各种社会组织。在中国东南沿海乃至全部环中国海的海上贸易经营中，福建商帮都扮演着重要的角色。东南亚各国普遍都建有福建商会、福建社团联合会、福建

---

[1]林枫.明清福建商帮的形成与海上丝绸之路[J].文史知识，2019（9）：94.

会馆等社群组织，新加坡福建会馆就是由从马六甲移居新加坡的漳州和泉州的商人，凭借人口众多、财力雄厚而建造的历史最为久远，也是在当地华人心目中较有地位的华人社群组织[1]。

社会组织在推动武术对外传播方面起着不可替代的作用，有效提高了中国武术在国际上的影响力。著名侨领陈嘉庚先生曾任福建会馆主席，在其任职期间积极兴办教育、完善组织、发展产业、增加收入、推动包括武术在内的文化事业等方面的发展。1929年8月，陈嘉庚先生邀请由永春白鹤拳宗师潘世讽等数十人组成的闽南国术团在新加坡、马来西亚等地进行了长达8个月的巡回表演，不仅资助路费和武术器械服装，还支持相关拳谱在海外印刷发行，并赠送对联："谁号东亚病夫，此耻宜雪；且看中华国术，我武惟扬"，以壮国术团之行。闽南国术团的出国表演，进一步激发了广大侨亲习武练拳的热情，在东南亚各地掀起了学习白鹤拳等中华武术的热潮，许多国内的永春拳师纷纷到南洋设馆授艺[2]。其后，以精武体育会为首的各类会馆一度成为武术在东南亚传播的重要路径。

华侨华人是不可或缺的文化传播力量，他们虽身居海外，但因其与祖国血脉相连，是向世界阐释东方价值观、宣传优秀民族文化、传递和谐共生理念最好的民间大使，在中华文化国际传播过程中起着联通作用。实际上，身处异国他乡的华侨华人本身就是一种文化载体，是行走的中国名片。他们通常通过华文教育、华文传媒和华侨社团将中国文化渗透于世界各地，而以华侨华人为纽带搭建的同乡会更成为中外文明交流互鉴的重要平台。特别是闽籍华侨华人普遍具有经商传统，且通过多年的打拼大多财力雄厚，有众多跨国企业集团。如马来西亚林氏宗亲总会会长林福山先生，曾任马来西亚吉隆坡武术总会会长，他对中国传统文化的传承及中文教育在马来西亚的普及有着强烈的使命感。他认为，武术是中华文化的精髓，武术在马来西亚非常流行，此前经常会举办各类武术比赛，以武会友，如果武术走进奥运，将对弘扬中华传统文化、

---

[1] 带你了解新加坡华人中的大哥大福建会馆[EB/OL].[2021-09-20]. https://zhuanlan.zhihu.com/p/399373485.

[2] 网易新闻.开创武术对海外文化交流之先河，记闽南国术团出访始末[EB/OL].[2021-09-20]. https://www.163.com/dy/article/GB5LSQ3E05527HB7.html.

推进各国武术发展具有重大的促进作用[1]。2018年4月，笔者随国务院侨办"文化中国·名家讲坛"活动到访马来西亚，并在首都吉隆坡做了题为"中华武术：涵养东方智慧的身体文化"的专场演讲，林福山先生全程在场并做了热情洋溢的发言，表达了对武术的喜爱和推广热情（图4-24）。

图4-24　"文化中国·名家讲坛"活动，笔者与林福山先生（右3）等人合影

事实上，像林福山先生这样既有雄厚实力又有拳拳爱国之心并热心传播推广中华文化的闽籍华商还有很多。传统的中国是典型的乡土社会，其社会结构主要是由血缘和地缘关系所组成，且血缘关系往往与地缘关系紧密相连，历史上南洋地区以地缘为纽带的同乡会组织一直占有重要地位。如今，东南亚各国特别是马来西亚、新加坡、菲律宾、印尼、越南等国家的武术发展水平较高，又有许多致力于武术传播推广的海外华侨华人和社群团体的推动，具有良好的社会和文化基础。在新加坡、马来西亚等地有很多以血缘、地缘为纽带的同乡会馆，其中尤以福建会馆影响最著，他们以联络同乡感情、团结同乡力量、发挥互助合作精神等为宗旨，在推动包括武术在内的闽文化的早期国际传播中贡献巨大。

3. 专业人才汇聚助力武术可持续传播与发展

福建省教育资源十分丰富，2003—2017年，福建省先后有12所高校入选福建省重点建设高校，其中厦门大学、福建师范大学、集美大学、

---

[1] 新华社. 吉隆坡武术总会前会长林福山：2022年北京冬奥会一定会取得成功[EB/OL].
[2021-09-20]. https://view.inews.qq.com/a/20210622A0BWAP00.

福州大学、华侨大学等都是海内外知名的高等院校，拥有一大批长期致力于武术教学、训练、竞赛和科研的武术工作者。如厦门大学体育部的林建华教授（国际级武术裁判员、中国武术九段），集美大学体育学院的郑旭旭教授（国际级武术裁判、中国武术八段）、高楚兰教授（现任体育学院院长、国际级武术套路裁判）等都是各高校乃至福建省赫赫有名的专家级人物，由他们带领的武术师资团队实力雄厚，既有退役优秀武术运动员，也有经过专业培养的博士、硕士研究生，高质量的专业人才储备为中国武术的对外传播提供了动力。

另外，福建省武术队也是一支国内外知名的优秀专业武术队伍，特别是在福建的优势项目太极拳和南拳上涌现了众多知名的运动员，其中有"太极王子""太极皇后"美誉的陈思坦和高佳敏都出自福建武术队；近年来，以周斌、黄颖琦、陈洲理、林凡、庄莹莹等一大批优秀运动员为代表的福建队在国际、国内赛事中屡创佳绩，竞技武术人才辈出。福建地区拥有着雄厚的专业师资力量以及相对完善的运动员培养体系，若借此定向培养武术文化传播人才，担负起中外文明交流、东西文化互鉴的使命，将为闽南武术对外推广提供源源不断的动力。

（三）闽南武术"丝绸之路"传播的当代价值阐释

任何事物的发展都会被赋予所处时代的特征与使命。在21世纪的今天，时代赋予了闽南武术更加深刻的社会意义，其不仅具备了中国传统文化普遍的共性特征，同时也拥有着充满强烈地域色彩的个性内涵。除了武术技艺与生俱来的康养身心、涵养德行的作用之外，闽南武术传播对内可加强两岸交流合作，对外可成为广大华侨华人的情感依托和构建民族文化认同的有效载体。同时，闽南武术作为民族传统体育的典型代表，对于焕发传统武术的生命活力、助力海上丝绸之路建设顺利实施有着积极的促进作用。

1. 强化文化同源共识，促进两岸统一

台湾作为中国不可分割的一部分，与祖国大陆有着相同的血脉和文化，两岸合作发展是人民的共同诉求。历史悠久的中华民族文化中，闽南文化不可或缺，在向世界传播中华文化观念中起着重要作用。而台湾文化与闽南文化同根同源，是闽南文化圈的重要组成部分，此文化联结有助闽台文化共同体的构建[1]。福建与台湾隔海相望，由于地缘关系两岸武术交流的历史相当久远，而大规模的移民促进了闽台武术和其他民俗活动的交流与发展。宋、元、明、清各个朝代，大陆的军士和民众，特别是福建的军民多次大规模地迁往台湾，这些移民成为两岸武术同源文化产生的根源[2]。明末清初时期，伴随郑成功收复与驻守台湾，以福建沿海移民为主的大批民众迁徙入台，特色鲜明的闽南武术也随之进入台湾；1949年，国民党从大陆退守台湾带走了一批文化体育人士，其中就包括约80余名原中央国术馆的教师和学员，以及国立体专的教师等武术名人。大批武术精英的入台不仅带去了风格迥异的北方武术拳种，丰富了台湾地区的武术拳种体系和体育文化内容，也使台湾地区由过去以闽南文化为主的文化格局向与大陆诸多文化共同发展的同源文化圈转变。

台湾与祖国大陆的亲缘关系，最直接的表现为闽台关系，因为历史的原因，两岸曾一度失去联系。两岸武术文化交流是促进两岸关系的媒介之一，自1989年台湾武术代表团第一次来到福建，就此掀起了民间交流热[3]。台湾武术界人士频繁到福建交流和寻找文化根源，大陆武术学者和武术名家名人也多次赴台进行交流访问和执教；此外，海峡两岸的各种学术论坛和竞赛表演活动也如火如荼地展开，如"海峡两岸武术交流大会""海峡两岸武术邀请赛""海峡两岸中华武术大家练"等，特别是作为海峡论坛主要活动之一的"海峡两岸传统武术交流大赛"迄今已举办了7届，成为两岸武术人以武会友的重要平台。台湾武术与福建武术有着深厚的历史渊源，通过两岸武术文化交流的不断深入和常态化，对于强化文化同源共识、沟通民心、携手推动祖国统一大业具有深远意义。同时，台湾也是21世纪海上丝绸之路沿线地区，在新时期抓住发展机遇，融入21世纪海上丝绸之路，不仅会为台湾的发展注入新活力，也对我国"一带一路"倡议的整体发展大局有着十分重要的

---

[1] 中国新闻网.台籍学者翼闽台携手合作：从海上丝绸之路走向两岸统一[EB/OL].[2011-09-21]. https://baijiahao.baidu.com/s?id=1697475817873865494&wfr=spider&for=pc.

[2] 林建华.从闽台武术交流看同源文化对两岸关系的影响[J].体育科学研究，2010（3）：2.

[3] 姜辉军.闽台武术交流的历史嬗变与发展[D].厦门：厦门大学，2007.

意义[1]。台湾与福建无法割断的亲缘、血缘和武缘，定会在未来发展中发挥促进两岸早日实现统一的动力源作用。

2.海外移民通过武术传播，构建民族文化认同与自信

福建省是我国著名的侨乡，据统计，福建籍华侨华人约1600万人，占全球华侨华人的26%，高度集中在东南亚[2]。之所以自汉唐起福建人就与东南亚产生交往，和福建"八山一水一分田"的自然地理环境、祖籍地战争、饥荒频发的社会环境、与东南亚一带比邻的地域优势，以及闽人与生俱来的"爱拼才会赢"的人文性格密切相关。特别是明郑和"七下西洋"后，南洋航路的畅通极大促进了福建沿海与东南亚诸国的交流，大批华人源源不断地游走东南亚，华侨华人成为东南亚诸国的主要人群，而其中部分地区福建人又成为华族社会的最大群体，在游走东南亚的福建移民中就包括许多福建籍拳师，他们成了民间武术技艺和文化传播的早期使者；中华人民共和国成立后，特别是中国改革开放政策的实施，助推了新的移民潮形成，又有大批新移民流向东南亚及世界各国，其中不乏具有武术特长的专门人才，他们通过自身的武术技能在海外或移民或侨居，以不同的方式使武术在其驻在国得以进一步传播。

从古至今，福建武术人才辈出，为武术在世界各国特别是东南亚国家的传播推广贡献甚著。除了早期被人们所熟知的闽南国术团的武术先辈，在《福建武术史》一书中也记录了数十位现代福建武术人物，这里就有我们十分熟悉的著名武术家、武术教授、国家级武术教练员、国际级武术裁判员和优秀运动员等，这些武术人物为福建武术的发展和海外传播做出了不同程度的努力和贡献。早在20世纪60年代，福建武术队就曾经赴马来西亚、菲律宾、越南、缅甸等地进行表演，揭开了福建省武术对外交流交往的序幕。据不完全统计，闽籍人士在海外开设武馆百余家，如东南亚11国计41家、日本15家、澳大利亚8家、美国6家、加拿大8家，以及欧洲和南美地区国家约33家，这极大地促进了当地民众

---

[1] 陈晶莹，陈嘉俊.台湾融入21世纪海上丝绸之路的必要性和重要性[J].山西青年，2019（10）：135.

[2] 21世纪前期世界华侨华人数量、分布和籍贯的新变化[EB/OL].[2021-09-21]. https://qwgzyj.gqb.gov.cn/yjytt/215/3341.shtml.

对福建武术的认识与学习[1]。福建武术伴随着早期华人移民的艰难谋生路而被动地传播和向外推广，源自祖籍地的武术不仅成为海外移民群落自保、联络感情的重要工具和纽带，甚至成为一种谋生手段，同时也是在异国他乡寻求文化身份认同的精神需求。正是这种精神层面的文化归属需求，使以武术为代表的中国传统文化在海外华人社群得以长盛不衰，并且随着中国国家文化"软实力"的不断提升和世界影响力的不断增强，海外华族在习练武术、传播武术的过程中，逐渐呈现出超越某一"族群文化"认同而向"中华民族文化"认同转变的趋势，因武而生的民族文化自信逐步提升。

（四）闽南武术"丝绸之路"传播的未来发展

"21世纪海上丝绸之路"不仅是古丝绸之路的接续延伸，更是在此基础上的一次创新性实践。借助"一带一路"倡议实施带来的历史机遇，闽南武术有了更为广阔的发展平台和传播渠道。面对当今时代信息传播手段日益丰富、中外文化交流更为密切、世界文化多元并存百花齐放的新发展格局，对于闽南武术这一中华传统文化的创新性发展而言，如何立足当前形势与社会发展需要，探索出切实可行的传播新路径，提升武术国际传播的影响力与吸引力，将成为其在国际化进程中助力中国文化"走出去"的时代命题。

1. 借助海上丝绸之路，促进海内外人才流动

海上丝绸之路开启的不仅是一条文明交流的通道，同时也是勇敢者寻求新的生存空间的路径，千百年来不断有人寻路而生。共建"21世纪海上丝绸之路"的构想，是中国在新形势下致力于维护世界和平、促进沿线各国共同发展的战略选择。新时期，借助"一带一路"倡议的东风，基于沿线各国的现实需求，以竞技武术为切入点，充分发挥福建在海上丝绸之路中不可替代的区域优势，依托福建省武术队在国内外的影响力，以东南亚地区为基点向沿线国家输送优秀竞技武术传播人才，

---

[1] 王继娜. 福建中华传统体育文化国际推广与普及回眸[J]. 华侨华人历史研究，2021（1）：5-6.

为沿线各国武术竞技水平提升提供技术援助与支持，从而带动沿线各国参与洲际和国际赛事的积极性，以赛促练，扩大武术在沿线国家的影响力，以获取各国政府更多的政策支持与保障。借助闽南地区的武术技术特色与师资优势，通过武术人才的不断输出，有效进行武术文化传播，促进沿线国家的民心相通，无疑会为"21世纪海上丝绸之路"建设凝心聚力发挥应有的作用。充分利用"一带一路"政策支持下人才的双向流动模式，以福建当地的武术人才贮备加上与海上"丝路"沿线国家的地缘关系，着手建立与沿线国家间政府相关部门的联系与合作，促进海内外人才的交流与互动，开辟更加多元的武术海外传播新路径。

2. 加强中外社群联系，重铸"会馆武术"传播力

古往今来，海上丝绸之路也是移民之路，移民沿着"海丝"路径不断走出国门、走向世界。移民不仅是中外文明大交流的载体，也是弘扬中华文化的重要传播力量，他们在创造财富的同时也不忘中华文化的传播与弘扬。在世界范围内开展武术民间交流活动，由华侨华人建立的中介机构对其的推动作用十分显著。过去武术会馆曾一次次掀起海外民众的习武热潮，但随着中国改革开放后新移民的涌入，以及国家主导下竞技武术在国际上的快速传播与推广，对传统"会馆武术"的传播形成了一定的冲击，相对保守的传统会馆经营模式无法适应时代的发展，导致一些会馆的武术传播失去了往日的活力。武术是中国优秀传统文化的代表，也是连接海内外华人和沟通世界各国人民民心的纽带，坚持国内文化主导和海外文化需求相结合，充分挖掘和开发侨乡资源、整合侨乡本土与海外的资源优势，对于今后闽南地域武术和武术文化的整体发展至关重要。因此，闽南侨乡要主动与海外华社建立联系，利用和发挥海外华侨华人社团或其他民间社会组织的作用，主动作为，使以闽南传统武术为主要内容的"会馆武术"重新焕发新的光彩。

3. 建立多元校际合作，推动武术高阶发展

与各国高校展开内容丰富、形式多元的跨国跨地域校际合作，是推动中国武术国际传播走深走实的良好途径。目前，东南亚地区的武术发展基本上形成了以国家武术总会为引领、以武术会馆和中小学校园武术推广为主的结构布局，且已经取得不错的成绩，但在高层次的武术教

学、科研领域尚缺乏足够的助力支撑。从需求上来看，建立与沿线国家高校的校际合作具有广阔的前景，如马来西亚大马武术学院即是为了满足马来西亚武术运动员和世界各国武术爱好者习武悟道需求而建立的，他们也正在积极地寻求与马来西亚本土高校以及中国高校的合作。随着海内外武术爱好者的逐渐增多，将会有更多的国家和地区加入与中国建立校际合作的行列中来，以满足他们日益增长的武术文化学习需要，此时中方应主动尝试通过特色地域武术拳种拓展合作项目与互动渠道。在合作交流过程中，一方面可以满足国内高校国际化办学需求，另一方面也可以为沿线国家武术爱好者来华学习提供便利，以弥补武术文化发展话语体系信息不对称、武术文化协调发展支持机制不健全等阻碍武术国际化传播发展的缺陷。与内地相比，福建省各高校借助地域优势更易与沿线各国建立校际合作关系，进而推动武术国际化传播向高阶发展。

地处我国东南沿海的福建有着数千公里蜿蜒曲折、绵延不绝的海岸线，这里群峦叠翠、江河纵横，"负山滨海""八山一水一分田"的地理环境造就了闽人"爱拼才会赢"的达观思想，也培养了他们自强不息、直面挑战的精神与勇气，闽南武术正是在这样的地理与人文环境中孕育而生的，形成了拳势拳架普遍具有高马硬技、短打实用的八闽武术底色，同时又保持着古朴刚阳、步稳势烈、以气催力、发声助势等鲜明的南派武术特点。闽南武术随着历史长河中不断飘洋过海的闽人传习至世界各地，不仅成为在异域打拼的闽人习武健身、维系根脉和寄托乡愁的重要载体，更是以武会友、广泛交流的桥梁和纽带。通过武术文化的交流，海峡两岸及东南亚地区的经贸往来与人文交往越发频繁、顺畅，在武术传承和传播过程中，"我武惟扬"的中华民族认同和文化自信不断升腾在闽人心中。无论是古代海上丝绸之路，还是现代"21世纪海上丝绸之路"都挥洒着闽人和海外华侨华人的心血与汗水，他们筚路蓝缕山一程、逆流行舟水一程，在创造财富的同时也不忘中华文化的传播与弘扬。丝绸之路畅通的是贸易，沟通的是民心，闽南武术在过去、现在和未来，都将成为世界了解中国和中国走向世界的窗口。

总结与思考： 作为全书最为重要的章节内容之一，本章以"区域"为视角，经过多方讨论和慎重考量，精心选取了"一带一路"沿线重点区域、国家进行"落地"研究与实证分析。所谓"落地"即让武术跨文化传播落到实处，通过实地调研、亲身参与、深度访谈等社会学、文化学研究常用的方法了解考察中国武术在异域传播的现实境况，并结合文献资料对影响其发展的相关因素进行解析，为后续以此为基础的实践思考和"一带一路"武术文化传播发展的战略构想生成提供有力的支撑。研究发现，"区域"视角下的"一带一路"武术跨文化传播共性与差异并存，沿线各国民众对武术的认知度和喜爱度，以及各国"武术移民"在驻在国进行武术传播所发挥的作用基本一致，而在传播特色、传播效果、传播过程中遇到的问题与阻碍等则各不相同。武术作为典型的中国文化符号，在以往的国际传播中扮演了十分重要的角色，也取得了令人瞩目的成绩，但与同属东方武技类型的跆拳道、空手道等项目相比，显然在国际影响力方面还有一定差距。"一带一路"倡议为武术深度国际化指明了方向、创造了机遇，如何在此背景下发挥武术文化传播在"一带一路"建设中的文化自觉与文化自信作用，让武术文化传播走得更远、脚步更实，则必须重视不同国家和地域的武术传播实然，做到心中有数方能成其久远。尽管鉴于多方面条件所限，在"一带一路"沿线国家的武术传播案例很难做到更大范围地覆盖，特别是受到突如其来的新冠大流行的影响，使原本计划实地考察的部分区域被迫放弃，改为"曲线"实地和"云访谈"等方式完成，也可谓颇费周折和用心良苦。希望这部分内容能够比较扎实地呈现中国武术在"一带一路"沿线不同区域和国家的不同传播情境，使我们可以更加直观地掌握相关信息，为相关部门制定和出台武术传播推广政策提供有力的实践支撑。

第五章 "一带一路"沿线国家武术文化传播的话语建构

"一带一路"沿线涵盖六大区域65个国家,从国际武联已有的155个会员国家的分布来看,武术在"一带一路"沿线国家的传播基本实现了全覆盖(57个)。但从实际传播的状况来看,目前还面临着武术传播发展不平衡、不稳定的诸多问题。调研结果显示,武术在"一带一路"沿线国家的传播以东南亚区域为最好,已经基本呈现竞技武术、传统武术、学校武术发展齐头并进的态势;中亚5国及其周边国家的民众虽然对武术的喜爱度和需求度很高,但由于地区经济水平差异较大,很难吸引高水平武术师资,导致该地区武术整体水平难以提升;欧洲优越的自然地理和人文环境吸引了不少"武术移民",但受限于文化差异和"非奥"项目难获支持等诸多不利因素的影响,和其他东方武技相比,武术在欧洲地区的影响力还远未达标。自20世纪80年代初期,国家提出武术走向世界的发展目标以来,武术国际化传播已经走过了近半个世纪的历程,历经风雨、成绩斐然。时逢今日中国盛世年华,武术发展也应抓住机遇、顺应时代潮流,在世界舞台上更好地诠释中国智慧、发出中国声音、讲好中国故事,全方位进行武术文化传播的话语建构,以柔性传播助力"一带一路"建设顺利实施,切实筑牢根基,发挥已有的武术海外传播的"累积效应",不断寻求和拓展更为广阔的发展空间。

一、夯实国内武术发展的"本土根基"

固本培元是中国古老的哲学思想,也是传统中医学理论的精髓,即巩固根本、培养元神,国内本土武术发展的根基是否牢固,对于武术国际化传播发展至关重要,没有本土武术的繁荣发展,何来底气和自信将武术推向世界？武术的国际化需要关注国内、国际两个大局，既要有国际视野，同时也要不断地向内审视以求知己知彼。目前，国内本土武术发展的问题依然突出，如竞技武术、社会武术、学校武术的发展不均衡，武术市场开发与利用不到位，武术科学研究不深入、科研成果转化率低等都是掣肘武术更广泛、更深入走向世界的影响因素，因此夯实国内武术发展的"本土根基"是武术国际推广的压舱石。

（一）发掘武术当代价值，树立武术传播发展的新理念

如果说每一个时代都有其发展使命的话，新时代的历史使命就是以新发展理念引领推动高质量发展[1]。推动武术传播高质量发展的核心与要义就在于要夯实国内武术发展根基，秉持"打铁还需自身硬"的理念，着力破解发展不平衡不充分这一阻碍武术传播推广向纵深发展的制约因素。武术历经千年传承而历久弥新，远古时期作为人类生存本能，武术在人与兽斗、人与人斗的过程中逐渐萌芽，在部落战争和诸侯纷争的战斗中，武术演变成了一种军事武艺，在"侠之大者，为国为民"的感召力下，武术已成为可以行侠仗义、被注入民族气节与豪情的技击之术；宋元时期，是中国武术从模糊趋向清晰、从体系初具雏形到具体内容发展的重要历史转折点[2]；明清时期则是武术拳种流派形成和发展的繁盛期。中华人民共和国成立后，"发展体育运动，增强人民体质"成为武术体育化发展的源动力。70多年来，武术随着国家的兴衰、社会的变迁而不断调试以适应时代的发展，从中华人民共和国成立初期由民间技艺向体育化发展的转变，到特殊年代武术发展的停滞与复兴，再到改革开放后迎来武术发展的春天，以致在中国逐步崛起的全球化时代，武术世界传播与推广的新纪元也随之而来[3]。可以说，武术的发展伴随整个中华民族的发展历程，在每一个发展阶段武术都发挥了不同的历史功用。

---

[1] 郭冠清. 新发展理念生成逻辑及其对新发展格局的引领作用研究[J]. 河北经贸大学学报，2021（4）：23.
[2] 邱丕相. 中国武术史[M]. 北京：高等教育出版社，2008（6）：85.
[3] 孟涛，崔亚辉. 新中国武术70年发展历程及当代思考[J]. 首都体育学院学报，2019（5）：392-394.

党的十九大报告明确指出，中国特色社会主义进入了新时代。而新时代的武术发展却面临着竞技武术申请入奥失利、学校武术边缘化而失去了最具活力的广大青少年群体、专业毕业生普遍找不到对口工作、传统武术遭受最大的信任危机等一系列问题[1]，如何破解武术传播发展的困局，实现武术在新时代的高质量发展是摆在我们面前的重要议题。"传承精华，守正创新"是习近平总书记对发展传统文化作出的重要指示，也为武术在新时代的发展指明了方向。因此，深入挖掘武术当代价值、明确武术在新时代的新发展理念，是夯实本土武术发展根基、推动武术国际化传播由高速发展向高质量发展转变的重要一环。

（二）完善竞技武术训练和竞赛体系，净化赛场环境守初心

竞技武术是中华人民共和国成立后在国家意志推动下应运而生的时代产物，有学者将其发展过程分为4个阶段，即应运而生的产生阶段、稳中求进的完善阶段、踵事增华的成熟阶段和守正拓展的深化阶段[2]。毋庸置疑，竞技武术在其产生和发展的过程中对于武术国际化传播与推广做出了巨大贡献：首先，竞技武术的内容与形式形成了套路和散打并行不悖的发展模式，便于进行国际交流；其次，规则的不断修改与完善使武术竞赛体系更加接近奥运评判要求，这对于武术入奥计划至关重要；再次，以竞技武术为龙头带动了武术市场化、商业化的快速发展，吸引了社会资本介入武术赛事的运营；最后，高水平高规格的竞技武术国际推广也是武术走向世界的敲门砖。凡此种种，都是竞技武术在产生、演变和发展的过程中不断探索和实践的结果。

然而，任何事物的发展都不会是一帆风顺的，作为由传统武术衍生创造而出的竞技武术，在其发展过程中也因不能全面反映武术本来面貌而广受质疑，如在规则导向下武术套路技术的"舞蹈化""体操化"倾向导致武术技击特色丢失；赛场环境恶略、打分打点项目人为干预现象严重常被诟病；武术赛场观众寥寥无几也是不争的事实。其实，中华

---

[1] 杨建营. 以"扣子论"为切入点的新时代中国武术发展改革定位[J]. 北京体育大学学报，2021（1）：146.

[2] 林小美，余沁芸. 新中国成立以来竞技武术发展回顾与思考[J]. 体育科学，2020（5）：3.

人民共和国成立初期，为了武术的普及与推广，国家下大力气编创了简化太极拳和甲乙组规定套路，后来又为了武术走向国际化推广道路而编创了国际竞赛规定套路，这些简化和竞赛套路的推出、比赛规则的制定与不断完善，凝聚了几代武术人的心血，其初心都是为了武术更好地发展和使其成为一项世界性的体育运动。不可否认，竞技武术是引领武术运动发展的"火车头"，当下广受质疑和诟病的问题也确实存在，良好的赛场环境和体系化、规范化的竞训体系是保证竞技武术可持续发展的外部基石，而提升与武术竞训体系相关人员的道德修养和业务素质才是实现竞技武术良性竞争的造血机制。因此，在数次申奥失利的背景下，一方面我们要继续找寻武术与西方体育文化融合的平衡点，尽快明确申请入奥的武术项目，争取早日跻身奥运大家庭；另一方面我们要有直面问题的勇气，在充分调研、深入探讨的基础上继续优化竞技武术竞赛规则，引入人工智能，从技术手段上规避和减少人为干预因素，不断丰富和完善竞技武术的技术体系，以凸显其文化底蕴，齐心协力营造良好的赛场环境，发挥竞技武术引领武术发展的"风向标"作用。

（三）加大社会武术乱象治理力度，弘扬民族优秀文化不畏难

武术一直都是中国优秀传统文化的重要组成部分，在历史与现实的映照中自有其流变的轨迹。今天的武术，实则是退出战场厮杀而走入民间后的一种技击之术和文化承载之身。但近年来，在社会名利的诱使、媒体为博取眼球的商业化炒作、公众审丑价值取向的作祟，以及武术监管制度的缺失等多重因素的作用下，伪武术大师现象层出不穷，传统武术技击价值被一部分人肆意歪曲，他们的不当行为严重影响了传统武术对国家精神形象的构筑[1]，在网络与平台共谋实现经济利益最大化的同时，也将一种扭曲的价值观以一种低俗的方式传递给广大网民，特别是对于涉世未深、辨别力不强的青少年的影响极其恶劣，使本就岌岌可危的传统武术在当代的发展更加举步维艰。中国武术九段、散打国际A

---

[1] 陈永辉，雷军蓉. 新时代传统武术助力我国国家精神形象的构筑研究[J]. 沈阳体育学院学报，2021（2）：135.

级裁判、博士生导师蔡仲林先生在接受湖北省楚天都市报就社会武术乱象问题的特约专访中,以"不对等的较量没有赢家""官方层面从未评过大师"和"正本清源才能走向世界"等观点回应了民众对此的关切。

传统武术的生存空间存在于社会大环境之中,属于一种民间习武共同体,本有着其自身得以平稳运转的系统机制。然而,社会的发展变革导致一部分人对于名利不切实际地追求,他们无法忍受"太极十年不出门"这样的对功夫的孜孜以求,更羡慕那些一夜暴富、瞬间成名的网红的生活,于是有些人以"打假"之名赚取流量,有些人不惜丑化自己、丑化传统武术来达到出名的目的,使人们对传统武术产生了极大的信任危机和误读,而这种误解不但影响到国内,还波及海外。通过谷歌搜索引擎,搜索与"Fake Kungfu"（假功夫）相关的词条,竟然多达上千万条,其中的内容均与近年来网络上蜂起的"伪武术大师"有关联[1],国内武术乱象不仅乱在了自家门里,在互联网高度发达的直播时代也乱到了国外市场,这对于高质量推进武术国际化传播无异于搬起石头砸自己的脚。

社会武术乱象严重扰乱了武术发展的正常秩序,也引起国家相关部门的高度重视,国家武术运动管理中心联合中国武术协会迅速发布了《关于加强行业自律弘扬武术文化的倡议书》,号召全体武术人团结起来,恪守武德,遵守规则,加强自律,弘扬中华优秀传统文化。随后,《清理整治武术乱象规范赛事活动管理办法》和《关于加强搏击类项目赛事活动安全管理工作的若干意见》等文件的陆续出台,对于遏制社会武术乱象,进一步健全和完善搏击类项目的行业标准、运行规范等起到了一定的监管作用。一个现象的出现必然有其滋生的土壤和环境,对于社会武术乱象的治理要从根本上下功夫,不仅要加强行业监管力度,更重要的是要在转变社会武术风气上有所作为,这就需要各地方武术协会在中国武术协会统一领导下深入"隐藏的武林",去寻找那些能够代表传统武术真正水平的、技理并重又德艺双馨的武术传承人,在政策、资金和施展的空间上给予他们支持,鼓励他们从"隐藏"到"公开",从"保守"到"开放"。弘扬优秀的传统文化需要

---

[1]包治国."伪武术大师"现象:滋生土壤、社会危害及破解之道——兼论中华传统武术文化的现代转化[J].武汉体育学院学报,2021(7):84.

政府、社会和传承人共同担当责任，不畏艰难，努力实现传统武术的可持续发展。

（四）促进体教融合共谋发展，助力学校武术普及提高谱新篇

为适应国家发展需求和青少年健康发展的要求，充分彰显体育的教育和文化属性，我国对体育的价值功能和目标开始进行重新定位[1]。2020年8月31日，国家体育总局、教育部适时发布了《关于深化体教融合 促进青少年健康发展的意见》，有学者认为与过往的"体教结合""教体结合"相比，"体教融合"这一概念在实践目标、实践理念和实践对象等方面发生了重大转变，其目标由培养"竞技体育人才"转向培养"社会主义建设者和接班人"，其理念由"竞技第一"转向"健康第一"，而其作用的对象则由"少数运动精英"转向"全体儿童青少年"[2]，在"健康第一"导向下，体教融合进入促进青少年健康发展的新时代。

学校武术的普及与提高是关系全体儿童青少年健康成长的重要路径，我们要充分认识到国家提出的"体教融合"理念的重要性，它对学校武术来说不仅是一次非常重要的发展机遇，而且对整个武术的发展和推广也是一次非常好的机遇[3]。学校武术是体育课程中最具民族性、传统性和教育性的不可替代的文化资源，因为武术承载着中华文化，弘扬着民族精神，培养着道德规范，健全着身心体魄[4]，是世界上独一无二的武文化。只有让武术真正走进校园、真正成为教育教学中不可或缺的手段和内容，才能真正发挥其全方位育人的价值功能，也才能使武术的整体发展后继有人。前期的调研让我们了解到，武术在新加坡、马来西亚等东南亚国家的传播之所以效果显著，与他们武术进校园工作的

---

[1] 王文龙，崔佳琪，邢金明，等.多源流理论视域下我国体教融合政策变迁动力与优化路径[J].体育学研究，2021，35（5）：80-88.

[2] 王俊亮，葛春林.体教融合演进历程、逻辑转向及实践策略[J].体育文化导刊，2020（12）：101.

[3] 蔡仲林.体教融合背景下学校武术改革方略[J].体育研究与教育，2021（2）：5.

[4] 武冬.百年学校武术百思解[J].中国学校体育，2015（2）：5.

扎实推进不无关系，甚至某种程度上其已经在践行"体教融合"发展模式。在国家体理会和教育部的支持下，武术已成为新加坡大、中、小学普遍开展的课外活动，马来西亚更是成为世界上除我国之外第一个将武术列入学校正课的国家，菲律宾中小学运动会也已将武术作为竞技项目列入其中。能够取得这样的武术推广成绩，得益于东南亚各国武术协会不遗余力的持续作为。

事实上，武术进校园已经是老生常谈的问题，近现代以来我们的武术从未离开过校园，之所以一而再、再而三地强调武术进校园，就是因为武术在校园的发展并没有落地，时至今日依然没有完全解决"教什么""谁来教"和"怎么教"的问题。体教融合发展是在新时代体育强国背景下提出的新要求，从"体教结合""教体结合"的探索，到体教融合促进青少年健康发展，伴随中华人民共和国成立70余年和改革开放40余年，总结其间的经验与教训，对落实《关于深化体教融合 促进青少年健康发展的意见》具有重要意义[1]。武术在校园的普及与提高要乘势而上，我们有全国学校武术联盟，也并不缺乏武术教学内容，众多经过专业院校培养的武术师资力量和社会办学力量足以支撑校园武术的发展，关键是要厘清思路、扎实推进、持续发力，才能谱写校园武术发展新的篇章。

（五）加快武术产业化进程，促进武术事业的全面协调可持续发展

武术产业是以武术运动为载体，以参与体验和教育为主要形式，以促进身心健康和传承中华传统文化为主要目的，向大众提供相关健身休闲产品和服务的一系列经济活动的总称[2]。武术产业的蓬勃发展对于武术事业的全面协调可持续发展具有重要的促进作用，同时武术事业水平的全面提升也会反作用于武术产业的高质量发展。2019年7月，国家体育总局、外交部、教育部等14部门研究制定的《武术产业发展规

---

[1] 钟秉枢.问题与展望：体教融合促进青少年健康发展[J].上海体育学院学报，2020（10）：5.
[2] 国家体育总局.《武术产业发展规划（2019-2025年）》[EB/OL].[2020-05-21]. http://www.sport.gov.cn/n316/n340/c919105/content.html.

划（2019-2025年）》（以下简称《规划》）对外公布，这是对《国务院关于加快发展体育产业促进体育消费的若干意见》《国务院办公厅关于加快发展健身休闲产业的指导意见》《国务院办公厅关于加快发展体育竞赛表演产业的指导意见》的贯彻落实。研读《规划》我们不难发现，国家各部门对加快武术产业化发展已形成共识，制定了指导思想明确、目标定位准确、具体措施精确的规划纲要，为充分发挥武术在实施全民健身国家战略、推进健康中国建设中的重要作用，作出了科学的宏观指导[1]。

从全球化视角来看，我国武术产业的经济发展市场广阔。据不完全统计，世界上有3亿～4亿人在练太极拳，随着中国世界影响力的不断提升，武术海外传播的广度和深度不断加强，这一数字可能还会增加；我国各省市除专业武术运动员以外，常年在馆校习武的人数达百万人，民间习武人群因数量庞大而很难准确统计。以北京为例，成立于1962年的北京市武术协会，其下属有15个区级武术协会，从1982年起武术协会又相继成立了49个不同拳种流派的研究会[2]，仅八卦掌拳种研究会（现已更名为八卦掌专业委员会）目前就有散落于北京各大公园和社区的60多个八卦掌辅导站，而社会影响力更大的太极拳组织就不计其数了。可以说，武术产业的开发拥有广泛的群众基础，消费需求量巨大，武术产业发展的经济和社会基础也日渐成熟，新时代背景下武术产业迎来了重大发展机遇期。

《规划》强调：到2025年，武术产业基础进一步夯实，产业规模进一步扩大，产业竞争力进一步增强，达到与体育强国建设相适应的水平。为尽快达到这一武术产业发展水平，我们还要认清形势、摸清家底，尽管我国武术产业的发展环境大体上是有利的，但从现实状况来看仍然面临着内外发展难题。首先，我们虽然有广泛的群众基础，但缺少对群体消费观念的引导，普通武术习练者对与武术习练相关的场地、器材、服装等要求很低，真正走进中高端武术习练场所的人群数量有限，整体武术消费水平有待提升；其次，武术产品和服务"走

---

[1] 李世宏，李卓嘉，崔梦丽.武术文化产业发展研究综述[J].湖北体育科技，2021（2）：100.

[2] 北京市武术运动协会.北京市武术运动协会档案[M].北京：人民体育出版社，2007.

出去"的渠道并不畅通，20世纪80年代初期，由于电影《少林寺》的热播引发全球习武热潮，国外武术馆校激增，许多武馆负责人为了能够满足授课需求，同时也为了赚得一笔不菲的差价，不辞辛苦从国内购买武术器材和服装，通过人力"背"到国外销售和使用，然而40余年过去了，我们在海外的武术市场依然没有打开，还是人工小作坊式的运营模式，许多国家的武术从业者和习练者购买武术相关产品还不是很便捷；最后，"十三五"期间研制发布的《武术太极服要求和试验方法》《武术太极剑要求和试验方法》《武术散打头部保护器要求和试验方法》三项国际标准项目，在执行层面依然面临诸多困难，并未产生较大的市场影响力。鉴于以上发展情况，我们应该聚焦回归武术产业发展的基础，即武术的教育与教学。从优化武术的教育与教学手段入手，提升练习者的价值感、参与度和成就感，改善武术习练的市场接受度（Acceptable）；打造更加立体化的武术传播通路，提高受众知晓度（Awareness）；引导、鼓励武术配套产业的创新发展，支持有能力的企业率先"走出去"，提供更加丰富的服务方法和支付价格（Affordable）；使与武术相关的教学培训、文化体验、竞技表演等变得触手可及（Accessible），这是加快武术产业快速和优化发展的理论与实践指导。

二、发挥精英武术引领的"累积效应"

任何一种文化的传播都不可能是一蹴而就的，它不仅需要一个长期累积的过程，还需要多方因素的共同作用才有可能行稳致远。同样，武术文化的世界传播单纯在大众媒介的泛泛传播层面和依靠个体的单打独斗是远远不够的，官方的顶层设计与主动推进才能更好地发挥已有的"累积效应"。从1936年中国武术代表团首次亮相国际舞台，到1974年中国武术代表团开启"武术外交"之路，再到2011年、2017年武术两次轰动联合国的精彩演出，以及之后包括"武术'一带一路'行"在内的多场次大型武术人文交流活动，都是中国武术从官方层面进行世界推广的高光时刻，一系列的武术传播活动和一代又一代武术精英为武术走向世界奠定了坚实的基础，积累了丰富的传播经验。然而，这种官方"精英"武术传播"累积效应"的持续发酵，还需要我们具备久久为功、积沙成塔的精神。

（一）"武术'一带一路'行"要深入而持久

在《中国武术发展五年规划（2016—2020年）》中，国家体育总局武术运动管理中心明确提出以"一带一路"倡议为契机，加强国际交流与合作，拓宽武术推广渠道。"十三五"期间，国家武术运动管理中心共派出106个出访团队、910人次，接待了来自18个国家和地区的45个武术协会和国际体育组织到访，国际推广与交流的"走出去""请进来"合作不断深化。"武术'一带一路'行"作为服务国家外交战略的高级别武术推广活动之一，自2016年起已经走过了涵盖东南亚、中亚、中东欧等20多个丝路沿线的国家，通过教学、培训、表演、文化交流讲座，以及援助等形式助力武术在"一带一路"沿线国家的开展。

不可否认，经过长期坚持不懈的努力，"武术'一带一路'行"已经成为一个武术推广的高端品牌，其官方权威性和规范性大大提升了武术在丝路沿线国家的知名度和影响力，也为到访国家培训了一批"在地化"武术传播人才，为武术传播推广的可持续发展储备了人才资源。但是我们也要看到，尽管"武术'一带一路'行"在较短时间内取得了比较显著的推广成效，但就其长期作用发挥而言，显然力度不够，和其他武术团体的短期传播推广行为一样，"武术'一带一路'行"依然是一种效应无法持久的传播活动，同样缺少在到访国家的"落地"举措。今后我们是否可以考虑建设当地"中国武术体验馆"和将具备驻留条件的武术精英派驻到访国家至少3～6个月，以此来巩固高级别武术传播所取得的成果，当然这需要充足的资金支持、政策支持和到访国家的积极配合。武术国际传播由横向快速发展向纵深高质量发展的转变，国家的顶层设计、主动推进和深入而持久的作为是关键所在。

（二）大型国际武术赛事推广要有规模和影响

大型国际武术赛事推广是武术国际传播的重要路径，自1985年8月在西安举办的第1届国际武术邀请赛拉开武术国际赛事举办的序幕以来，随着国际武术联合会的成立，武术相继成为亚洲运动会、世界运动会、世界武搏运动会、伊斯兰团结运动会、世界大学生夏季运动会、世界大学生单项锦标赛，以及亚太地区老将运动会等多个综合性运动会的正式比赛项目；北京奥运会和南京青奥会期间，作为文化教育项目，我国曾举办"北京2008武术比赛"和"南京2014青少年武术比赛"；2020年1月8日，国际奥委会执委会会议通过武术列入第4届青年奥林匹克运动会正式比赛项目的消息，更是让国人欣喜不已，似乎我们离奥运梦想又进了一大步。在国际武联的推动下，亚洲武术锦标赛、世界武术锦标赛、欧洲武术锦标赛、泛美武术比赛、世界杯武术散打比赛，以及世界传统武术锦标赛等国际赛事都为武术推广提供了较高规格的展示平台。

目前来看，国际武术赛事已形成体系并具备了一定的规模，如已成功举办了15届世界武术锦标赛，其参赛队伍的广度和参赛运动员的人数都呈现出上升趋势，奖牌的分布也逐渐由中国队一枝独秀向亚洲、欧洲国家的竞争加剧演变，这对于武术国际推广来说未尝不是好事。然而，衡量和评价一个赛事影响力的大小，我们不能只看到赛事规模的扩大，其中更重要的指标还包括赛事举办规格和媒体曝光度的大小，以及观赛群体的多寡。赛事的举办是否可以引起政要人物的关注、比赛现场能够吸引多少观众观赛、有多少高级别媒体的即时报道、报道的信息量如何，这些硬指标都是反映赛事影响力的关键因素。而残酷的现实告诉我们，即便是世界级的国际武术赛事在这些反映影响力的硬指标上的数据也并不乐观。此外，"一带一路"倡议自提出至今已经走过了9年的时间，但以"一带一路"冠名的具有国际影响力的武术赛事尚未展开，个别冠以"一带一路"之名的赛事也是有其名无其实，不仅赛事规模不大、规格不高，真正参与赛事的运动员也大多来自国内各省市和部分外国留学生。如我们可以看到很多诸如"七彩云南·'一带一路'第一届媒体杯传统武术交流大赛""2019首届'一带一路'丝路散打之星中华武术交流大赛""'一带一路'新加坡国际武术文化艺术节"等冠名赛事的举办，这些赛事从形式上看填补了国内"一带一路"主题武术大赛的空白，但却并未真正吸引到沿线各国的广泛参与，影响甚微。未来国际武术赛事的举办应在提升赛事影响力上多下功夫。

（三）官方武术组织的相关培训要形成体系和制度保障

国家武术运动管理中心"十四五发展规划"（征求意见稿）提出，要推动套路、散打、太极推手和短兵项目竞争性发展，重点加强太极拳、长拳、南拳、咏春拳等在海外影响力大、普及面广、关注度高的拳种的推广，不断厚植武术海外推广群众基础。提出这样的武术推广措施无疑是在为武术尽快入奥进行战略布局，强势推动武术各项目和拳种的海外发展，扩大受众人群。要使规划实施落地，对主推的项目和拳种要形成培训体系并提供制度保障。

武术推广培训体系的建立不仅可以储备人才资源，更是武术推广标准化、系统化的保障。20世纪80年代起，武术国际推广培训在国内外产生过巨大影响，1986年在济南举办了第1期国际培训班，大约有来自30个国家的武术教练员接受技术和理论的相关培训，并且编写出版了第一部英文版教材，这是武术开始走向国际的标志；2000年国家武管中心在安徽合肥举办了首届援外教练员培训班，经过培训储备的推广人才中有很多都担任了周边国家的援外教练，还有部分人员参与了短期援外项目，为推动武术国际化发展做出了贡献。然而，这些成功经验没有形成有效的培训体系，也没有强有力的制度保障推动其可持续发展，导致此类培训无法满足武术国际化推广的需要。因此，为实现武术国际化推广的高质量发展，官方武术组织要发挥引领作用，在以往成功经验的基础上结合当下面临的国际国内需求，尽快推出武术各项目、各重点拳种的系列培训活动，特别是要加强"一带一路"沿线国家的武术培训推广力度。

（四）发挥高等体育院校的资源优势，强强联合

高等体育院校是培养高素质体育专门人才的孵化基地，中国目前有14所专业本科体育院校，在这14所高校中都有"武术与民族传统体育"专业设置，并且以北京体育大学、上海体育学院为龙头的高等体育院校的资源优势十分明显，特别是在人才资源、专业资源、地域资源等方面

具有很大的挖掘空间。2017年1月，国家颁布《统筹推进世界一流大学和一流学科建设实施办法（暂行）》以来，有多所体育院校武术与民族传统体育专业入选国家首批"双一流"建设名单；2020年大学软科排名中，上海体育学院、北京体育大学名列前茅，武汉体育学院、首都体育学院紧随其后。能够取得这样的成绩也体现了这些专业体育院校的办学水平和良好的专业发展状况。武术文化的传播与推广，仅仅依靠国家武术运动管理中心和国际武联，很难形成武术国际传播推广的燎原之势，因为没有足够的可供利用的资源，特别是人力资源。武术国际化传播推广要形成合力，武术管理部门在做好顶层设计的同时要调动各专业体育院校的积极性，发挥各自的资源优势并加强校际往来，强强联合加快武术国际传播与推广的进程。

随着国家文化"软实力"的不断增强，建设世界一流体育大学的目标也成为各专业院校提升办学水平的动力，其中国际化办学水平也是评价指标之一。体育院校借助自身资源优势开展全方位提升国际化办学水平的相关活动，而在这些活动中最有文章可做的非武术莫属。近年来，多所体育院校的专任教师参与武术援外项目，执教世界各国国家队取得好成绩；在参与国际学术会议中讲述武术故事，展现武人风采，同时也提升了学校的知名度和影响力；通过培养留学生加强对武术"本土化"人才的贮备。针对"一带一路"武术传播，体育院校也发挥了独特的作用——依托地方资源优势开展各类武术培训和海外巡演活动，如上海体育学院"一带一路"高水平教练员培训班已成功举办2届，通过该培训项目，有来自"一带一路"沿线国家的100多位武术教练员和爱好者通过为期两周的学习与交流，对中国传统武术文化有了更深的了解与认识；首都体育学院武术巡演活动从2017年起有意识地向沿线国家倾斜，还积极筹建海外武术孔子学院，拟招收"一带一路"沿线国家的优秀武术运动员，为他们提供全额奖学金进行学历教育培养；北京体育大学更是参与了多项高级别人文交流活动，随国家领导人出访世界各国；在2020年新冠大流行肆虐全球之时，"上合组织武术训练营网络课堂"依然在北京体育大学开营。这些活动的展开，不仅提升了各体育院校的国际化办学水平，也对武术向世界推广起到了很好的示范作用。

三、强化海外移民武术传播的"文化渗透"

从唐代算起,中国人移居海外已有一千多年的历史。从1840年鸦片战争至1941年太平洋战争爆发前夕,有一千万中国人迁移海外,足迹遍布世界各地[1]。早期华人移居海外或为经商,或为谋生,或为逃难,他们选择离乡背井异地漂泊,遭遇过排斥、猜疑和歧视,"下南洋""金山客""渡东瀛"都是华人移居海外的真实写照。随着现代国际经济交往与合作的不断加深,人口的流动性越来越大,无论是在数量上还是在范围上都呈现逐年递增与扩大的趋势,移民渐渐成为国际舞台上引人注目的群体[2]。武术在世界各国的传播推广与华人移民有着不可分割的密切关系,央视纪录片《武林外传》就用纪实性的手法为我们讲述了很多散落在世界各地的"武术移民"的故事。随着我国综合国力的不断增强,海外华人的地位也不断提升,这为武术对外传播创造了难得的机遇,应该重视华人华侨在武术国际传播推广中的作用,他们是使武术从"走出去"到"走进去"传播的重要力量,是厚植海外群众武术基础的有效保障。

(一)重视海外"武术移民"力量的整合,加强交流与沟通

近年来,随着我国综合国力和对外交往能力的不断增强,华人华侨在海外的地位和关注度也逐年提升,从曾经的默默无闻到如今活跃在居住国的政治、经济和文化等领域,并展示出越来越重要的作用。2019年央视中文国际频道报道了习武60载的旅美武术家苏自芳在海外传播中华武术的新闻,2010年她在洛杉矶成立了武术学习班,开设不同拳种的系列课程并在全美各地举办讲座与培训,带领学生参加各项武术活动,还在新加坡、日本创立了分部推广中华武术,获得美国传统武术联盟颁发的终身成就奖。在世界各地像苏自芳老师这样的"武术移民"还有很

---

[1] 李其荣.海外华人研究的新视野与方法[J].丽水学院学报,2018(5):1.
[2] 詹娜.关注时代前沿,把握时代脉搏——评李其荣《国际移民与海外华人研究(第三卷)》[J].八桂侨刊,2021(3):89.

多，但准确数字很难统计，仅在新加坡就有新老"武术移民"超过百人，他们有的受国家武术总会邀请执教新加坡国家队，有的自己开办武术学校，还有的在新加坡中小学课外活动中教武术；美国、日本、马来西亚、菲律宾，以及欧洲很多国家都是"武术移民"乐于驻足的落脚点，他们凭借自己的武术技艺和吃苦耐劳的精神逐渐在居住国站稳了脚跟，不仅满足了个人的生存需要，也成为武术在世界各国传播的主力军。

从国内走向国际的"武术移民"无一不经历过艰苦的谋生创业阶段，尽管自身所具备的武术技艺能够让他们比较快地找到一份工作而解决生存问题，但语言不通、文化的隔阂都会令他们在创业初期感到无所适从。此外，由于武术国际推广尚未形成市场化，很多在同一个国家特别是同一城市以武术谋生的"武术移民"之间鲜少沟通交流，有的甚至因为生源问题成为竞争对手而相互诋毁，这种现象并不少见，有旅居海外多年的"武术移民"告诉笔者，国内武术圈的一些问题在这里（居住国）都有，一句话就让我们体会到武术海外传播尚有许多不尽如人意的地方。事实上，海外各武术馆校之间、"武术移民"之间加强合作与沟通，增进彼此间的理解与信任，把武术国际传播推广事业做大做强、让海外武术市场不断扩大，才是解决纷争、化解矛盾、使武术传播朝着健康有序方向发展的正道。

（二）着力提升"武术移民"整体素养，搭建培训与进修的平台

任何一种文化的传播都离不开人的参与，传播者的素质和传播能力对于文化的传播起着至关重要的作用。调研发现，在海外打拼的"武术移民"主要分为以下几种类型：一是来自广东、福建等地的早期移民，他们大多以教授南派武术和龙狮为主；二是来自国内各省市专业队的退役运动员及大专院校的专业武术人才，他们大多以教授项目涵盖广泛的竞技武术类内容为主；三是一些有过少林武术和武当武术训练背景的武术人，他们大多会教授少林武术、武当武术等内容体系，且具有比较鲜明的服装和礼仪标识。此外还有很多"临时抱佛脚"的对武术略知一二的业余武术传播者。从海外"武术移民"的构成来看，其整体素养参差

不齐，有很多人甚至没有接受过高等教育，因此也导致他们在武术传播过程中规范意识、标准意识不强，如何规范海外"武术移民"的武术传播行为，是提升武术文化传播持久力需要认真考虑的问题。

根据对"一带一路"沿线区域和国家的调研，大多数以武术作为谋生手段的"武术移民"，也非常希望能够有机会接受"再培训"，以提高自身武术技术水平、加强相关理论学习，同时进一步了解国内和世界武术发展状况。因此，针对海外移民的武术教学培训活动，应在国际武联和中国武术协会的统筹安排和考虑下，尽可能多地搭建不同类型的培训、进修和交流平台，以满足海外移民不断增长的提升教学能力和整体素养的、有利于武术跨文化传播高质量发展的现实需求。

（三）强化海外"武术移民"民族认同感和自豪感，设立专项基金予以支持

改革开放以前，国人走出国门的机会是很少的，改革开放激发了人们走出国门看世界的愿望，民间国际交往也日益增多，促成了华人"武术移民"现象的产生。较早走向世界的"武术移民"更多地感受了当时中国与移民目的国之间在经济发展上的差距，以至于在祖国快速崛起之后，他们发出了"中国发展太快了"的惊叹。要使中华民族文化真正实现自身的价值，仅仅从文化自身入手还远远不够，还必须让经济成为促进文化发展的力量，借助于综合国力和国际地位的提高，使文化认同落到实处[1]。国家的强盛增强了那些依靠个人能力在异国他乡谋生的"武术移民"的民族认同感和自豪感，过去他们是"走出去"寻求更好的生活环境，现在是"站起来"让民族优秀文化在世界范围内得以弘扬。

中华武术在长期发展过程中不断汲取中国传统文化的养分，它承载着先哲们对生命和宇宙的参悟，以一种近乎完美的运动形式向世界阐释古老的东方哲学思想。"武术移民"这一特殊群体是武术国际化传播推广的践行者，不仅需要具备卓越的个人能力和独特的人格魅力，更需

---

[1] 班秀萍，全球化视域下中华民族文化认同之思考[J]. 思想教育研究，2020（10）：156-159.

要传播者明白自己身上所肩负的权利与责任。国家和政府要给海外"武术移民"群体以足够的关注和全方位的支持，认可他们为武术世界传播所做出的努力，给予他们持续传播中华文化的精神动力和必要的资金支持。调研中我们了解到，国外武术传播者大多依靠自筹和募集资金来解决举办武术赛事和相关宣传活动的经费，完全是依靠对武术的热爱和情怀推动武术在其居住国的影响力。此时，如果有专项基金来支持"武术移民"的武术推广活动，不仅可以使他们感受到来自祖国的认可，更是让武术世界传播深入和持久进行的有效措施，将会在更多、更广的范围内树立"武术移民"的文化自信，从而促使他们无论是在理性认知层面、情感的热爱和依恋层面，还是行为的恪守与传播方面更加坚定地走下去。

四、借助汉语言文化传播的"孔子学院之道"

孔子学院（Confucius Institute）是中国国家对外汉语教学领导小组办公室（简称国家汉办）在世界各国所成立的文化交流和学术研讨教育机构。孔子学院的办学宗旨是增进世界人民对中国语言和文化的了解，发展中国与外国的友好关系，促进世界多元文化发展，为构建和谐世界贡献力量。孔子学院2018年年度报告显示，自2004年全球第一所孔子学院在韩国首尔成立以来，目前共有154个国家（地区）建立了548所孔子学院和1193个孔子课堂，5665个教学点。2019年，首届国际中文教育大会在湖南长沙召开，从"全球孔子学院大会"到"国际中文教育大会"，标志着孔子学院隶属关系与运行机制的转变。2020年6月，由27所高校和企业共同发起的中国国际中文教育基金会成立，全面负责未来孔子学院品牌的运行工作，随后教育部中外语言交流合作中心成立（简称语合中心），使"国家汉办"这一机构也正式成为历史。隶属关系与运行机制的转变是为了更好地适应当前国际社会对此类机构"去官方化"办学的要求，逐步走向民间化和自主化，但孔子学院对外推广汉语、传播中国文化的功能与使命并没有消失。在新的历史时期，武术传播如何借力孔子学院平台不仅要考虑武术自身传播发展的需要，更要与现行体制下的孔子学院发展需求相结合。

（一）"大课程"理念下的"汉语+武术"课程体系构建

前期调研发现，作为文化特色项目，武术在世界各国孔子学院的开展都取得了不错的成绩，特别是在中亚和一些欧洲国家，武术成为孔子学院的特色推广项目，如吉尔吉斯斯坦奥什孔子学院、葡萄牙阿威罗大学孔子学院、斯洛伐克考门斯基大学孔子学院等。但同时也暴露出孔子学院武术开展无法持续的矛盾和问题：首先，专业师资力量不足严重影响了武术教学的广泛开展和质量提升。其次，没有专门教材，导致教学内容不成体系、随意化现象十分突出。作为政府支持下的非盈利教育机构，孔子学院转型后由官方机构变成民间组织，可能会存在管理与运营磨合的真空期，中方组织者沟通和经营的能力、国内大学所提供的教师和课程的资源以及合作方对项目的认可度和配合程度等，都将成为影响孔子学院未来发展的决定因素。目前，教育部中外语言交流合作中心的职能包括对外汉语教师的培养，海外汉语水平考试的组织实施等；"中文+职业培训""中文+特色教室"等模式将会成为今后很长一段时期的效益增长点。在"大课程"理念下将武术纳入孔子学院的教学课程体系，需要依据语合中心的汉语推广课程设计理念，在相互融合中促进汉语推广与武术文化传播的共同发展。基于"使用与满足"理论下的以不同背景学习者的多样化需求为依据的武术课程研发可以在规模、功能、形式、内容等方面进行深入探索。

课程是以培养目标为基础，从学科之中选择与培养目标相符合的内容，提取出来并按照一定的顺序进行排列组合，再依据课程时数的要求呈现给学生。所谓的"大课程"理念，就是在武术教学体系中涵盖武术历史文化、养生健身方法、技击格斗技能等，以特定的武术拳种门类为抓手（如太极拳），通过该拳种具体的内容（流派介绍、习练方法、攻防含义等），将武术教学资源融入语合中心与孔子学院的发展路径。因此，设计实施基于孔子学院教学平台的对外武术推广课程，不仅要考虑武术自身的推广需求，更要满足孔子学院未来发展的需要，以及教育部中外语言交流合作中心在对外汉语教学上的要求，提供不同组合形式的"汉语+武术"课程资源。第一，可以设置不同时长的课程，如一周、一个月、一学期、一学年的课程等，以满足不同类型学习者的时间选择需求；第二，根据武术的不同功能作用设计不同类型的课程，如搏击类、健身养生类、竞技表演类、文化体验类等课程，以满足不同学习者的内容选择需求；第三，教学形式可分为线上课程、线下课程和线上线下结合的课程形式，充分发挥媒介融合的资源优势，也是后新冠肺炎疫情时代武术传播发展的应对之策。

（二）研发"汉语+武术"课程体系配套教材，讲好武术故事

规范化、系统化的教材是课程建设的重要组成部分，而这恰恰是武术国际传播进程中需要弥补的短板，尽管我们已经推出过三套《国际武术竞赛套路》、两个系列的《中国武术段位制系列教程》，以及市场上出版发行的各类武术教材，但遗憾的是，这些花了大力气编创的武术教材并没有形成适用于孔子学院课程体系建设所需要的配套教材。首都体育学院曾经启动过与汉语国际推广相结合的武术教材的编写工作，但因种种原因导致项目搁浅，以致我们在武术国际推广中很难找到与之相适应的教材，并且由于孔子学院的武术课程大多以兴趣班的形式存在，因而也不要求教师选取教材和撰写教学文件，造成了武术传播内容杂乱无章和在传播形式上的各说各话，这也是教材研发过程中"大课程"理念缺失的结果。

为世界各地的汉语学习者提供规范、权威的现代汉语教材，提供最正规、最主要的汉语教学渠道是语合中心最重要的工作之一。基于孔子学院推广平台的武术教材研发，既要满足"汉语+武术"课程体系构建的需要，还要考虑研发的武术教材和现有语言教材之间的关系，要互为补充才能相得益彰，而不是一个独立的、分裂的关系。对外汉语教学已经有一整套十分完善的教学、考核、评价体系，也有很多优秀的汉语教材可以为武术教材的编写提供参考，如"三常"教材，即历史常识、语言常识和文化常识，这套教材有很多读本且为多语言系统。我们可以通过编写专门的对外武术教材，让海外孔子学院的学生在学习武术的同时，补足中国语言文化的相关知识内容，将武术教学融入语言学习过程中，反过来也能对语言学习起到促进作用。教材内容的编写还应该有

"讲好武术故事"的概念，根据不同的课程编写不同内容的教材，无论课程时数多少，教材编写都要有一个完整的故事体例。如"八卦掌"系列课程，教材中可以讲述拳种起源的故事、著名传人的故事等，通过相关背景的描述、故事情节的渲染和具体教学内容的配合，使课程变得生动而有趣，也可以使语言教学形式变得更加丰富。

（三）加强师资培训，开通武术传播人才输出的绿色通道

经过近20年的推广布局，孔子学院已遍布全球五大洲的154个国家和地区，如此广泛的机构设置对于师资的需求无疑是巨大的。孔子学院现有中外兼职教师4.7万人，大多通过志愿者招募的形式结合原国家汉办外派教师项目来供给，其中武术教师的主要来源包括国内高校派出的武术专业教师和志愿者，这类师资专业能力较强，但通常语言能力会存在一定障碍；专职汉语教师和志愿者兼任武术教学任务，这类教师由于本身对武术一知半解和专业积累不够而难以长期开展教学工作；还有孔子学院所在国当地的华人"武术移民"也是武术教学活动开展的师资来源，他们的出现在一定程度上解决了原国家汉办公派教师连续性不足的问题，且文化冲突少，教学中语言交流也更为顺畅。尽管有多渠道为孔子学院提供武术师资，但与全球孔子学院数量和武术教师需求量相比，武术师资供不应求的现象仍然是现实问题。

要解决孔子学院武术传播推广的现实问题，还有很多工作需要我们扎实推进，充分考虑改制后的孔子学院现行管理制度和运行机制，通过"汉语+武术"课程的开发和师资队伍建设，为孔子学院的发展起到积极的推动作用。从长期来看，师资队伍的培养可以依托现有已被"汉办"挂牌认证的国内高校和省市培训基地，如首都体育学院汉语国际推广武术培训与研发基地、北京体育大学汉语国际推广武术师资培训基地、河南汉语国际推广少林武术基地等，以各高校武术与民族传统体育专业的本科生和研究生为培养对象，进行武术专业技能培训和汉语教学能力提升的有针对性的培训，着重提升其文化领悟力和跨文化交际能力；还可以考虑与国际武联合作，在有条件的国家设立海外孔子学院武术师资培训机构，在全球范围内招募符合培养条件的武术传播人才，进行培训和认证以强化海外本土武术师资力量的供给。短期来讲，也可以

利用现有平台为孔子学院派出的老师和志愿者做岗前培训，以"语言教学+"的方式，结合拟开设的武术课程进行专门培训。加强国内外师资力量培养、畅通人才输出的渠道，不仅可以满足孔子学院"汉语+武术"课程的教学需要，同时也是拓宽国内武术专业毕业生就业渠道、整合海外武术传播师资力量的一个有效路径。

（四）提升武术海外巡演质量，持续扩大武术国际影响力

组织为推广汉语和传播中国文化的展览、演出或竞赛活动是孔子学院的业务内容之一。我们可以看到，世界各国孔子学院除了正常的汉语教学以外，还充分利用所在国家的各类节庆活动积极搭建中外文明交流与互鉴的平台，通过举办"中国文化日""中国文化角"和各类竞赛表演活动来展示中国优秀传统文化，武术是其中不可或缺的重要活动项目。文艺巡演、文化巡展、专家巡讲的"三巡"活动是宣传中华文化的重要形式，其中武术巡演任务主要由北京体育大学、首都体育学院及嵩山少林武术职业学院3家单位来承担，嵩山少林武术职业学院的"武林汉韵"在美国、西班牙、俄罗斯、意大利、瑞典等国家开展武术文化交流，受众达10万人；首都体育学院的"华夏风·功夫情"7年来在20多个国家巡演近百场；北京体育大学武术巡演团多次随国家领导人出访。一次次成功的演出都是对中华传统文化的宣扬，以武术为载体的文化传播交流活动拉近了中国与世界的距离，也是提升和扩大武术国际影响力的重要渠道。

受孔子学院运行机制转换和全球新冠病毒大流行的影响，武术海外巡演活动也面临挑战。首先是巡演经费的拨发较之过去可能会在支持力度和下拨程序上有所变化，其次是新冠病毒大流行导致各国国门开放政策的收紧，使"走出去"巡演短期内无法实现。在当前面临的新形势下，承接武术海外巡演任务的各单位要及时做出调整，对武术巡演形式和巡演内容进行再思考。对外巡演的目的是传播中国优秀文化，通过武术巡演的形式讲好中国故事，更广泛地宣传中国传统文化和理念才是终极目标。在孔子学院转型升级调整的大背景下，武术巡演要进一步明确传播目的，深度思考如何进一步提高巡演质量、因地制宜开拓新的传播路径，同时也要向服务于不同政府部门（如国家文旅部、国务院侨办）

的外交大局转向，为各级政府部门提供优质的武术巡演内容资源，在助力国家文化软实力提升的同时也为持续扩大武术国际影响力提供不竭的动力。

五、融合多元媒介形态的武术传播"路径拓展"

人工智能、云计算+大数据、5G等电子信息领域取得了一系列重大科技创新成果，大大推动了信息传播模式发生迅速而深刻的变化。截至2017年12月，中国网民规模达7.72亿，普及率高达55.8%，超过全球平均水平（51.7%）4.1个百分点[1]。网络传播已经成为现代社会的主要传播方式，广大网民既是传播对象的主力军又是传播实践的参与者。在移动互联网环境下，传播技术的提高促进了媒介融合的发生与发展，媒介是文化的传输器，媒介融合为武术的传播拓展了空间维度和时间跨度，将报纸、广播、电视等传统媒体与微博、微信、短视频、自媒体等新兴媒体进行融合，并将其优势和资源进行整合利用，可以加快中国武术在世界范围内的传播速度，扩展武术传播的覆盖面。移动互联时代的到来为盘活中国传统文化资源、传播中国文化的丰富内涵提供了全新的信息传播方式，作为当下主流的移动传播模式，拥有着人人传播、多向传播和海量传播的特点，移动媒体所具有的即时性、互动性、开放性、聚合性等特征，不仅改变了受众获取信息的方式，还改变着受众社交的方式[2]。充分发挥传统媒体和新兴媒体在武术跨文化传播中的融合作用，是构筑武术"走出去"的迅捷之路，也是提升武术国际传播竞争力与话语认同的有效途径。

（一）内容资源融合，提升武术传播的媒介话语权

媒介的内容融合是媒介融合的目标，目的是实现立体式的传播效果。在新媒体时代，不同媒介的内容资源都将投放在统一的平台进行整

---

[1] 习近平新闻思想讲义（2018年版）编写组.习近平新闻思想讲义（2018年版）[M].北京：人民出版社、学习出版社，2018：115.
[2] 叶艳宁.移动互联时代中国传统文化的传播路径——以"儒风大家"微信公众号为例[J].传媒，2019（10）：74-76.

合，完成媒介之间相互的内容推销与资源共享。习近平总书记在十九大报告中指出，"推进国际传播能力建设，讲好中国故事，展现真实、立体、全面的中国，提高国家文化传播的软实力"[1]，而国家形象的塑造和文化软实力的提升需要依靠媒介的力量，利用媒介生产的话语文本，让传播受众在文化认知上不断更新，才能使文化得以传播并扩散。在媒介信息内容的整合过程中，媒体内容的呈现形式与传播范围的深度与广度都将影响传播效果。

媒介内容的生产与规范是跨文化传播的必要手段，对于国家形象的塑造起着不容小觑的作用。由官方主导的主流媒体对于内容的生产与发布，在国内外的传播过程中影响着国家权威和公信力。其话语的生产者通常以特定的主题、体裁以及关键的词汇运用与修辞方式来构建话语体系，彰显了媒体的立场与倾向，也决定了受众对于传播内容的接受度与认可度。事实上，中国武术本身并不缺乏对外传播的话语体系，但就武术国际传播的立场而言，我们的话语体系建构还不完善，更为关键的问题是要提升国际上对中国武术话语体系的认同度。因此，官方主流媒体应致力于打造优质的武术传播话语内容，借助媒介信息技术的融合手段，将武术领域中的各种信息资源进行整合，通过"议程设置"以及多语言的输出，对内可实现中国武术文化的充分表达，提高国民的文化自信，对外有助于海外受众更加深入地理解武术这项运动和其所蕴含的文化底蕴，便于与其他国家开展交流合作，树立良好的国家形象。

（二）媒介形态融合，营造多元化的武术传播环境

在媒介融合的趋势下，传统的媒介生态被打破，拓展出一个全新的发展空间。传统媒介纷纷向数字化转型，主要表现为媒介载体融合和信息形态融合两方面，使媒介形态发生了巨大改变。一方面，报纸、广播、电视等传统媒体与互联网、微博、短视频等新媒体通过数字技术进行联合，将二者的传播优势整合在一起，形成了多功能、数字化的媒介载体新形式。另一方面，传统独立的媒介信息形态包括文字、图片、声

---

[1] 人民网. 习近平在中国共产党第十九次全国代表大会上的报告［EB/OL］.［2018-03-20］. http://cpc.people.com.cn/n1/2017/1028/c64094-29613660.html.

音、图像等，也在一定程度上进行融合，以多媒体的呈现方式打破了不同媒介在内容生产上的壁垒，丰富了受众在信息接收过程的视听体验，在最大程度上给人以强烈的感官冲击。媒介形态通过两方面的融合，创造出传播主体多元、内容形式丰富，以及传播途径多样的新环境，不仅实现了传播信息的实时交互，也进一步加强了受众的参与性和体验感，发挥出更好的传播作用。

媒介形态的融合，为宣传武术运动和推广武术文化营造了多元化的新途径，使"武术+互联网"形态得以快速发展，面对新冠肺炎疫情的暴发，"云赛事""云课堂""云巡演"等一系列武术传播的新形态迅速呈现，极大程度地满足了人们足不出户练武术、赏武艺的需求，既保证了中国武术的国际曝光度，还使武术运动成为居家抗疫、增进健康的有效手段，在世界范围内得到普遍认可。国际武术联合会利用官网、微博，以及微信公众平台，为广大武术爱好者提供名家拳师的课程视频；中国武术协会联手北京体育大学推出"上合组织武术训练营网络课堂"；国家级武术刊物《中华武术》杂志开放了多平台的互动窗口，通过发布武术技术视频、赛事现场视频，以及武术文化信息等，与受众进行交流互动，提升用户黏性；在2021年的"世界武术日"活动中，世界各国武术爱好者以各种方式表达了他们对武术的喜爱和祝福，甚至有些非国际武联会员国的武友也向国际武联发送了视频图像等资料，从侧面反映了武术国际传播影响力的提升。技术的发展使媒介融合成为可能，媒介形态的多元融合既保证了传统媒介内容权威的优势，又突破了平面媒介传播模式的局限性。

（三）技术手段融合，打造受众专属的个性化服务，不断提升用户体验

近年来，随着科技水平的进步，大数据、云计算等已应用到社会各行各业，人工智能技术在语音识别、图像识别，以及深度学习等方面也有着突破性的进展，正在逐步渗透人们的日常生活中。文化的传播离不开大数据技术的支持，面对互联网造就的海量信息资源库，大数据分析和精确算法能够预测传播主体对于具体传播内容的关注程度，从而向不同受众推送个人喜好的内容，实现精准传播。数字技术是推动新媒体与其他媒体融合的关键技术形式，使各种独立的信息形态融合在一起，具有及时性、主动性与交互性的特点；网络技术是计算机技术和通信技术相结合的产物，具有跨媒体、跨平台、超链接、交互性、多终端等特性[1]。媒介技术手段的创新与应用为媒介内容和传播功能的融合提供了技术相支撑，在融媒体环境下，传播主体特征凸显大众化和精准化的趋势，任何人都可以拥有信息发布者与传播者的双重身份，大大增加了文化传播的参与度。

时下被广泛应用的大数据和人工智能的实现都是依托数字技术和网络技术的发展。目前，通过大数据技术了解用户的观看行为数据与评论反馈信息成为各平台深入了解用户需求的技术手段，如"抖音"等短视频平台，就是通过后台个性化算法对视频进行分类、筛选、排序，通过分析用户以往的阅读兴趣，向其投递高质量、同方向的短视频作品，以此增加用户的使用时长和频率，满足受众需求、完成定向的精准传播。VR（虚拟现实）与AR（增强现实）的技术加持，可以进一步提高个性化服务的匹配度和沉浸感。依托大数据的虚拟现实技术，武术的文化资源在得到数字化保护的同时，也使其体系更加完备、信息量更加充足，基本可以实现受众需求的全面覆盖。通过技术手段的不断融合，人们可以针对个人不同的功能诉求与内容需要，自行选择、设置特定的功能模块完成信息的获取，实现各种功能之间的交互和转换；也可以对虚拟环境进行改造，设计出个人专属的虚拟现实环境，身临其境体验武术文化的魅力，这在很大程度上提高了武术文化传播的精确度和长久性。此外，曾对武术国际传播产生不利影响的语言障碍，也会随着智能翻译与传播手段的深度融合而逐渐被淡化，使武术在世界各国的传播真正实现语言无国界、交流无障碍。媒介融合背景下，武术国际化传播将会走上快速发展的轨道，为全球武术爱好者提供更优质的武术传播内容和文化产品，不断提升用户体验。

总结与思考：本章论述内容是在前期文献资料的收集与分析和实地考察与调研基础上，深度思考武术在"一带一路"沿线国家传播所处的战略环境、传播基础，以及在不同地域和国家传播的现实境况，从"本土根基"的筑牢、"累积效应"的持续、"文化渗透"的加强、"孔院

---

[1]宫承波.媒介融合概论[M].第二版.北京：中国广播电视出版社，2016.

之道"的借力和"融媒体"路径拓展五个维度,对"一带一路"武术文化传播进行话语体系建构,旨在通过梳理武术国际化推广进程中已经取得的成绩和现实存在的问题,以及面临怎样的机遇与挑战,为"一带一路"武术文化传播发展战略的提出与制订提供充分的理论与实践依据。武术在长期发展过程中不断融摄中国传统文化的养分,它饱含着先哲们对生命和宇宙的参悟,体现着中华民族的世界观与价值观。当今世界充满着诸多不确定因素,大国之间的博弈、地区之间的制衡、人类与自然之间的争斗愈演愈烈,如何在纷繁复杂的世界局势中保持清醒的头脑和健康的体魄,中国武术在走向世界的征途中要有所担当,要肩负起传播和推广中华优秀传统文化的使命,成为构建"人类命运共同体"的重要抓手,用实际行动诠释"中国智慧"、贡献"中国力量"。毋庸置疑,在国家政府的倡导和一代代武术人的共同努力下,中国武术已经成为在世界上具有一定影响力的文化"产品",如何让这一"产品"发挥更大的作用,使世界各国人民共享这一人类文明成果,需要我们从多方面做出努力。要进一步夯实武术发展的本土根基,使其全面发展和不断壮大,而后借助以往武术国际化传播推广所取得的累积效应,充分发挥多路径、多平台、多举措的合作共赢之力,借助"一带一路"建设的历史契机,实现新时代武术国际化传播在深度和广度上的高质量发展。

第六章 文化强国背景下"一带一路"武术传播的战略构想

党的十九届五中全会明确提出了到2035年建成文化强国的远景目标，我国正从一个"文化大国"向一个"文化强国"迈进，不仅需要全社会的共同努力，更需要有能够扎实推进的发展战略作为支撑。"一带一路"是中国当代发展的三大国家战略之一，我们称之为"一带一路"倡议。在"一带一路"倡议进一步延伸和发展的过程中，不仅促进了我国与世界其他国家在经贸领域的互联互通，更促进了民族文化以及国家文化之间的交流与往来。中国武术在"一带一路"倡议实施过程中主要扮演了"文化使者"的角色，在传播中华优秀传统文化、促进沿线各国民心相通方面作用显著。同时，"一带一路"倡议为武术深度国际化指明了方向，为使武术国际化传播与推广更加务实和高效，武术传播推广的整体战略规划是必不可少的行动指南。基于前期比较深入和扎实的调研，以及对战略规划复杂性的认识，结合武术在"一带一路"沿线国家的推广现状及未来发展需要，从多维视角进行全方位、立体化的多重考量，从宏观、中观和微观三个层面提出"一带一路"武术文化传播的战略构想，为国家政府部门和武术管理职能部门不断优化和完善武术"走出去"的顶层设计提供参考。

一、文化自信："一带一路"武术文化传播的宏观视域

"文化自信"是筑牢中华民族精神家园的国之根本，也是武术文化世界传播的底气和勇气。中华武术国际化新发展阶段的新发展任务，已经由20世纪80年代第一次全国武术会议上提出的"要积极稳步把武术推

向世界"转向实现中华武术国际化的长期目标。即到21世纪中叶，使中华武术成为奥运会常设项目，中华武术文化广泛传播，融入国际主流文化潮流[1]。为达成这一总体目标，国家体育总局武术中心印发的《体育总局武术中心贯彻落实〈体育强国建设纲要〉实施方案》中明确提出了武术国际化推广的近、中、长期发展目标。"一带一路"作为武术国际化传播推广的一条主线，是"武术国际化"的重要组成部分，需要有明确的战略目标和细化的推进策略，从宏观目标的制定到中观方略的把握，再到微观策略的实施落地，都需要进行整体的顶层设计。然而，"武术国际化"是一个极其宽泛的概念，就"一带一路"武术传播发展战略的制定而言，厘清武术文化传播的战略要点，明确战略发展目标很关键。

首先，要站在服务国家发展战略和外交大局的高度做好武术在"一带一路"沿线国家的传播推广工作。"一带一路"倡议是习近平主席审时度势、把握方向而提出的，旨在解决人类社会发展过程中的矛盾与问题的"中国方案"，国家战略的实施为武术国际化传播指明了方向，但脚下的路要靠自己去走。

其次，要根据沿线不同区域和国家的不同情况，以武术文化传播为理念、武术健康传播为切入点、武术教育传播为推进点、武术竞技表演传播为助力点，点面结合做好"一带一路"武术传播推广工作。追求健康与和平是人类永恒的主题，将武术融入生活是武术传播推广的最高境界，也是使人们从被影视作品虚构了的武术阐释中回归现实的有效路径。因此，武术在"一带一路"沿线国家的传播，传递健康、和谐的理念是关键，让人们感受武术带来的身心愉悦是最具说服力和影响力的传播手段。

再次，有目标、有规划、有步骤、能落地的执行方案是做好"一带一路"武术传播的关键所在，国家政策的支持、主管部门的推动、执行部门的配合是做好"一带一路"武术传播的基础。中国武术独特的文化样态是武术走向世界的"卖点"，我们在传播和推广武术的过程中，"面子"和"里子"都要兼顾，既要有轰轰烈烈的竞赛表演，也要有扎

---

[1] 姚丹，李世英.中国武术国际化高质量发展的现实挑战与时代构想研究[J].沈阳体育学院学报，2021（4）：128.

扎实实的教育耕耘，这关系到民族传统体育文化走向世界、助力全人类健康前行的理念实施效果。

最后，基于以上战略要点的梳理，"一带一路"武术传播的总体战略目标为：借助国家"一带一路"发展战略，以服务国家外交大局为着眼点，实现武术文化在沿线国家的广泛传播，以武为媒搭建中国与沿线各国之间文明交流与互鉴的桥梁，术道并举使各国民众通过武术来更好地认知中国、了解和认同中国文化，切身感受武术康养身心的价值，助力"人类命运共同体"理念的早日实现。

二、文化认同："一带一路"武术文化传播的中观方略

文化认同是人类对于文化的倾向性共识与认可[1]。事实证明，"一带一路"倡议的提出和"人类命运共同体"理念的全球激荡，进一步提高了中国在国际社会的影响力、感召力和塑造力。中国不仅拓展了发展中国家走向现代化的途径，也为解决人类问题贡献了中国智慧和中国方案。但不可否认的是，当今世界正处于百年未有之大变局，在此背景下任何一个国家的快速崛起都会吸引全世界关注的目光，特别是像中国这样经济体量巨大的国家，在引起关注的同时可能也会引发恐慌。"中国威胁论"的形成其本质是政治问题，基础是文化问题，而使其发酵的关键在于舆论传播[2]。武术的国际化传播恰恰是"去政治化"的、以人类健康与和谐为使命的文化传播行为，关键问题是要把握好"文以化人、武以载道"的传播方略，方能使"一带一路"武术传播产生更加广泛的文化认同。

（一）话语主导方略

党的十八大以来，以习近平总书记为核心的党中央对构建有中国特色、中国风格、中国气派的话语体系高度重视，提出要加强话语体

---

[1] 郑晓云.文化认同论[M].北京：中国社会科学出版社，2018（5）：3.
[2] 邹振东.弱传播[M].北京：国家行政学院出版社，2018（10）：73.

系建设，集中讲好中国故事[1]。近代以来，由于国家的危亡和经济的衰微，我国一度处于"失语"状态，"中国"国家形象被西方话语霸权肆意建构。而随着我国经济的高速发展，国家综合实力的日益提高，如何消弭西方话语体系的影响，重新建构真实的中国，提升我国国际话语权就成为国家层面的重要议题[2]。中国武术无疑是极具中国特色的话语体系构建的载体之一，其国际传播的话语目标并非获得更多的话语主导权，而是要传播中国传统文化中积极和优质的文化内容[3]。本质上"一带一路"武术传播的话语主导方略是争夺更多的关注，争夺关注的目的则是争取更为广泛的文化认同，而最终武术传播推广的认同度还是要体现在了解和习练武术的人口数量上。武术传播不应该只是活跃在电影的虚构和让人心生欢喜却望而止步的高水平竞技武术赛事上，而是要和"一带一路"沿线国家普通百姓的健康诉求与文化体验相融和，不再拘泥于提高武术运动员的竞技水平，而是力图面向大众，扩大武术受众规模，提高武术国际化普及程度，实现武术向国际社会的大众普及[4]，这是武术传播话语主导方略的方向与目标。

批评话语分析家费尔克劳认为，话语是一种行为模式（a mode of action），话语实践中的"生产""传播""接受"三个过程能够充分体现实施者和接受者之间的交际过程[5]。文化传播具有双向性与流动性特征，以武术文化传播为文本的话语实践要从两个层面进行主导与互动，即官方话语与民间话语。官方话语表达要凸显"议程设置"的重要作用，如可以设置"武术健康议程""武术文化议程""武术竞技议程""武术教育议程"等，围绕不同议程的内容设置，通过不同的媒介和渠道进行表达，主动塑造武术传播的话语导向，在武术文化传播的内容生产、传播走向和接受者接受认同的不同时期，"议程设置"的侧重点要有所区别；而民间话语的表达则主要通过武术在沿线国家的教学实践活动和武术产业发

---

[1] 王莉.中国话语体系构建的基本维度［EB/OL］.［2018-03-20］.https：//epaper.gmw.cn/gmrb/html/2017-09/25/nw.D110000gmrb_20170925_2-11.htm.
[2] 游迎亚，王相飞，宋菲菲.讲好中国体育故事提升国际话语权的价值维度与叙事策略［J］.武汉体育学院学报，2021，55（5）：13.
[3] 孟涛，唐芒果.文化符号与责任担当：中华武术国际传播的话语分析［J］.上海体育学院学报，2014，38（3）：52-57.
[4] 洪浩."一带一路"：武术国际推广新机遇［J］.武术研究，2017（2）：2.
[5] 王泽霞，杨忠.费尔克劳话语三维模式解读与思考［J］.外语研究，2008（3）：10.

展来实现,在实践过程中不断收集接受者的信息反馈并及时对话语实践进行调整,使武术文化传播主客体之间加深了解、频繁互动。官方话语主导与民间话语互动相结合,着力提升话语实践能力,有效解决跨文化沟通障碍,可以使"一带一路"武术传播更加持久和深入。

(二)共情传播方略

在"一带一路"建设不断推进的时代背景下,武术文化传播的机遇与挑战并存。借力国家发展战略、服务国家外交大局无疑是武术在"一带一路"沿线国家传播的最佳时机和精准方位,而其所面临的最大挑战则是如何获得传播的最佳效果、如何形成传者与受者之间的高频次情感共振,共情传播理论为武术在"一带一路"沿线国家的传播提供了思考框架。共情传播就是相似情绪、情感的形成过程和传递、扩散过程,共情形成过程本身就是一个交流、沟通、传播过程,离开了交流、沟通,传播就难以形成共情,而共情的表达更是一种传播过程[1]。任何传播行为的检验标准追求的就是传播效果,而传播效果通常表现为三个层面,即情感、态度和行动。如果传播活动在认知和情感态度层面上接近或一致,并且实现了情感、态度和价值认同,那么迟早会产生行动。就武术传播活动而言,接受者如果对武术有了比较清楚的认知和价值认同,那么在条件具备的情况下是会尝试着行动和感受武术这项运动的,这一点我们在前期的问卷调查中得到了肯定的答案,有75.5%的受访民众表达了想要了解和学习武术的意愿。

长期以来,人类社会因为地理环境的隔离、社会发展阶段的不同,以及语言、传播技术等多方面的原因而处于相对隔绝的状态。但随着现代科技和互联网技术的飞速发展,地球上的时空距离被缩小了,使整个世界愈加成为一个整体,生活在"地球村"里的人们有了相互了解的愿望和可能。在世界互联互通的过程中,不仅实现了商品交换的互联互通,更使人类文明的交流与互鉴日益频繁。从国家层面来讲,武术文化的传播具有全球性、共通性和兼容性的天然叙事优势,具有使其他国家、民族和民众产生共情的基础,因为武术在长期发展演变过程中已

---

[1]赵建国.论共情传播[J].现代传播,2021(6):48.

经从人们最初认知中的技击之术，通过创造性转化和创新性发展而蜕变成为一种突出健体强心价值的文化载体，从而成为"民族文化"走向世界的代表成果。电影、电视、网络等大众传播媒介为武术在世界范围内形成情感共振打下了良好的基础，以李小龙为代表的武术传播"意见领袖"被世界人民所熟知，但这样的传播与共情传播尚有一步之遥，它缺少一个使受众获得满足体验的情感和身体共在的场域，我们应该从中国武术的本体出发，顺应时代发展之需，研究大众的各种"需求"并给予大众轻松快乐的使用体验，这是共情传播方略在"一带一路"沿线国家实现"精准共情"的着眼点。

（三）在地化传播方略

"在地化"（Localization）是相对于"全球化"（Globalization）而来的另一种趋势和潮流，在地化可视为一种产品或服务的应用，能够为某一特定文化或语言地区所接受的情况[1]。引申到武术在世界范围内的传播即要有全球化视野和在地化思维，英国的板球运动传播史和韩国跆拳道世界传播的成功经验无一不是在地化传播的经典案例。王邵励以体育全球史的视角研究了英国板球运动的传播及其在地境遇，认为板球的传播并非由英国人单向掌控，殖民地的板球受众也以调试、利用、改造等"再发明"手段，尝试了外来体育的在地化，通过与英国体育传统的互动，构建交错杂糅的全球板球运动格局[2]；跆拳道的世界推广从外派教练开始之初即统一了训练、表演和推广模式，这种依靠输入模式而不是输出人力的发展范式，使跆拳道运动迅速本土化，跆拳道这种类似"麦当劳"式的发展模式效果显著，目前在世界各国开展的跆拳道运动中已经难觅韩国教练的身影[3]。这些成功的案例为武术文化传播的在地化提供了参考范本，从目前武术在"一带一路"沿线国家推广工作的现

---

[1] 百度百科. 在地化[EB/OL].［2021-03-22］. https://baike.baidu.com/item/%E5%9C%A8%E5%9C%B0%E5%8C%96/12754422?fr=aladdin.

[2] 王邵励. 板球运动的传播及其在地境遇：体育全球史的视角[J]. 体育科学，2020（4）：90.

[3] 邓雷. 从武术外派教练到跆拳道本土化经营：两种不同发展模式带来的思考[J]. 体育世界（学术），2017（9）：64.

状来看，尚存在着顶层设计不足、推广工作不平衡、总体发展质量不高等深层次的矛盾和问题，而在地化传播方略是解决这些矛盾和问题以及使武术在"一带一路"沿线国家落地实施的根本保障。

在地化传播需要牢固树立新发展理念，准确把握新时代武术发展的定位和思路，夯实国内武术发展根基，按照《体育强国建设纲要》对武术走出去的总体要求，坚持创造性转化，创新性发展，使武术融入目标受众国家而成为一种适合在地发展的运动形式和文化样态，不要使受众形成一种他者文化对本土文化进行挤压的对抗式解码。一种文化的生存和发展，与其所处社会的适应调节机制有很大关系，尤其是本土文化对新文化的理解认同，往往是新进入文化能否扎根并长久传承传播的关键[1]。要坚持"普及—提高—再普及—再提高"的发展方针，形成易于推广、相对标准的推广模式，通过不断的自我调适以适应目标国家所处的社会文化环境。"在地化"传播方略的落地应从两方面展开，一方面是充分利用由大批走出国门的新老"武术移民"组成的"海外兵团"，国家要给予他们政策上的支持和资金、技术等方面的援助，使他们发挥所长，既能满足自身在海外打拼的生存需要，又能为武术的海外推广贡献力量；另一方面，要注重培养本土化的"在地"传播人才，充分利用和发挥他们作为当地人的语言和文化优势，对他们进行武术文化的熏陶和武术技能的训练并颁发相应的资格证书，使他们可以持证上岗，增强他们传播中国武术的自信心和责任感。此外，驻外文化机构和中资企业也是武术在地传播的有力支撑平台，有意识地加强与这些机构和企业的合作，实现资源的优势互补促成双赢格局，实现武术文化在"一带一路"沿线国家的落地和"在地化"发展，也是助力"一带一路"建设走深走实的现实之需。

三、文化自觉："一带一路"武术文化传播的微观策略

不谋全局者不足以谋一域，不积跬步无以至千里。从大处着眼、

---

[1] 王萍. 略论明清时期西北民间小戏的传承、传播与"在地化"[J]. 兰州文理学院学报，2021（5）：8.

于细微处着手是一个好的战略规划制定的前提，为进一步加大武术推广的力度，结合新时代武术事业发展面临的新形势、新任务和新要求，以造福人类身心健康为宗旨，以传播中国文化为主线，充分发挥武术运动项目的独特优势，在"一带一路"上讲好中国武术故事、传播好中国声音，需要从微观层面做好武术传播的落地工作。基于对武术文化地位作用的深刻认识和自我觉醒，要进一步明确传播主体责任、精准分层传播受众类型、提高传播内容的认可度、合力拓展和创新传播渠道、形成传播效果评价与检验的可视化。

（一）"一带一路"沿线国家武术文化传播的主体认定与培养

做好武术文化的传播推广工作需要有明确的传播主体认定，而后才能层层压实责任。党中央、国务院历来高度重视武术的国际推广工作，有关领导同志先后多次对武术运动的国际化发展作出重要批示。在《关于进一步加强和改进中华文化走出去工作的指导意见》《关于大力加强体育文化建设的意见》《体育强国建设纲要》等重要文件中，也都对中华武术"走出去"提出了明确要求。可以说，国家层面上的政策支持已基本到位，关键要形成在国家政府主导下的武术国际化传播推广的主体架构，落实主体责任、切实推进武术国际化进程。

"一带一路"倡议的实施是武术国际化传播推广不可多得的历史机遇，也是传播推广武术文化的一条主干道。为尽快实现武术在"一带一路"沿线国家传播的发展战略目标，应统筹兼顾国内、国际两个大局，国内形成以国家政府为主导，国家体育总局为职能主管，国家武术运动管理中心为执行层面的传播主体架构；国际上形成以国际武联为引领、各洲际和各国武术协会为依托的国际武术组织推广架构，共同推进武术在"一带一路"沿线国家的传播。事实上，在近40年的武术国际推广进程中，武术传播推广的主体架构已基本形成，问题的关键在于如何使这一架构的两翼（国内、国际）形成合力、资源共享，而不是各行其道、各说各话地去做传播推广工作。在此基础上，对武术国际传播人才的培养、认定与输出应成为重点工作主抓落实。

（二）"一带一路"沿线国家武术文化传播的对象定位与分类

任何传播行为只有被受众选择和接受才是有效的传播。正如文化部文化产业专家委员会主任范周教授所言，"一带一路，最重要的是文化共鸣；经济上互利是短暂的，文化认同却是功在当代、利在千秋的大事"[1]。武术是民族传统体育的代表，也是民族传统文化的重要组成部分，它的有效传播及普及程度，对于促进民族传统体育的发展、优秀民族传统文化的传承，以及加强新时代文化强国和文化自信建设，都有着极其重要的现实意义和深远的历史意义[2]。在过去的武术海外传播实践中，我们过于关注了"我是谁？""我想要怎样"，从而呈现出一种典型的"传者中心"传播模式，而缺少了"传给谁？""他想要什么？"的基于"用户"体验的思考。传播学理论中，无论是拉斯韦尔的5W模式、还是卡茨的"使用与满足"理论，以及霍尔的"编码与解码"理论都关注和强调了受众在传播过程中的重要性；在经济学领域，心理学家杰格迪什·谢特（Jagdish Shethhe）和拉金德拉·西索迪亚（Rajendra Sisodia）认为，营销失败的很大一部分原因是不知道消费者背后的真正驱动而造成的管理不善。尽管武术的国际传播与推广并不是严格意义上的商业模式，但完全可以借助商业的思维模式来考虑武术的推广问题，也就是将武术作为一个产品推向终端用户（受众），那么就需要研究不同用户的不同需求，以使自己的产品（武术）能够推广出去。

不同文化圈、民族和国家的文化从来都不是孤立存在的，它必然会与异质文化产生关联，在与异质文化交流中才能获取自身的价值和意义[3]。"一带一路"涵盖世界三大宗教、四种文明和上百种语言，在如此复杂的跨文化传播环境中，中国武术如何获得受众的接受与认

---

[1] 搜狐网. 建设"一带一路"上的中国文化圈[EB/OL]. [2018-03-18]. https://www.sohu.com/a/157057051_675947.

[2] 李龙飞. 从"学徒"到"用户"：新中国成立以来武术传播受众的历史、现实与未来[J]. 体育成人教育学刊，2020（5）：79.

[3] 王少宁，杨祥全. 困境与超越：文化间性语境下中国武术传播之肯綮[J]. 吉林体育学院学报，2021（4）：76.

可，确实是一个不小的难题。火遍全球的"李子柒现象"给了我们一些启示，在YouTube上有700多万粉丝量的李子柒，她对文化的传播并不是单纯地用文字去描述介绍传统文化的知识，而是通过实践将传统文化的内涵展现在可以看见、可以摸到的美食和工艺品的制作过程中，让观众能够真切地感受到中国传统文化的魅力和生命力[1]，不同的受众（满足群体）都可以从她的视频产品中各取所需，可以说是一种非常成功的能够满足不同层次需求的传播产品。跨文化传播应从传统思维和窠臼中解放出来，实现从"多国一策"到"一国一策""一国多策"的重大转变[2]，面对"一带一路"复杂多变的跨文化传播环境，武术传播要实现这样的转变务必要对受众有清晰的定位和分类，如区域国别之分、外交关系疏密之分、文化认同深浅之分等，都是我们在进行武术跨文化传播之时需要缜密思考的内容。

（三）"一带一路"沿线国家武术文化传播的内容选择与执行

"一带一路"倡议的实施，为进一步扩大武术传播区域带来了新机遇。融健身、防身、修身为一体的武术，在当代社会日益显示出其独特的个性与魅力，日渐成为一项国际性的体育运动。然而，我们也要看到，在当今多极化越发显现的世界中，相较于一直占据国际舆论场主导地位的发达国家，目前我们最缺少的就是以合适的方式、合理的手段，选择合适的内容对不同传播对象进行议题设置，开展原创话语表达[3]。博大精深的中国武术，有着风格迥异的拳种套路和千姿百态的各种打法，以及极具东方智慧的文化内涵，这是武术区别于其他武技的特色与魅力，但同时也为武术"走出去"设置了内容障碍，对走出去的武术内容缺乏整合和深入发掘，不能充分重视文化受众的需求和反馈信

---

[1] 杨雨洁，张成霞. 从"李子柒现象"看中华文化海外传播[J]. 汉字文化，2021（16）：183.

[2] 孟建. 提升中华文化影响力——建构跨文化分层传播体系的思考[J]. 中国编辑，2020（11）：31.

[3] 胡正荣，田晓. 新时代中国国际传播话语体系的构建：分层、分类与分群[J]. 中国出版，2021（16）：3-4.

息，在走出去的过程中总是想当然地把自己认为好的东西一股脑地推出去，并没有进行精挑细选和设计包装，这很容易造成受众对武术认识的偏差和误解。

中华武术文化的继承以及"功力"的形成，类似乡土文化中的谷物生长，只有经过肥沃的武术文化土壤滋养，经历时间和汗水的灌溉，才能成长为补充人民身体所需的"营养物"[1]，武术文化的国际传播也不可能一蹴而就，而是需要久久为功才能显现出成效。因此，中国面对具有相似性又各自不同的世界各国，可借助市场细分理论，将所有国家按照不同特征划分类别，再针对不同特征确定如何开展对外传播[2]。针对"一带一路"沿线国家的武术传播要充分考虑不同国家的政治、经济和人文环境，对目标国家的文化受众进行精准化的分众传播，从人们熟悉或知晓的武术拳种流派入手，如少林拳、太极拳、咏春拳等在海外知名度较高、受众群体较大，我们就要加大力度去推广。太极拳兼具文化、健康、体育的多重色彩，并被世界广泛认为代表了中国哲学和中国人的生活方式，应该成为武术海外传播的排头兵；少林拳、武当拳等因其辨识度很强的外部标识和独特练功体系，以及影视媒介的助推等因素获得了较多的关注和喜爱；咏春拳等南派武术在海外深受喜爱的原因，一方面是李小龙及其电影的影响力，另一方面也与早期"武术移民"多来自中国南方有关。进一步提升这些拳种的影响力和进一步扩大受众参与度，同时开发和培育新的品牌拳种（形意拳、八卦掌、八极拳等）、尽快确定入奥的武术项目，以及国际武术段位内容的推广等都是迫在眉睫的任务。在武术传播推广的过程中，执行力差是传播力不足的主要原因，因此在明确了传播的主要内容之后，加大各环节的执行力度是关键。同时引导社会资本投入武术文化的产业发展，在政策层面为"走出去"的企业赋能，以经营管理的标准化、连锁化、集团化商业模式的落地来实现武术文化的传播，由以往"Solo practice（个体）"传播为主的模式向"Group practice（团体）"的模式转变，这可能会使武术文化

---

[1] 罗应景，杨建营. 新媒体时代中华武术"网红"传播路径探析[J]. 体育学刊，2021（5）：5.
[2] 黎蒋彬. 中国对外分层传播目标国选择的空间模型构建及运用研究[D]. 长沙：湖南大学，2019：13.

传播收获事半功倍的效果。

（四）"一带一路"沿线国家武术文化传播的渠道拓展与创新

"渠道"原意为在河、湖或水库周围开挖的排灌水道，常用来比喻门路或途径。经过长期的观察、调研和实践思考，本研究认为官方渠道、民间渠道，以及半官方半民间的渠道构成了目前武术国际传播的主要渠道，这也符合武术对外传播推广的主体架构的要求，即由政府主导、各有关部门协同推进的推广策略。从官方传播渠道来看，在国家有关政策支持下，国家体育总局武术运动管理中心通过以推动武术入奥为目标、以造福人类身心健康为宗旨，以传播中国文化为主线的各项武术推广活动，实现了"有计划、有步骤地将武术推向世界"的初级目标；国际武术联合会目前已在世界五大洲拥有155个会员国家，建立了比较完整的国际武术赛事体系、成立了国际武术会员服务与段位管理部门，推动了"世界武术日""武术云课堂"等标志性活动的开展；半官方半民间的传播渠道主要是指以孔子学院、海外中国文化中心和各高等院校为主体的传播渠道，其传播途径多通过海外巡演、文化交流和武术课程培训来完成；而民间渠道则是以民间个人或团体，通过受邀或出于生存需要而进行的武术传播活动，往往是以在海外开设武馆或短期授课为主要传播途径。三种主要渠道形成了一张相互交织、难以截然分开的武术国际传播网络，为武术的世界推广做出了很大的贡献。

作为武术国际传播重要组成部分的"一带一路"武术传播，在原有传播渠道的基础上，可以从三个维度形成传播渠道的创新发展：首先，在传播策略上形成"一带一路"武术传播的梯度战略，即以服务国家外交战略布局为着眼点，加大对非洲、中亚等重要外交战略板块的倾斜力度，依托中资企业、孔子学院和中国文化中心等进行经济援助、技术援助、器材装备援助；充分发挥亚洲区域优势，特别是新成立的东盟武术协会的带动力，进一步提升武术在整个亚洲的发展质量；对于"一带一路"沿线的欧洲等国家要充分发挥海外华人移民的力量，国内可通过与各省市武术中心（协会）、高等专业院校、地方武术馆校的联合，源源不断地向外输出武术传播人才；国外则可以通过国际武联会员国武术协会、驻外使领馆、中国文化中心、孔子学院、中资企业等渠道联合海外华人移民共同推动武术在当地的开展。其次,"武术+"理念应该成为未来武术传播推广的创新渠道,如"武术+汉语""武术+康养""武术+旅游""武术+互联网""武术+人工智能"等,"武术+"的概念可以根据不同国家、不同地域、不同需求而展开,可独立进行也可交叉使用,以此实现武术在"一带一路"沿线国家传播的渠道拓展与创新。最后,发动社会资本力量加入武术国际传播中,不能总是在武术圈内唱独角戏,成熟商业模式的引入对于武术"一带一路"广泛传播和持久深入都是至关重要的选择。

(五)"一带一路"沿线国家武术文化传播的效果评价与检验

传播效果是传播行为的最终落脚点,也是本研究的关注重点。跨文化传播的本质是两种及以上不同文化语境下的传播主体进行信息分享、交流和互动的过程,传播效果如何通过传播受众的认知、态度和行为三个方面来体现[1]。武术文化传播的效果,首先反映在受众对武术相关信息的关注和了解上,其次反映在受众对武术技术体系与价值体系的认可和接受上,最后则反映在受众对武术本身的参与上,即是否能够形成乐知、乐享、乐推的良好互动局面。尽管随着我国综合国力的加强、国际地位的提升,世界对中国的兴趣与关注日益浓厚,武术文化海外传播的区域不断扩大、受众对武术文化的关注度逐渐提升,但实现了"走出去"的中国武术并不等于"走进去",武术文化的海外传播效果还有待加强,尤其是海外受众对武术文化实践的参与度亟待提高。武术是一种身体文化的实践活动,只有参与才能更好地体验和理解其中蕴含的深邃内涵,才能拥有由武术实践带来的与个体休戚相关的健康财富,才有可能达到由表及里的真正热爱。对于"一带一路"武术传播,务必要重视传播效果的可评价与可检验,而不是流于表面的"面子工程"。

在"一带一路"上讲好中国武术故事,关键要看能不能做实。这是

---

[1] 钟俊,林国清,王明军."一带一路"背景下中医药文化的海外传播效果研究[J].世界中医药,2021(6):1765.

一项系统工程，我们必须有一个可以切实推进的规划方案，以10年为周期，要有时间节点、考核指标、奖惩机制。例如，在2~3年使"一带一路"沿线国家全部加入国际武术联合会，着力打造"一带一路"专属的武术赛事品牌，竞技武术与传统武术并行，吸引沿线国家运动员和普通受众的广泛参与；5年内在沿线重点区域（中亚、中欧、东南亚等）分批次建成"中国武术文化中心"或"中国武术体验馆"，同时与沿线各国孔子学院、海外中国文化中心、各高等专业院校联袂打造"武术+"课程体系，借助达喀尔青奥会的契机把非洲作为重点突破口，联合中资企业及国际武联在非洲的30多个会员国一起把武术推出去，同时要有政策和资金保障；10年内实现国际武术段位的广泛普及、武术受众数量的大幅度提升，同时带动武术产业的繁荣发展。总体而言，我们需要借助"一带一路"倡议和"中华文化走出去"的政策利好形势，着力提升武术文化的海外传播效果，以武术为载体实现东西方文明的交流与对话。

结　语

"一带一路"倡议作为我国三大国家发展战略之一，从提出至今已经走过了9年的历程。截至目前，我国与171个国家和国际组织，签署了205份共建"一带一路"合作文件[1]，在众多领域都取得了丰硕成果。"一带一路"建设植根于丝绸之路的历史土壤，习近平总书记曾多次强调："一带一路"是和平之路、繁荣之路、开放之路、创新之路、文明之路，要在和平合作、开放包容、互利共赢的丝路精神指引下，持续凝聚国际合作共识，在国际社会形成共建"一带一路"的良好氛围，让构建"人类命运共同体"的理念响彻全球。从"丝绸之路"到"一带一路"，中国与世界都发生了历史性的转变，在实现中华民族伟大复兴的征程上，"一带一路"倡议必将成为浓墨重彩的历史篇章。

在"一带一路"建设过程中，体育人文交流也是重要的组成部分。体育承载着国家强盛、民族振兴的梦想；体育强则中国强，国运兴则体育兴[2]。武术作为既有体育属性又极具中华民族特色的文化符号，承载着传承、传播和弘扬中华优秀传统文化的历史重任，是文化强国建设中不可忽视的重要力量。本研究聚焦于"一带一路"沿线国家和地区的武术传播实然，旨在通过武术"丝绸之路"讲好中国故事，为中国文化"走出去"和"走进去"提供重要抓手，着力提升中华文化国际影响力和吸引力。通过深入细致地解析"一带一路"沿线国家武术传播发展所处的国际环境、基本问题和现实状况，和对"一带一路"沿线重点区域和国家武术传播的案例分析，了解和掌握武术传播推广中遇到的瓶颈和问题，在此基础上形成多维度的话语实践思考，为"一带一路"

---

[1] 我国已签署共建"一带一路"合作文件205份[EB/OL].[2021-11-15]. https：//www.yidaiyilu.gov.cn/xwzx/gnxw/163241.htm.

[2] 国运兴则体育兴，习近平引领我们实现体育强国梦[EB/OL].[2021-11-15]. http：//cpc.people.com.cn/n1/2021/0914/c164113-32226065.html.

武术文化传播发展战略的制定提供理论与实践支撑。研究得出的主要结论如下。

第一，武术在"一带一路"沿线国家的广泛传播是助力"一带一路"建设走深走实的重要抓手，更是武术深度国际化的历史机遇。"一带一路"倡议旨在实现沿线各国在政治、经济、文化等方面的互联互通，以经贸促发展、促合作。而这一倡议的实施离不开沿线各国的理解和支持，因此"民心沟通"显得尤为重要。武术是一种以肢体表达为外在形式的文化载体，可以给予习练者可见、可感的体验，为沿线各国文化多样性提供更多选择，为民众康养身心提供帮助，以此为媒介的文化传播能够有效规避敏感的文化外宣甚至文化侵略的话语影响，助力"一带一路"建设纵深发展。同时，"一带一路"倡议为武术国际传播指明了方向、规划了路线、搭建了平台、创造了施展空间，中国武术的深度国际化在"一带一路"建设背景下迎来了难得的历史发展机遇期。

第二，武术文化传播的本质诉求与"一带一路"倡议的内涵耦合性极高，但在传播过程中仍需了解和重视身处的国际环境，掌握目前武术传播发展的基本状况和基本问题，对相关影响因素的考量和应对是做好武术传播的基础。研究认为，自"一带一路"倡议提出以来，获得了沿线众多国家的认可与欢迎。从政策环境、经济环境来看，中国与"一带一路"沿线国家拥有较好的社会政治基础，存在较大的经济发展空间和潜力；在沟通环境中也从多领域铺设互动桥梁，促进"一带一路"沿线国家之间的务实合作，为武术文化的对外传播创造了良好的国内外沟通环境；但在文化和社会环境中还面临着诸如文化背景差异、宗教信仰不同以及国家治理水平、地缘政治和非传统安全风险等诸多不确定因素和挑战。作为一种"他者"文化的武术，想要被与己相异的其他文化体和文化圈层的人群所接受，还要在传播过程中做足功课以求知己知彼。

第三，"互联网+"时代背景下，传播媒介的多元与融合为人们了解和认知武术提供了便利；国际武术联合会（包括各会员国）、海外孔子学院、中国文化中心等驻外机构的武术教学、培训和外宣活动，为武术在沿线国家的进一步传播打下了比较有利的人文环境基础。涵盖"一带一路"沿线六大区域7个国家的武术认知度调查结果显示，沿线国家民众对于中国武术有着比较清晰的认知，对武术的健康价值和技击功能整体认可度较高，对"一带一路"倡议也有一定的了解；此外，国际武联在竞赛、培训和宣传等方面所做的工作对于武术（特别是竞技武术）在世界各国的传播起到了引领作用；孔子学院、海外中国文化中心以及驻外使领馆等其他驻外文化机构也对武术文化的传播发挥了促进作用。未来武术在"一带一路"沿线国家的传播有赖于沿线各国民众的认可与支持，还需创设部门联动机制和充分调动多方资源进行深度开发与利用。

第四，"区域"视角下的"一带一路"武术跨文化传播共性与差异并存，沿线各国民众对武术的认知度和喜爱度以及各国"武术移民"在驻在国进行武术传播所发挥的作用基本一致，而在传播特色、传播效果，以及传播过程中遇到的问题与阻碍等则各不相同。

①西北武术是中国地域武术文化中不可或缺的一个分支，有着深厚的历史文化底蕴和丰富的拳种技艺。西北武术"走出去"与西北地区参与"一带一路"建设具有良好的互动基础，是可供西北各省市地方政府充分挖掘和利用的文化宝藏。西北地域武术文化的传播发展要以"一带一路"倡议的实施为契机，加快制定相关政策，打破西北武术偏安一隅的境地，有序引导各方力量推动和加快西北武术"走出去"的步伐。

②中亚地区作为古今"丝路"重镇具有特殊的地缘和能源地位，也是连接欧亚文明之间的枢纽。武术在中亚各国的传播以"武医融合"为特色，依托孔子学院的传播平台为民心相通桥梁工程的建设发挥了应有的作用；中亚五国是我国推进"一带一路"建设高质量发展的重要合作伙伴，对于武术在中亚地区的传播，我们应给予政策和资金上的倾斜，以此来解决中亚地区因经济欠发达而导致的武术专业师资匮乏、民众喜爱度高与武馆生存困难的矛盾，以及孔子学院相关活动不同程度受限等影响武术传播发展的阻碍因素。

③通过对奥地利、匈牙利和斯洛伐克三国的实地考察与教学实践活动的深度参与，研究认为中欧地区的武术传播从传播者角度来看，三国武术传播的关键人物都显现了"意见领袖"的引领作用，各国武术组织也发挥了较好的支撑作用，而从传播效果来看还不尽如人意，影响武术"在地"传播的相关因素主要体现在"非奥"项目不受重视、传播内容杂乱无章加大受众理解障碍以及官方武术传播力度不足等方面，致使武术在中欧地区的传播推广质量不高。

④作为大航海时代先驱的"西葡"两国是古今海上丝绸之路的重要节点国家,与中国有着漫长的交往历史。就西葡的武术传播而言,尽管武术传播的发端始于移民西葡的中国武术老师,通过武术机构和孔子学院的传播也取得了一定的成绩,特别是以少林、武当为主的传统武术受众较多;但目前的发展却面临专业师资力量缺乏、来自中国武术协会的指导(包括教练培训、段位体系、训练体系的建立)不足等市场开发困境。

⑤中国武术在东南亚的传播发展历经百年,以传统的会馆形式落地生根,在政府的支持和国家武术协会的引领下竞技武术成为东南亚武术发展的"领跑者",随后又以"教育武术"的形式融入现代社会,其发展已经形成一个相对完整和立体的空间。一衣带水的地域优势、近似或相同的文化背景,以及华人华侨文化认同的归属需求,对于武术的传播起到积极的促进作用,也是武术在东南亚一带传播效果良好的重要原因。

⑥闽南武术孕育于独特的地理与人文环境之中,并随着历史长河中不断飘洋过海的闽人传习至世界各地,成为在异域打拼的闽人习武健身、维系根脉和寄托乡愁的重要载体,也通过以武会友、广泛交流而成为促进海峡两岸及东南亚地区的经贸往来与人文交往的桥梁和纽带。在"一带一路"建设背景下,闽南武术的未来发展应充分发挥"海丝"区域优势,加强闽南侨乡与海外侨社的联系,建立与沿线国家高校的合作机制,推动武术传播的高阶发展。

第五,在国家政府的倡导和一代代武术人的共同努力下,中国武术已经成为一项在世界上具有一定影响力的文化"产品",如何让这一"产品"发挥更大的作用,使世界各国人民共享这一人类文明成果,需要我们从多方面做出努力。首先要进一步夯实武术发展的本土根基,尽快解决目前国内本土武术发展的突出问题,使其全方位发展壮大;其次借助以往官方(半官方)层面武术国际化传播推广所取得的累积效应,充分发挥"互联网+"时代多路径、多平台、多举措的合作共赢之力,借势"一带一路"建设的历史契机,努力开拓更加广阔的武术国际市场,真正实现新时代武术国际化传播的"落地"与"生根"。

第六,武术国际化传播推广工作是一项系统工程,需要有扎实的调研和对战略规划复杂性的认识。在国家文化强国建设背景下,结合武术在"一带一路"沿线国家的推广现状及话语建构实践，研究从宏观、中观和微观三个维度提出"一带一路"武术文化传播的战略构想，为国家政府部门和武术管理职能部门不断优化和完善武术国际化传播推广的顶层设计提供参考。宏观层面，要借助国家"一带一路"发展战略，以服务国家外交大局为着眼点，实现武术文化在沿线国家的广泛传播；中观层面，需要从中国武术的本体出发，顺应时代发展之需，实施"话语主导方略""共情传播方略""'在地化'传播方略"；微观层面，则需要进一步明确传播主体责任、精准分层传播受众类型、提高传播内容的认可度、合力拓展和创新传播渠道、形成传播效果评价与检验的可视化，这是"一带一路"武术文化传播与发展的落脚点和发力点。

附录

附录1 "一带一路"沿线国家武术认知度调查(英文版)
Survey on the Awareness of Wushu in the Countries along the "Belt and Road"

A. Basic Information

A1. Your age: _____ years old.

Under 20 years old	01	31 to 50 years old	03
20 to 30 years old	02	Above 50 years old	04

A2. Your gender: _____.

Male	Female
01	02

A3. Your level of education: _____.

Junior high school and under or uneducated (END SURVEY)	01	Postgraduate	04
Senior high school and equivalent	02	PhD	05
Undergraduate	03		

A4. Which option below can best describe your occupation? _____.

Managerial staff at governmental sector	01	Freelancer	07
Ordinary staff at governmental sector	02	Self-employed	08
Managerial staff in enterprises	03	Service staff or salesperson	09
Ordinary staff in enterprises	04	Laborer	10
Managerial staff in NGOs	05	Full-time student	11
Ordinary staff in NGOs	06	Housewife	12

(续表)

Professional (lawyer/accountant/consultant/doctor, etc.)	13	Unemployed	16
Scientist/researcher/professor at institute or college	14	Other	95
Retired	15		

A5. If the annual family income can be divided into ten categories. Category #10 refers to the highest and Category #1 the lowest. Which category do you think your family fall into?

Lowest income									Highest income	Uncertain /Decline to answer
01	02	03	04	05	06	07	08	09	10	99

B. Basic Knowledge of Wushu (Chinese Martial Arts)

B1. Have you ever heard of such terms as Chinese martial arts, Chinese Kung-fu, Wushu, Kung-fu and Wugong?

Yes	Never
01	02 (END SURVEY)

B2. Where did you acquire relevant information about martial arts? (Multiple Choice)

Films and TV works	01	Martial art performance	06
TV, radio, newspapers and other media	02	Confucius Classroom	07
Portals and bulletins on PC	03	Introduced by friends	08
APPs or websites on mobile devices (mobile phone, smart phone or PAD)	04	Advertisements	09
Books and magazines	05	Other (please specify____).	95

B3. Do you think there is any difference between Wushu (Chinese martial arts) and other sports like Taekwondo, Karate, Judo and Sambo?

Totally different	Significantly different	Slightly different	No difference	Uncertain
01	02	03	04	99

B4. What do Wushu (Chinese martial arts) mean to you? (Multiple Choice)

A carrier of Chinese culture	01	Educational means	05
Combat and self-protection technique	02	Other (please specify___)	95
A way to stay healthy	03	None of the above	99
A form of artistic performance	04		

B5. What do you think are the benefits of practicing Wushu? (Multiple Choice)

To feel pleasant	01	As a means of living	05
To enhance confidence	02	Other (please specify___)	95
To make people healthier and prevent diseases	03	None of the above	99
To make more friends	04		

B6. Which Style or Styles of Wushu are you familiar with? (Multiple Choice)

Chang Quan	01	Hou Quan (Monkey-Style)	08
Taiji Quan (Tai Chi)	02	Baji Quan	09
Nan Quan	03	Wudang Wushu	10
Shaolin Quan	04	Emei Wushu	11
Yongchun Quan (Wing Tsun)	05	Other (please specify___)	95
Baguazhang (Eight Trigram Palm)	06	None of the above	99
Xingyi Quan (Hsing-I)	07		

B7. Which word below do you think can best represent Chinese martial arts?

Wushu	01	Sanda	06
Kung-fu	02	Wudang	07
Tai Chi	03	Other (please specify____)	95
Shaolin	04	None of the above	99
Wing Tsun	05		

C. People's Preference for Wushu

C1. Do you like Wushu (Chinese martial arts)?

I like them very much	I like them	I'm not sure	I don't like them	I don't like them at all
01	02	03	04	05

C2. What are your favorite Wushu (Kung-fu) movies? _____ (Multiple Choice)

The Shaolin Temple	01	Drunken Master	07
Kung Fu Panda	02	Once Upon a Time in China	08
The Grandmaster	03	Yellow River Fighter	09
Crouching Tiger, Hidden Dragon	04	The Tai Chi Master	10
YiP Man	05	Other (please specify____)	95
Way of the Dragon	06	None of the above	99

C3. Who are your favorite Wushu stars? _____ (Multiple Choice)

Bruce Lee	01	Chunhua Ji	07
Jet Li	02	Chenghui Yu	08
Jackie Chan	03	Ziyi Zhang	09
Jason Wu	04	Chiu Man-Cheuk	10
Donnie Yen	05	Other (please specify____)	95
Michelle Yeoh	06	None of the above.	99

C4. Is there any center or school teaching Wushu (Chinese martial arts) in your city or town?

| Yes, there is | 01 | No, there isn't | 02 |
| Not sure. | 99 | | |

C5. Would you like to have a Wushu school or a Confucius Classroom teaching Wushu in your neighborhood?

I hope so very much	I hope so	I am not sure	I hope otherwise	I hope not at all
01	02	03	04	05

C6. Supposing there is a Wushu school or a Confucius Classroom teaching Wushu in your neighborhood, will you go there to practice Wushu (Chinese martial arts)?

I will	Probably will	Not sure	Probably not	I won't
01	02	03	04	05

C7. Supposing you have an opportunity to learn, what are the martial art programs you want to practice most? (Multiple Choice)

Wushu	01	Sambo	07
Karate	02	Thai Boxing	08
Kendo	03	Free Combat	09
Taekwondo	04	Tai Chi	10
Judo	05	Other (please specify____)	95
Wrestling	06		

D. People's Deeper Understanding of Wushu

D1. Do you think it is possible for Wushu to spread across the world?

Very likely	Possible	Not sure	Not likely	Totally impossible
01	02	03	04	05

D2. What do you think are the most important value functions of Wushu's spreading across the globe? (Multiple Choice)

Media of communications	01	Combat skills for self-defense	05
Means of body strengthening	02	Perceive of China better via Wushu	06
A way to cultivate body and spirit	03	Other (please specify____)	95
Embodiment of Eastern wisdom	04	None of the above	99

D3. Fill in the blank below as many Chinese Wushu masters you know or are familiar with as possible. If you have no idea about this question please choose None.

_____

None	99

D4. Are you willing to know and learn Wushu (Chinese martial arts)?

Yes	No
01	02 (SKIP TO D7)

D5. How would you like to learn Wushu (Chinese martial arts)? (Multiple Choice)

Learn at Wushu schools and centers	01	Through portal websites or bulletins on PC	03
Learn from a master	02	Through APPs or websites on mobile devices (mobile phones, smart phones and PAD)	04

(续表)

Watch Kung-fu films and TV shows	05	Attend Confucius schools or Wushu schools	09
Watch live performance	06	Attend interest groups	10
Through TV, radio, newspapers and other media	07	Other (please specify____)	95
Read Wushu teaching materials or works	08		

D6. If you are a Wushu practitioner, what do you want to know and learn most about Wushu? (Multiple Choice)

Wushu routines (bare hands and wepons)	01	Spiritual connotations of Wushu	05
Sanda (free combat)	02	Etiquette of Wushu	06
History and culture of Wushu	03	Health preservation means of Wushu	07
Offensive and defensive skills of Wushu	04	Other (please specify____)	95

D7. Regarding Wushu's (Chinese martial arts) spreading in your country, how much do you agree with the following statements? (Please choose ONE option for each statement).

	Strongly agree 01	Relatively agree 02	Not sure 03	Partially disagree 04	Totally disagree 05
Wushu is popular in my country and there are many practitioners					
People prefer traditional Wushu to modern Wushu					
Modern Wushu looks more beautiful, while traditional Wushu more practical					

(续表)

	Strongly agree 01	Relatively agree 02	Not sure 03	Partially disagree 04	Totally disagree 05
Tai Chi is popular in my country and its values (like body fitness, cultivation and health preservation) are widely accepted					
There are other martial arts more popular than Wushu in my country					

D8. How to promote the spreading and development of Wushu in your country? (Multiple Choice)

Hope that our government will cooperate with Chinese government to promote the development of Wushu in my country through relevant educational programs	01
Hope that more and more Chinese coaches will come to my country to teach Wushu	02
Hope that I can have the chance to study Wushu in China	03
Hope that International Wushu Federation can do more to promote Wushu across the world	04
Hope that we can get technical support and assistance from Chinese Wushu Association	05
Hope that connections can be built between Chinese professional institutes	06
Other (please specify_____)	95
None of the above	99

E. Overall

E1. Proposed by China's President, Xi Jinping in 2013, the "Belt and Road" Initiative consists of building a new "Silk Road Economic Belt" and a "21st Century Maritime Silk Road". The initiative aims to establish a community of interests, a community of common destiny and a community of responsibility, featuring political trust, economic integration and cultural inclusion. Do you think whether sports and cultural exchange is an important constituent of the "Belt and Road" Initiative?

Very important	Relatively important	Not sure	Less important	Totally unimportant
01	02	03	04	05

E2. Do you think whether Wushu (Chinese martial arts) is an important media in the sports and cultural exchange?

Very important	Relatively important	Not sure	Less important	Totally unimportant
01	02	03	04	05

E3. Are you in favor of holding more cultural exchange events related to Wushu (Chinese martial arts) in your own country?

Strongly support	Relatively support	Not sure	Relatively object	Strongly object
01	02	03	04	05

Thanks for your cooperation!

注：该问卷同时被翻译成俄语、土耳其语、印尼语和克罗地亚语。

附录2　中欧三国武术受众问卷
Research on the Practice and Popularity of Chinese Wushu in Europe

Greetings,

WuShu is a great representation of Chinese traditional culture. Countries should forward their best cultural offerings for the world to appreciate. The purpose of this study is to understand the popularity and standing of Chinese WuShu in Europe. Please take the time to fill out this survey; there is no right or wrong answers. Your participation is greatly appreciated and will help us in our studies. This information will be solely used for the purpose of research. Personal information will not be disclosed. Please answer the questions and make sure not put your name on this questionnaire. Thank you for your participation.

Capital University of Physical Education and Sports
General Information

Gender:　　　□Male　　　　　□Female
Age:　　□6~12　□13~18　□19~44　□45~60　□61 above
Occupation: _____
Annual income: □below 4,000€　□4~12,000€　□12~20,000€
　　　　　　　□20~50,000€　□above 50,000€
Educational Background: □Middle school　□University entrance diploma　□University graduate　□Post graduate
Your country: □Austria　□Slovakia　□Hungary
Years practicing Wushu: □less then 1 year　□1~2 years　□3~5 years　□6~10years　□more then 10 years
Your Wushu Styles are: □Changquan　□Taijiquan　□Traditional Forms　□Sanda
Your WuShu coaches are from: □China　□Local　　Other country_____

Instruction

Please read each question carefully and select the appropriate answer from the following options. Select at least one answer.

Questions

1. The purpose of you practice Wushu:

☐ To take part in the competition. ☐ My parents wants me to.

☐ To open my own Wushu school. ☐ To improve my health.

☐ For self defense. ☐ To get better understanding of Chinese culture.

☐ For social interactions and make friends.

2. About your basic perspective of Chinese WuShu:

☐ Wushu is pretty, elegant but not practical.

☐ Wushu is practical for fighting and self defense.

☐ Wushu is useful for personal development.

☐ Wushu is not only sports, but also philosophy and cultural advancement.

☐ Wushu and Kung Fu means the same and Taiji is a part of it.

☐ Wushu is not like other martial arts (Karate, Taekwondo, etc.)

☐ Wushu is very similar to other martial arts (Karate, Taekwondo, etc.)

3. Your favorite WuShu style is:

☐ Changquan ☐ Nanquan ☐ Taijiquan ☐ Xingyiquan

☐ Baguazhang ☐ Xiangxingquan (monkey style, drunken style... and so on) ☐ Sanda

4. The values of practicing Chinese WuShu:

☐ To balance my mood. ☐ Improves my self confidence.

☐ Reduced incidence of illness. ☐ Made me more extroverted.

☐ To keep the mobility. ☐ No use.

5. How do you know Chinese WuShu?

☐ My friends introduced me to my current WuShu school.

☐ I discovered my Wushu school on the internet and advertisement.

☐ Watching Kung Fu movies and Wushu demonstrations led me to practice WuShu.

☐ Other ways (please tell the details).

6. About your WuShu instrutors and your WuShu school:

☐ My Wushu instructor is highly skilled and has won many competitions.

☐ My Wushu instructor speaks fluent English.

☐ My Wushu instructor not only teaches Wushu but also Chinese culture.

☐ My Wushu instructor's charisma influences my practice.

☐ I am satisfied with my Wushu coach's instructions.

☐ I am satisfied with my current Wushu school's environment.

☐ I don't like my WuShu school and instrutors.

7. About reputation of Chinese WuShu in your country.

☐ Wushu is popular in my country and there are many practitioners.

☐ I like traditional WuShu more than modern WuShu.

☐ WuShu has a long and rich cultural history.

☐ I like modern WuShu more than traditional WuShu.

☐ WuShu movements looks very pretty.

☐ Taiji values (fitness, personal development, etc.) get more understanding in my Country.

☐ Nowadays Taekwondo, Karate and other martial arts are more popular in my Country.

8. Any other activities except of WuShu you would plan to do:

☐ I want to learn Chinese for better understanding in WuShu.

☐ I want to go to China to study and travel in the future.

☐ I want to know more things about Chinese culture.

☐ I only want to practice WuShu.

9. About how to develop WuShu in your country?

☐ I hope the Chinese government can encourage the practice of Wushu in my country through different educational programs.

☐ I hope more and more Chinese wushu instructors come to my country to improve our level.

☐ I wish get more communication between China and my country.

☐ I hope the wushu federation in my country can do more things for getting wushu become more popular in Europe.

☐ No idea.

10. Freetext: Any comments and suggestions to improve the development of WuShu in your country.

           Thank you for your participation.

附录3 "一带一路"沿线国家武术跨文化传播研究
国际武联专家访谈提纲

尊敬的专家:

  为更好地将武术推向世界,使武术理论研究紧密结合武术传播实践的需要,希望就国际武术联合会在武术世界推广方面所做的努力和取得的成绩,以及在推广过程中遇到的问题和瓶颈进行梳理和总结,所获取的资料和信息仅供研究使用,感谢您的理解与支持!

一、国际武联推动武术世界传播的主要途径有哪些

  1. 国际武联竞赛机制日趋完善,除官方赛事定期举办以外,还积极推动武术进入综合性运动会,在此背景下世界各国参与国际武联相关赛事的参与度如何?

  2. "一带一路"倡议提出之后,是否有专门针对"一带一路"沿线国家的高级别武术赛事?"一带一路"沿线国家参与武术竞赛活动的积极性是否有所提升?

  3. 武联常规工作中是否包括国际裁判员的认证与考核、国际教练员的培训与考核、向世界上各会员协会派驻教练员等?

  4. 国际武联是否有专门针对"一带一路"沿线国家的武术教练员培训?

  5. 国际裁判员培训认证基本情况:第一批国际级裁判员是哪年获得认证的?此后其运行的规律(规则)、举办的届数、国际级裁判获批的人数等?

  6. 国际教练员培训基本情况:是否定期举办?培训的内容?培训的规模等?

  7. 外派教练员基本情况:派出的国家和地区、派出的人数、执教的时长、执教的效果等?

  8. 国际武联自成立以来在媒体宣传方面所做的重要工作?如"武术云课堂"这样的经典案例还有哪些?

  9. "世界武术日"发起的时间、目的作用,以及各国武术爱好者的参与形式?

10. 武术形象大使是武术传播的"意见领袖",形象大使主要以何种形式参与武术的传播推广工作?

11. 除推出武术形象大使以外,为塑造武术良好的项目形象、提升武术国际认知度和接受度的举措还有哪些?

二、国际武联在武术传播推广过程中遇到的困难和问题

1. 是否存在与各会员国之间在联系、沟通等方面的问题?

2. 是否存在诸如资金不足、组织机构内部和外部推广人员不足等问题?

3. 其他困难与问题。

三、国际武联对武术世界传播推广的预期及未来发展规划

附录4 "一带一路"沿线国家武术跨文化传播研究
中国武术协会专家访谈提纲

尊敬的专家：

为更好地将武术推向世界，使武术理论研究紧密结合武术传播实践的需要，希望就中国武术协会在武术世界推广方面所做的努力和取得的成绩，以及在推广过程中遇到的问题和瓶颈进行梳理和总结，所获取的资料和信息仅供研究使用，感谢您的理解与支持！

一、中国武术协会推动武术世界传播的主要途径有哪些

1. "一带一路"倡议提出之后，是否有专门针对"一带一路"沿线国家的高级别武术赛事和相关活动举办？

2. "武术'一带一路'行"活动已经走过多少个沿线国家和地区，活动的主要形式和取得的效果如何？

3. 从20世纪80年代中期第一届国际武术教练员、裁判员培训班举办以来，中国武协是否会定期举办相关培训？培训的内容、规模、效果如何？

4. 援外教练员培训、选拔机制是否完善？选拔的基本条件有哪些？

5. 外派教练员基本情况：派出的国家和地区、派出的人数、执教的时长、执教的效果等？

6. 中国武术协会是否有考虑在"一带一路"沿线国家设立能够长期进行武术传播活动的机构？

7. 协会长期合作的国内外新闻媒体都有哪些？这些媒体的加入对于武术国际推广起到的作用如何？

二、中国武术协会在武术传播推广过程中遇到的困难和问题

1. 协会在外事活动经费方面是否充足？能否满足武术传播推广的需要？

2. 协会与国内各专业体育院校的合作是否紧密、顺畅？

3. 协会与国际武联其他成员国协会之间的协作关系如何？是否存在区域发展中的不平衡、不稳定问题？

三、其他相关问题

1. 从文化传播的角度来看,您认为武术"走出去"和"一带一路"建设有什么关系?是否可以起到相互促进的作用?

2. 中国武术协会与国际武术联合会之间是怎样一种关系,在武术传播推广工作中如何协调彼此的关系而共同推动武术的发展?

3. 中国武术协会对武术世界传播推广的预期及未来发展规划?

附录5 "一带一路"沿线国家武术跨文化传播研究
国外专家(东南亚)访谈提纲

尊敬的专家:

感谢您为武术国际传播所做的努力和贡献,为了更好地了解中国武术在世界各国的传播发展状况,特向您就以下问题进行咨询,所获取的相关信息和资料仅作为研究使用,感谢您的理解与支持!

一、被访专家个人基本情况

1. 请简单介绍一下您的海外经历。
2. 请简单介绍一下您的习武经历。

二、被访专家海外武术传播经历

1. 您是以何种途径在所在国传播推广中国武术的?您为什么选择从事这项工作?这项工作对您的生活产生怎样的影响?

2. 自您从事武术传播工作开始,您大概教授过多少学生?学员大多是什么背景,他们对武术的喜爱度如何?是否能够坚持长期习练?

3. 请介绍一下您在海外传播武术过程中总结的经验、取得的成绩和遇到的问题,特别是有哪些使您印象深刻的事件。

三、武术在东南亚国家传播的现实境况

1. 文献资料显示,会馆在东南亚一带曾经非常盛行,像"精武体育会"这样的历史悠久的会馆在东南亚大概有多少家?他们在武术最初传播到南洋的时候发挥了怎样的作用?现在这样的会馆发展状况如何?

2. 武术为什么可以进入新加坡、马来西亚等东南亚国家教育局的课程体系?在这个课程体系中除了有课外活动,还有哪些层次的武术教学活动在开展?

3. 您认为中国武术,特别是竞技武术和学校武术能够在东南亚地区开展比较好的主要原因是什么?有什么好的经验可以分享?

4. 武术在东南亚地区的传播,是否进行了更适合当地人习练的在技术体系和传播方式上的适度调试与改造?

5. 武术文化与东南亚其他族群的文化是如何共生共存、和谐相处的？武术与跆拳道、空手道等项目相比是否有发展潜力和优势？

6. 目前武术在东南亚地区发展存在的问题和瓶颈是什么？未来有什么发展规划？您认为"一带一路"倡议对于东南亚武术发展是否有影响？是否带来更好的发展机遇？

注：其他区域国外专家访谈提纲省略

后　记

　　武术作为一种具有标识性、独特性、系统性的知识体系和文化形态，在中国文化"走出去"进程中扮演了重要角色。随着中国在世界上的影响力、感召力和国际地位的不断提高，已经"走出去"的中国武术如何实现更深层次的国际化，如何在世界舞台更好地展现独特魅力，从而让更多人通过武术这种身体媒介来体验和感知中国，业已引起学界的广泛关注。

　　笔者长期专注于武术跨文化传播研究。在过去的20年间，曾多次受委派或受邀赴美国、意大利、奥地利、瑞士、葡萄牙、印度、马来西亚、土库曼斯坦等近20个国家进行武术教学与文化交流活动，在武术海外传播实践中做了许多有益的尝试、积累了比较丰富的传播经验，深感武术跨文化传播从理论到实践还有很多值得探讨和操作的空间。研究过程中，本人力求理论与实践相结合，希望通过身体力行的边走边看、边看边想，和带着问题去实践的思维主张，对听到、看到、感受到的内容进行归纳、总结和提炼，逐渐形成具有理性思维的实践思考，并将这些来自实践的思考融入跨学科的理论框架，试图构建武术跨文化传播，特别是武术在"一带一路"沿线国家的跨文化传播战略图景，为以武术为载体的文化"走出去"战略的深入实施提供理论与实践支撑。然而，历时3年的新冠肺炎大流行曾一度让世界停摆，对本研究也产生了一定的影响，有个别国家无法按照原计划进行田野和实地考察，不得不改为线上或取道它途进行访谈，这也是本研究甚为遗憾之处，只能寄希望于后续研究的不断补充与完善。

　　即将搁笔之际，回想研究的整个过程，既有完成一项研究任务的欣慰和轻松，同时也深知武术的跨文化传播绝不是一项研究可以解决的问题，而是需要真抓实干，从顶层设计上提高战略定位，坚定文化自信自强，从国家到个体一起凝心聚力、踔厉奋发，才能实现武术文化的深度国际化，才能让地球村民们领略到博大精深的武术文化，从而更好地感知中国、理解中国。

最后再次感谢首都体育学院各级领导的支持，感谢参与课题研究的老师、朋友、研究生以及人民体育出版社的编辑老师为本书出版付出的辛苦与努力；此外，还要特别感谢我的博士导师蔡仲林先生对我研究的持续关注与鼓励，感谢南京体育学院唐芒果教授在本书研究框架搭建中给予的宝贵建议。初心依旧，笃行致远，未来继续努力！

孟　涛
2022年11月25日